JN078594

こどもの神学

神を「こども」として考える

李 信建［著］
朴 昌洙［訳］

YOBEL,Inc.

ミラル・アカデミ 33
李信建教授の組織神学講義 7
こどもの神学 —— 神を「こども」として考える
Copyright@ 李信建 2017 printed in Korea
ISBN 978-89-6907-178-1
Published by 信仰と知性社
(Address) Oksan B/2, 177 Yeonhui-ro, Seodaemun-gu, Seoul, 03697
Tel. 335-6579 / 323-9867 / Fax. 323-9866
miral87@hanmail.net http：//www.miral.biz

まえがき——日本語版出版にあたって

三年前に出版された拙著『組織神学——キリスト教神学とは何か』の日本語版（『キリスト教神学とは何か——組織神学入門』）に続き、もう一冊の拙著『こどもの神学』が日本語に翻訳され出版されることをとても嬉しく思い、感謝申し上げます。

日韓両国は地理や文化において最も近い、今まで多様な交流が行われてきました。特に、日本は韓国より先にキリスト教信仰を受け入れました。ゆえに日本に留学して神学を学んだ韓国の神学者たちが少なくありませんでした。そして日本に留学した韓国の神学者たちによって、日本の初期キリスト教指導者たちの神学書や信仰書が韓国でよく紹介されることになりました。内村鑑三という人物の信仰と思想は韓国のクリスチャンたちに大きな影響を及ぼし、遠藤周作の『沈黙』などの小説や三浦綾子の『氷点』などの小説は韓国のクリスチャンたちや多くの未信者たちによって今もよく愛読されています。

筆者が属している基督教大韓聖潔教会の設立者たち（金《キム》相《サン》濬《ジュン》、鄭《ジョン》彬《ビン》、李《イ》明《ミョン》稙《ジク》）も日本（東京聖書学院）で神学を学んだ後、韓国で神学生を養成しながら教会形成に励みました。韓国の聖潔教会の初期歴史の中では戦前の日本ホーリネス教会の監督であった中田《なかだ》重治《じゅうじ》という人物名がよく出ます。三年前、拙著の訳者でもある朴《パク》昌《チャン》洙《ス》師によって『中田重治とその時代』という和書の韓国語版が韓国で出版されました。

筆者の恩師モルトマンの著書『十字架につけられた神（原題：*Der gekreuzigte Gott*）』で北森嘉蔵《きたもりかぞう》の『神の痛みの神学』が紹介されていることが分かったとき、一方で私はとても驚き、他方ではアジア人として日本の神学の目覚ましい発展に非常に励まされました。このように日本の教会に深く恵まれてきた韓国の教会がもはや成長し発展し、これから日本の教会に少しでもご恩返ししていくことができるようにと願います。

ここ数年「民衆神学《ミンジュンシナク》」をはじめ韓国の神学も世界に少しずつ紹介されています。そうした中でまたこの拙著も日本語に翻訳され日本のクリスチャン兄弟姉妹たちに紹介されることになりました。このことはただ韓国のクリスチャンにのみならず、日本のクリスチャンにも有意義で嬉しいことになると確信します。

まず、まことに至らぬ筆者を用いてくださる神様に栄光と感謝をささげ、この拙著を翻訳するのに苦労をいとわなかった愛弟子朴《パク》昌《チャン》洙《ス》師と翻訳原稿を監修してくださった方々、また出版のため財政的に後援してくださった方々、労苦してくださった出版社ヨベルの方々に誠に感謝を申し上げます。「こども」のように小さなものではありますが、この拙著を読んでくださる日本の読者に大いなる神様の慰めと喜びと望みを抱かせ、そして日韓の教会のより緊密な交わりと一致を促す一つの響きとして用いられるようお祈りします。

２０２３年11月　　韓国京畿道楊平書斎より

李《リ》信《シン》建《コン》

まえがき——なぜ「こども」の神学なのか

こどもが無差別に虐待を受けている。この時代はまさに「こどもの受難時代」である。数年前までは虐待の主な被害者は女性であった。それで「女性は人類最後の植民地」という見解に説得力があった。しかし今は「こどもが人類最後の植民地」というのがより妥当であろう。

もちろんこどもの中でも小さい女の子が性暴力の対象の大部分となっている点から見ると、女性解放は今も変わらず人類の大きな課題である。しかし今は成人の女性たちは自分を守る手段と能力をよく具備している上に抵抗力も侮れない（修正したい）。彼女らは自分たちの声や意見を伝えることもでき、力を結集して共同で戦うこともできる。しかし小さい女の子たちはそのようなことができず、途方もない虐待や暴力の下でうめいている。

乱暴な成人、その中でも主に男性たちの暴力的な快楽追求の対象になっているのは大部分が女児だが、男児も安全とは言えない。性別を問わず、大人に虐待を受けているこどもの数は年々増加している。既に胎児期から数え切れないほど多くのこどもたちが、神から受けた貴く聖なる生存権を剥奪されている。韓国だけでも毎年五〇万余りの胎児の生命が、ただ女児だという理由だけで中絶されていると言われる。それなら全世界においては中絶される胎児の数はどんなに多いであろうか。ただ女児だという理由を含め、経済・母体保護・薬物乱用・胎児の障がいや先天異常が判明したことなどの様々な理由で殺される胎児の数は、戦争や自然災害による死者よりも遥かに多い。若芽のようにか弱く愛らしい尊い生命の存在が、ただ役に立たなくて、うるさいといったような理由で、さらには自分の価値や生存を享受する前に大人たちの快楽の対象となり、冷酷でみだらな行為によって踏みにじられ、うめきながら亡くなっている現実がある。

ああ、どうすればいいのか。大人たちはこどもたちのうめき声を聞いているのか。大人たちもかつては小さく弱いこどもではなかったであろうか。いつか大人たちも老い衰えていかないであろうか。大人たちもこどものように弱くなり、終わりには衰弱し、その生涯を終えないだろうか。なぜ彼らは自分たちの分身のようなこどもたちをむやみに虐げるのか。

人類の歴史が始まって以来、こどもの虐待は今日まで様々な形態で起こってきた。韓国の社会においてもこどもへの虐待は昨今のことだけではないが、一九九六年ほどこどもへの暴力、特に性暴力がマスコミを騒がせて大きな話題となり、成人の世代に反省を促して大きな反響を呼び起こした年はなかった。これらの事件（その年に起こった一連の事件（二月一八日、龍山小学生性暴行殺害事件〔ソウル龍山区で買い物に行った十一歳の女子小学生が行方不明となり、十六時間後にソウル郊外で惨殺死体として発見された〕、六月、安山W幼児園児対象性犯罪事件〔ソウル郊外の安山市にあるW幼稚園で男性園長が五〜七歳の男の子・女の子園児の約六十名を対象として数か月にわたってセクハラや強制性交などの性犯罪を犯したことが発覚した〕、七月、忠清南道牙山市で十一人の住民が祖母と暮らしている十一歳の孤児の女子小学生を集団性暴行した事件など））をきっかけに性暴力防止に関する社会的合意がある程度形成され、性暴力防止法のみならず、青少年保護法や家庭暴力防止法、そして「児童権利憲章」が制定されたことはせめてもの救いである。[1] しかし今も世界各地で多くのこどもたちが親や大人たちの育児放棄、怠慢、虐待の下で泣き、病み、死んでいっている。どれだけ多くのこどもたち――自分たちの分身であり、人類の未来である――を踏みにじり、真実の懺悔をすることが大人たちにできるであろうか。ますますお金と暴力が強力に支配し、成長と成功が最も熱烈に崇拝され、暴虐な大人たちが支配する世界において、最も弱い立場にある、「人間である」こどもたちが安心して立つことができる場所や約束された未来は果たしてあるのであろうか。

今も後発開発途上国（Least Developed Countries）や開発途上国（Developing countries）に対する超大国（Superpowers）や先進国（Developed Countries）の暴力、民衆に対する権力者の暴力、貧しい者に対する富む者の暴力、障がい者に対する健常者の暴力、自然に対する人間の暴力などが世界各地において横行している。したがって人間解放と自然解放は今日人類が解決すべき、だが最も難しい取り組まなければならない課題である。

こういうわけで今は、特にこどもたちに向けられている大人（時にはこども）の無慈悲なまでの暴力について関心を寄せなければならない時が熟したと言えよう。ほかの暴力においては、被害者によって抵抗や克服がある程度までは可能だ。黙っているかのような自然もついに人間に反撃を加えていないだろうか。

しかしこどもは思い通り話すこともままならず、反撃することもできない。彼らはただ苦しみにうめくだけであるが、このうめき声さえも加害者の大人に遮られてしまう。こどもはこの暴力の構造的な循環を自らの力で断つことはできない。ゆえに大人自身がこれを断たなければならない。こどもが暴力から解放されるためには先ず大人が暴力思考から解放されなければならない。したがって本書は、単純にこどもたちを守り愛することを促す感情的な訴えではなく、大人の覚醒を促す応援と励ましの書と言える。「大人たちよ、弱者を軽んじる加害者思考から脱け出しなさい！」こうして、大人も、こどもを解放させることによって自らが解放の主体になるだけで

（1）第九四回「こどもの日（五月五日）」を前に二〇一六年五月二日に保健福祉部が宣言した「児童権利憲章」は児童に次の権利があると明らかにする。①生命を尊重され、親や家族からの養育を受ける権利、②あらゆる形態の虐待と放棄、暴力と搾取から保護される権利、③出身、性別、宗教、能力などの理由で差別を受けない権利、④個人的な生活の保護を受ける権利、⑤身体的・精神的・社会的に健康に成長するための支援を受ける権利、⑥必要な知識と情報を知る権利、⑦自分の能力と素質に応じた教育を受ける権利、⑧休息と余暇と文化生活を自由に享受する権利、⑨自分の考えや感情を自由に表現し、自分に影響を与える決定について意志を自由に述べることができる権利。

はなく、彼ら自身も真の人間として生まれ変わって解放されることになるだろう。「大人たちよ、権力とお金の前に卑屈に頭を下げる虚しい偶像崇拝から立ち返りなさい！」

この時代に、こどもの解放と人間の解放という新しい生き方を、すなわち自己変革と実践への新しいパラダイムを要求されていると同時に、それを形成していくことが大切になるであろう。このため、まず韓国の社会で最近起こった「こどもへの虐待の実状」を調べて、「虐待されるこどもたちにとって神とは一体だれか」と問いかけようと考察する。この問いへの解答を探すため、特に現代神学において革命的に変化した神の概念を追跡し、その概念がこどもの解放にどれだけ役立つのかを考察しよう。この一連の探求はこどもへの虐待が蔓延しているこの時代の中で神から与えられた大切な召命であり、また命令であると確信する。こどもたち、特に虐げられているこどもたちにとって神は単に父や母のみならず、「こども」でもあるとの結論を私は下そうと思う。

キリスト教神学の歴史においてこのような結論は珍しいが、これを支持するために、こどもたちにとって、そして大人である私たちにとって、イエスとはだれかを問いかけながら、イエスに見られるこどもへのイメージを追跡しよう。その後、イエスの父なる神とはだれかを問おう。そして「聖霊におけるこどものイメージ」を考察し、続けて「神のかたちとこども」との関係を考え調べよう。最後には「聖書における終末論的ヴィジョンから示されたこどものイメージ」と、特に「終末論のためのこどもの神学の有用性」とを検討した上で結論的に、危機に置かれている人類が進むべき未来と、新しい生き方を提案しようと考える。

そもそも私は本書を書くにあたり長い準備期間を取り、新しい知的探究を成功裏に終えるために多くの参考文献を研究しようとした。それは、誤解と反論の余地をなくすためであり、また他の神学理論と比べても遜色がないほどに体系的な理論を確立しようという意欲も密かに働いていたからである。しかしながら複雑で華やかな知識の塔を高く組み上げようとして念入りに取り組む間にも、どれだけ多くのこどもたちが犠牲になっていくであろうか。また私の試みがどんなに斬新なものであっても、そのような複雑で難しい神学理論（神学思想）が大人を感動させることができ、それで彼らがまことに懺悔するように助けることができるであろうか。そのためこういうスタイルで、厳しい批判や批難を覚悟をし、一般的ではない神学理論の展開を、不十分ながらも描いて、できるだけ早く発表することになった次第である。使徒パウロも知識の不完全さとそれより優った愛の完全さについて語ってはいなかったであろうか。

しかしながら十分ではないけれども、このような理論を自らコントロールしなければならない責任が私にあると思う。もしある人びとがこの神学理論の一部のみを性急に抜き出したり、あるいは様々な部分から弱点のみを選び取って、この神学理論にあらゆる否定的なレッテルを貼ろうと批評したとすれば、私はこう言いたい。

「私はどんな時よりも切に祈りながら本書を書いた。どんな時よりも徹底的に聖書のみことばに耳を傾けて真剣に聞こうと願った。そうした中で、どんな時よりも苦しんでいる幼い被造物のうめき声を聞きながら神学作業に臨もうとした。したがって私はこの『こどもの神学』を徹頭徹尾「聖書的・福音的神学」であると同時に徹頭徹尾「現代的・文脈化・実践的神学」と呼びたい。理論的なものと実践的なものが互いに相反する必要がないように、聖書的・福音的なものと現代的なものが必ずしも行き違う必要はないと考える。」

私はこの神学理論を検証するために様々な角度から聖書と神学理論を新たに探究してみた。その結果、「男性（的）神学（Androcentric / Masculine Theology）」と「女性（的）神学（Feminist / Gynocentric Theology）」を越えて「こどもの神学（*Children's Theology or Child Theology*）」から「キリスト教の基礎を新しく再構築することができる」という自信をもつこととなった。しかし私の理論が反論からなるあらゆる攻撃に耐えられる要害堅固《ようがいけんご》の城のようであるとは決して主張しない。むしろ私は自らこの理論を徹底的に批判し検証しながら、より確かな理論を確立しようと考えている。人間の生存の必然的条件である時空間の制約を遥かに超えていつまでも揺れ動かない最後の神学を確立したと胸を張ることができる者がいるであろうか。

結局「こどもの神学」を論じる立場にある私は、客観的な論証にのみとらわれないで、あたかも好奇心と想像力が旺盛で、純真なこどものようにあれこれ問いかけ、時には自ら問いかけた質問に生半可に答えるよりもただ「質問は質問として」そのまま残しておこうと思う。答えの有無と真偽を超えて質問が存在するということ自体が、既に神の世界の神秘を最もよく顕わにしていると私は信じる。神と世界をすべて知っているとうそぶく者は、神と世界のみならず、自分自身に対しても激しい暴力を振るっていることと同じだと考えたい。また問いかけを止めてしまった人間は、その人間性の一部分をすでに放棄していることと同じである。うそぶく者や問いかけを止めた者はみな病んでいるか、すでに死にかけているようなものである。

時には私が自ら答えられないことに関して強いて読者に答えを見つけていただくつもりである。なぜなら私は自分の相対性を素直に認める上で、相手の卓越性や優秀さにも信頼するからである。そして真理とは対話を必要とし、対話を目標とするからである。また時には私は答え難いと見なされるところであっても快く大胆に結論をくだす冒険も試みるつもりである。このように、時にはただ問いかけたり、時には強いて読者に答えさせたり、時には確信に満ちて一人で叫んだりすることもこどもの素直な心と一致するのではないだろうか。

私はこどものように知的好奇心や想像力を最大限に発揮して神と世界との神秘を探究していこうと思う。人類のあるゆる偉大な思想や実践は、最初はこどものように幼稚だとして多くの非難や誤解を受けなかったであろうか。例えば、人間が鳥のように空を飛べるか、月世界へ行けるかと考えた人びとはみなこどものように冒険心と想像力が卓越していたのではなかっただろうか。冒険心と想像力は必ずしもこどもだけのものではないが、これらはこどもらしいものだと思う。なぜならこどもは大人とは違って自身を限りなく超越し、世界に向かって常に開かれているからである。

しかし40代半ばの成人でもあり責任ある学者であるにもかかわらず私が稚拙なあまり過度の冒険と想像をしてはいないかと自問しながら、周りの人びとにも私の考えについて慎重に聞いてみた。意外にも多くの人たちが私の考えに感心し同意を表し、執筆を促してくれた。しかし私に最も大きな励ましを与えてくださったのはまさに私の恩師であるユルゲン・モルトマン（Jürgen Moltmann, 1926－）先生であった。私は先生あてに手紙を書いて次のように聞いてみた。

……先生の著書である『今日キリストは私たちにとって何者か（原題：*Wer ist Christus für uns feute?*）』（沖野政弘訳、新教出版社、一九九六年）の韓国語版が出版されたので喜びをもって一冊送らせていただきます。そしてほかの著書である『三位一体と神の歴史(原題：*In der Geschichte des dreieinigen Gottes*)』の翻訳作業もほぼ終わるところですので、遅くとも年末までには出版されるよう願っております。この著書から三位一体の神について多くのことを学ばせていただきまして、誠に感謝申し上げます。

しかし、この著書から学んでから直ぐ、私は先生の結論を越えて新しいことを突然自問することになりました。それは、私たちは神を家父長制的な父と呼んでいる、もしくはフェミニスト的な母と呼んでいるのに、なぜこどもとは呼ぶことができないのかということです。最近、私は神が御子にあってこどものかたち（Image）をもっておられるという珍しい結論に至ることになりました。

もし神が御子にあってこどものかたち（Image）をもっておられないのであれば、神は今日特に性的に虐げられ、肉体的に抑圧を受け、搾取され、時には残虐に殺されるこどもたちを慰めることができるのでしょうか。神がこどものかたちをもっておられないのであれば、イエスは〈悔い改めて（↑脚注訳。心を入れ替えて：新共同訳）こどもたちのようにならなければ、決して天の御国に入れません〉（マタイ18：3）と語られなかったでしょう。神がこどものかたちをもっておられないのであれば、神の国はただ父の国と母の国になることはできるかもしれませんが、こどもたちの国ではないでしょう。神がこどものかたちをもっておられないのであれば、キリストが苦しみをうけられたのはただ大人たちのためだけであって、こどもたちのためではなかったでしょう。

先生はこのような私の考えについてどう思われますか。……」（一九九七年三月二一日）

感謝すべきことに、暫くしてモルトマン先生から次のような返信をいただいた。

……キリストにあって神がメシアなるこどもの姿を取られたという李先生の考えを私は素晴らしいと思います。この考えを躊躇《とまど》わずに神学的に深化させて、それについて執筆してください。私のキリスト論である『イエス・キリストの道（Der Weg Jesu Christi）』の中で、神を〈アバ〉と呼んだメシアなるこどもを見つけるでしょう。私は《神―父》という論文の最後の部分でもこれに言及しました。このような考えには神の国が約束されているこどもたちについての示唆が特に多くあります。……」（一九九七年四月二日、テュービンゲンより）

この励ましの手紙は本書の執筆のために大きな勇気を与えてくれた。そしてモルトマン先生の神学に表れるこども関連の神学的主題も私に大きな助けとなった。この場を借りて、励ましや助けを施してくださったモルトマン先生に心から感謝申し上げる。

いまだにこどもへの虐待が公然と行われている現実と向き合って「苦しんでいるこどもたちにとって神とはだれか」と問いかけ、こどものかたちとしてその受難の現場でこどもたちと共におられる神に対する理解ができるように、大いなる恵みを与えてくださった神さまに感謝と賛美をささげる。

こどものような神の御顔を見られれば、どんなにいいだろう！
神とともにこどものように飛び回って遊ぶことができれば、どんなに幸せだろう！
こどもたちの国なる神の国よ、この地に早く来い！
この世界がこどもたちの国を信じて受け入れるように！
こどもなるイエスよ、どうか早く来てください！

一九九七年一二月四日　　富川聖柱山のふもとにて

李信建

増補版に付して

『こどもの神学（A Theology of Children）』[1]が産声をあげてからいつの間にか二十年になった。私にとってこの小さな本は、生まれたばかりの赤ちゃんのようであり、愛らしく誇らしかった。身内の多くもちびっ子のようなこの小さいものを喜んでくれた。青い色を帯びた表紙（ハンドゥル出版社刊行）もとても可愛く思ったが、その内容についてはより深く感じるところがあった。長い陣痛の末に玉のような子を産んだ産婦のように、私にとってもこの小さいこどものような本がとても不思議で嬉しかった。

私がこんなにユニークな赤ちゃんを産むなんて不思議なことであった。この可愛い子を産むために険しい歳月の間思い悩んできたのだ。その当時全く新しい姿のこどもが生まれたことに少なからず驚いたが、時間が経つにつれ、このような赤ちゃんを産もうと願ってきた者たちや既に産んだ者立ちがいることを知ってもっと驚いた。[2] 確かに「こどもの神学」は私が初めて発見したものでもなく、また私の独創的な神学でもなかった。「こどもの神学」は既に多くの者が目指して多様な形で紹介してきた神の不思議な神学であった。[3]

（1）「こどもの神学」を展開する前に、まず本書における「こども」という言葉の使い方を定義しておく必要があると思う。その辞典的な意味よりも、法的・社会的な範疇を定めておこう。生涯を通して変化・成長を続ける人間の発達過程における特定の時期や段階を表す「こども」という言葉は、その発達段階を明らかに区分し難い漸進的なものである。さらに社会や文化によって違いもある。しかし個人の成熟度合いとは別に、法の適切な運用を損なわないために、成人と「こども」の間に法的な線を引く必要がある。そのため各法律で、様々な用語をもって「こども」の範疇や個別の定義が定められている。本書で「こども」は、胎児、新生児、乳児、幼児、児童、少年・少女、年少者、青少年、未成年者などの名称を包括しておよそ一八歳未満の男女の意味で用いられる。また文脈によっては「児童」、「青少年」、「未成年者」など他の言葉も用いられる。国連の児童の権利に関する条約では、こどもを一八歳未満のすべての者としながら、こどもに適用される法律の条件による例外についても言及されている。この条約は世界の一九〇余りの国で批准されている。参考までに、日本では二〇歳未満の男女を未成年者としていた民法が二〇一八年六月に改正され、二〇二二年四月一日以降一八歳未満の男女を未成年者としている。

（2）ホルガー・ドーネマンは次の論文で過去二十年間に発表されてきた「こどもの神学」の歴史をまとめて紹介している。Holger Dörnemann, „Kindertheologie': Ein religionspädagogisches Resümee nach zwei Jahrzehnten eines theologischen Perspektivenwechsels", in: *Münchener Theologische Zeitschrift* 63, 2012, S. 84-95.

（3）例えば、一九九二年にスイスのカトリック宗教教育学者アントン・ブハー（Anton Bucher）は《こどもと神の義：こどもの神学》という論文で「こどもの神学」という概念を初めて用い、二〇〇二年からしかしこどもたちはこのような出来事やその経緯を全く知らない。たとえ聞いたとしてもこのニュースを全然理解もできず、その上伝えることもできなかったであろう。そして憂慮した通りほとんどの大人もこの幼子の誕生をさほど大したことではないと思ったようである。時がたつにつれ、「こどもの神学」は人びとの関心から遠ざかり、私の関心も程なくほかのテーマへと移っていった。「こどもの神学」が売り切れになってからは本書を探す人もほとんどいなくなった。

しかしそんな中にも本書を探す人が時々出てきた。特に心理学を学んでいる人にとって、本書には興味を引くところがあったたのであろう。保育や幼少期の教育の分野で働いている人、そして教会のこどもの教育を担っている人にも本書は一つの参考書となったであろう。また花の日のこどもの礼拝ではこどもに関しての私の説教が役立ったであろう。しかしこどもの日や花の日は年に一度だけなので、それらの日が過ぎると、「こどもの神学」は忘却の沼に引き込まれてしまった。

本書を苦労して書いた私にとっては、必要としている人びとがもう本書を購入できなくなった状況は残念なことだった。またこどもへの虐待という社会問題に立ち向かって本書が出されたのももう十数年前のことであるが、こどもへの虐待は減っていくどころか増えているのが現実であり、そんな中で「こどもの神学」さえも死んでいくことがとてももどかしかった。それ故、今回私はこれを再び生かそうと決心したのである。

そもそも私は「李信建の組織神学講義」のシリーズ第七巻目の本のために「創造主なる神」というテーマで執筆し始めていた。しかし時間と力量の足りなさによって止むを得ず中断しなければならなくなった。その代わりに『こどもの神学』を再び出版しようと決めた。今まで書いてきた私のすべての本は苦しみと情熱から生まれたものなので、何一つ大切でないものはない。しかし『こどもの神学』は、今まで私が発表してきた神学の中で最も独特で斬新な、私が特に苦しかった時代に発表したものなので最も大事だと言わざるを得ない。

この機会に本の内容における表現や見解を新たに補完しようとも考えたが、不十分であっても最初の中心的な内容をそのままを保存する方がより望ましいと考え、表現や文章を少し訂正するだけにとどめた。ただ『こどもの神学』の続編として出した『全き霊性——こどもの神学と霊性神学の出会い』(二〇〇二年)の主要な内容を付け加えて、その内容をより豊かなものにし付加価値を高めた。この点で本書はより個性的で特徴を有することになった。

二〇一〇年、「ソウル水晶《スジョン》教会」の後援と支えを受けて始めた私の組織神学シリーズの執筆は

ほかの学者たちとともにJahrbuch für Kindertheologieという学術誌を発行して多くの論文を紹介している。カトリック神学者カール・ラーナー(Karl Rahner)も神学的な観点からこどもの本質を解き明かしたうえで人間の救いと人間存在の完成との関係を示そうとした。朴 英植「児童虐待時代のこどもの神学」、『韓国組織神学論叢』第四六集、二〇一七年、二一五頁~二四五頁。

本書で終わることになる。最初の本で私は引退するまでに少なくとも全七巻を書くことを望んでいることを明らかにした。しかし厳密に言えば、その中の二冊は既に出版されていたものを増補改訂したものなので、実際的には五冊を書いたことになる。多数の本を翻訳する中でこのような実が結ばれたことは私にとっても不思議で驚くべきことである。条件が許されるならば、引退後さらに二冊を書きたいと願っている。

今まで至らぬ私を喜んで後援してくださった「ソウル水晶教会」の皆様と本書の出版のため労苦してくださった「信仰と知性社」の担当者の方々に心から感謝を申し上げたい。

二〇一七年八月三〇日　ソウル神学大学研究室にて

李信建

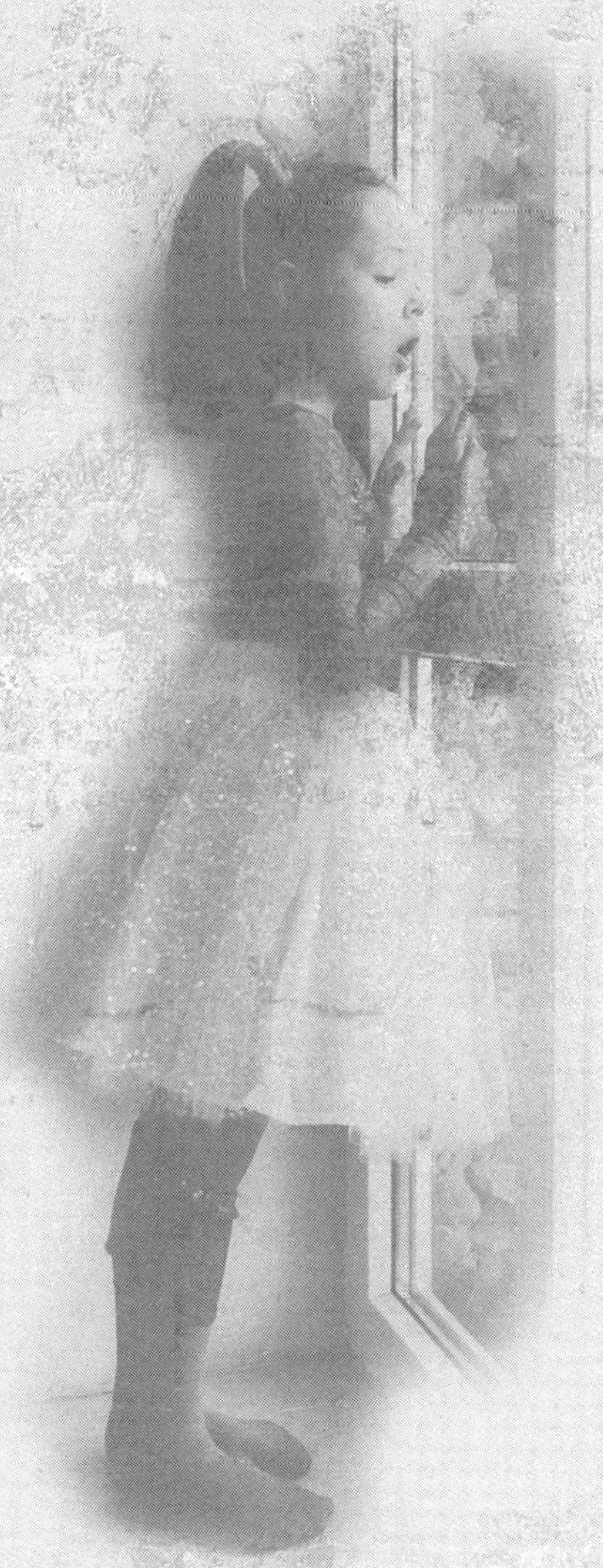

こどもの神学——神を「こども」として考える

目次

まえがき——日本語版出版にあたって　3
まえがき——なぜ「こども」の神学なのか　6
増補版に付して　18

第1章　虐待を受けるこどもたち　28
1　育児放棄　30
2　身体的虐待　31
3　性的虐待　33
4　その他の暴力　35

第2章　虐待を受けているこどもたちにとって神はどのような存在か　39
1　無能の中における全能なる神　44
2　両性的な神　60
3　神はこどもの顔（イメージ）をもたれる　81

第3章　こどもなるイエス　97
1　こどもとして来られた神　97

2　イエスの「こどもの神学」　113
3　こどものようなイエス　144
(1)　神に対する全き信頼　148
(2)　苦しんでいる人に対する深い同情　152
(3)　真実な心　157
(4)　柔和な人格　162
(5)　遊び　167

第4章　こどもなる神　174
1　神を「こども」として考える　174
(1)　実存論的観点　176
(2)　キリスト論的観点　180
(3)　三位一体論的観点　184
2　こどもの顔をもたれる神　186
(1)　純粋な神　187
(2)　柔和な神　198
(3)　遊ぶ神（*Deus ludens*）　207

3　こどもらしい聖霊体験　213

第5章　神のかたちと「こども」　229
1　こどもも神のかたちか　229
2　従来の見解に対する再評価　232
3　神のかたちと「こども」　244

第6章　パラダイスへのヴィジョン　254

第7章　こどもらしい霊性　265
1　上から再び生まれなければならない　265
2　地からも再び生まれなければならない　269
3　こどもの霊的優越性　272
(1)　神に向かって開かれているこども　273
(2)　自然に向かって開かれているこども　275
4　こどもらしい生き方　276
(1)　存在を志向する生き方　277

(2) つましい生活 279
5 こどもらしい霊性（霊的な生活）に至る道 282
(1) 聖書を読むこと 284
(2) 祈り 287
(3) 賛美 290
(4) 奉仕（仕えること） 292
6 こどもらしい霊性の実践 295
訳者のあとがき――『こどもの神学』の日本語版出版にあたって 303
付録1 『こどもの神学』について 黄 德 亨先生（ソウル神学大学総長及び組織神学教授） 307
付録2 日本の児童虐待の現状と、私たちができること 山本真理子先生（同盟基督教団 上田聖書教会） 317
書評再録 信仰者の実存から世界に向かう広がり……齋藤五十三氏
李 信建著 朴 昌洙訳『キリスト教神学とは何か 組織神学入門』 332

第1章　虐待を受けるこどもたち

試練に遭って苦しんでいる人たちと対面するたびに、多くの人はヨブの三人の友人のように「君の苦しみはまさに君自身のせいだ！」と語り、「どこかで良心が咎めることはないか反省してみて、その原因を取り除きなさい！」といった訓戒的なことを述べ因果応報的な表現に終始する。今日私たちは、社会が複雑化するに伴い、人間が経験する苦しみの原因やその背景が非常に複雑化・多様化しているという事実を認識することになった。しかし苦難にあえぎながら生活している人にとって最も緊急なことは苦難についての解釈や苦難の原因を探すことではなく、苦難の現実的な克服であり、具体的な解決であろう。苦難の現実の前でまずその理由を問いただすことは、たいてい苦難をまだ深く経験したことがない第三者や傍観者がすることであろう。しかし苦難を受けている当事者にとって最も重要なことは直ちに苦難の原因を明らかに知ることより、苦難からできるだけ早く脱け出す道を見つけることであり、そこからの回復である。

ここで私はこどもへの虐待の原因を追跡するよりは、私たちの周りでよく起こるこどもへの虐待の様相を説明した上で、この問題を克服する道を探究してみたい。もちろん私が探求するのは現実的な解決策ではなく、まず神学的な解決策である。なぜなら私が神学者であるからでもある。私は、人間がもっている多くの問題の原因が、人間の「心」と「考え（思考）方」と密接につながっていると確信しており、人間のもつ良心（人間にもともと備わっているもの）が、究極的に人間の望みの綱（頼りたくなるものや究極的な救済者）としている一種の絶対者に対する信仰に端を発すると確信しているからでもある。

「こどもへの虐待」とは何か。それは一般的にこどもの周りの人、すなわち親または親に代わる保護者などの成人がこどもの健康や幸せな生活などに危害を加える行為であり、こどもの正常な発達を阻害する身体的・情緒的・性的な暴力行為であり、また育児放棄（ネグレクト）である。

「こどもへの虐待」の複雑な様相や幅広い範囲をすべて論じることには限界があるので、ここで私は一九九六年の一年の間に韓国の社会で起こった「こどもへの虐待」の事例をマスコミの報道に基づいて簡単に紹介したい。

1　育児放棄

こどもへの虐待における最も多くの事例は、親が自分のこどもへの保護と養育の責任を放棄することである。育児放棄の最も大きな要因は親の離婚である。一九九五年に全国の家庭裁判所が受けつけた調停離婚や裁判離婚などの申し立ての件数は一〇万四千六二件であった。その中から離婚に至ったのは七万三千件であったが、各家庭のこどもの数が平均二人とすれば、毎年ほぼ二〇万人のこどもたちが自分の意志とは全く関係なく母または父に捨てられていると言えよう。

伝統的に家庭倫理や社会的な体面ないし世間体を重んじてきた韓国では、両親が深刻な葛藤に陥っていたとしてもこどものために離婚を躊躇《ためら》ってきた。しかし最近は倫理意識の変化や女性の権利の拡張などによって韓国でも先進国と同様に離婚率が急上昇している。そして数年前までは離婚の際に父と母の間にはこどもの親権を勝ち取ろうとする論争が多かったが、最近は両方が親権を放棄しようとする論争が多くなっている。

全国の二六九ヶ所の児童養護施設には、死別で両親もしくはどちらか一方の親がいないこどもたちより親の家出（失踪）や離婚によって捨てられたこどもたちの数の方が遥かに多い。一九九五年に韓国保健社会研究院によって一八九ヶ所の児童福祉施設の一万四千一二七人のこ

どもたちを対象とした調査によれば、七四・二パーセントのこどもたちの両親もしくはどちらか一方の親が生存していた。(1)

2　身体的虐待

こどもたち同士の校内暴力や、ヤンキーな少年がほかのこどもたちに振るう路上粗暴行為などの事件がますます増えている。これは過度な勉強によるストレスや商業主義的に助長されている暴力の文化および家庭の崩壊などによって生み出された悲劇である。時には、教師による酷い体罰が社会的に物議を醸すこともある。

また校内暴力に負けず家庭内で起こるこどもへの虐待も日々深刻化している。夫婦間暴力《ドメスティック・バイオレンス》(Domestic violence：DV)という不幸な家庭内暴力は、もう一つの不幸な暴力に繋がる傾向がある。それはまさに親がこどもに振るう暴力である。児童精神科医たちは、「このようなこどもへの虐待は多くの場合近親者との間で行われ、その実態の大部分が隠されているだけで、実際には非常に深刻な状況である」と指摘する。

(1)〈離婚ですすり泣くこどもたち〉、《ハンギョレ新聞》一九九六年十二月六日。

児童青少年精神医学誌によれば、「酷くたたかれたことがある」と答えたこどもが一九八六年の調査では六六・二パーセントであったが、一九九二年の調査では九六・四パーセントとなった。そしてほかの調査では、「こどもが間違いを犯した時、体罰するか」という問いに七二パーセントの母が「はい」と答えた。これはタイの二三パーセント、米国二六パーセント、日本の三三パーセント、イギリス二八パーセント、フランス三〇パーセントという割合に比べると、非常に高い。

児童虐待防止法がよく整備されている米国でも虐待で死亡するこどもが年間四千人以上と推定されており、救急救命室（Emergency Room）に来る五歳以下の患者の一〇パーセントが虐待が原因だとされている。韓国では正確な統計が出ていない実情ではあるが、虐げられた結果として脳出血、意識不明、失明、骨折などの致命的な傷害を被ったこどもたちが度々総合病院の救命救急室に運ばれて来る理由と言われている。

家庭内のこどもへの虐待は親の側が要因となっている場合が多い。加害者となった親の一〇パーセントが精神障がいを病んでおり、そのほかの大部分は子育て環境から受ける過度なストレスや苛立ちの状態でこどものふとした過ちに我慢できず、とっさに虐待行為を行う人びとだった。ソウル大学医科部小児精神医学科の洪《ホン》剛義《カンウィ》教授は、「身体的虐待を受けるこどもは、三分の一が脳損傷を負い、ほかの三分の一には知的障がいを経験するなど深刻な後遺症が残る」と問題の深刻さを強調する。(2)

3　性的虐待

身体的のみならず精神的にも取り返しのつかないほど深刻な傷害を負わせるのは性暴力と言えよう。特に男性中心的な性倫理、儒教的・保守的な性文化、社会的・法的な措置の不備などは性暴力の被害者および彼らの身近な人びとの苦痛と傷をより酷《ひど》くする。韓国の社会において性犯罪は既に危険水域に達していると言っても過言ではない。住宅街や農村にまで蔓延した享楽的・退廃的な性文化の被害者は女性たちだけではないだろうが、女性の中でも特に未成年者はその弊害を最も多く受ける犠牲者である。

韓国の青少年一〇〇人中六人が強姦などの性暴力の被害を受けたことがあるという事実が、青少年のための相談および教育団体である「青少年対話の広場」によって最近行われた青少年一五四〇人を対象とした「青少年暴力および性暴力実態調査」の結果によって明らかになった。この調査によれば、青少年の三四・四パーセントが暴力を受けたことがあり、この内一八・四パーセント（回答者全体の六・七パーセント）は強制的なキスや性交などの性暴力を受けたこともあり、

（2）〈俺の子を俺がたたくのに〉、《中央日報》一九九六年七月一日。

性暴力がこどもたちの間に蔓延していることが明らかになった。

自分を守る力と自分の意思を表わす能力がない、もしくは足らないという弱点をもつ未成年者への性暴力が急激に増えている。崔永愛《チエヨンエ》氏が所長を務める韓国性暴力相談所に報告された児童・青少年性暴力事件の件数は、一九九三年に五五〇件、一九九四年に一三〇〇件、一九九五年に一五〇〇件で、毎年爆発的に増加している状態である。崔《チエ》所長は、「報告されたすべての性暴力の中で未成年者を被害者とする暴力が三〇パーセントを占め、この中で半分以上の場合は加害者が身近な親族や顔見知りの隣人などである」と説明する。

韓国女性民友会の家族と性相談所は、「こどもの性暴力は被害者が訴えにくいため、実際には年間一〇万件に達すると推算される」ことを明らかにした。(3)

警察庁によれば、性暴力事件(未成年者に対する法定強姦、法定強制わいせつ)と性的搾取事件(児童福祉法違反)は最近数値上では減っていると示された。未成年者に対する強制わいせつ事件は一九九二年に二七四件であったが一九九五年に一四三件と減少し、強姦は一七四件から七七件と減少した。児童福祉法違反の事件数においても一九九二年に二三一件であったが、一九九五年に一四七件と減少した。また国会での国政監査の際に保健福祉部は全国の売春婦の数が四八〇〇人に過ぎないと報告した。

しかしこのような政府の統計は現実とかけ離れたもので、未成年者への性的虐待に対する政府レベルでの特別な対策はなく、問題はますます深刻化している。女性民友会などの団体は、風俗店、売春や風俗営業に繋がる変則的な宿泊施設、マッサージパーラーなどおよそ四〇万ヶ所の特殊な遊興的接客業で八〇万～一二〇万人の女性が働いており、この中での二〇～三〇パーセントが未成年者だと推計している。(4)

4　その他の暴力

親が無責任にこどもを放置することもこどもへの虐待の重要な状況であるが、もう一つの状態が特に韓国の社会でまだよく見られる。それは親が、欲望の余りこどもを親自身の願いと欲望を実現させるものとし、こども固有の価値と自由を奪って自分の思いのままに操り、抑圧することである。これは教育の過熱化ともつながっている。共稼ぎの事情によって親がこどもの保護や教育のために私設教育施設に送ることもあるが、大部分の親は小学生の時から一日いくつもの塾に通わせたり、中高生になると夜遅くまで塾に通わせたりしながら、早くから受験な

(3)〈児童性暴力推定年間十万件 ── 報告一%、性暴力相談所による被害実態〉、《中央日報》一九九六年七月十日。
(4)〈性犯罪減っても所々に売春の落とし穴、未成年性虐待深刻〉《中央日報》一九九六年九月九日。

どの競争の中に駆り立てるのである。

特に下層民資本主義（パーリア・キャピタリズム、Pariakapitalismus）が極度に拡大していることに伴い、受験競争と成功指向が過熱する韓国の社会では、多くのこどもたちが今も様々な塾へ通わされており、それに伴って最も大切な時期におおいに遊んだり、仲間や友だちを作ったりするという、社会性を養う大切な機会を逸している。今日青少年のうつ病と家出、自殺と犯罪が日毎に増えている大きな原因は、まさに出世欲に夢中になっている親と、殺人的な競争社会に追い込む教育者や、利益のみを追求する商売人のような私設教育関係者たちの後先を考えない欲求心にある。

こどもは父母の所有物でも代理人でもない。こどもたちは固有の価値と理想をもつ独立した存在である。カーリル・ジブラン（Kahlil Gibran, 1883 - 1931）はこの事実を次のように感動的に表現した。

そこで、こどもを胸にかかえた女が言った。
お話ください。こどものことを。
アルムスタファは言った。

あなたの子は、あなたの子ではありません。
自らを保つこと、それが生命の願望。
そこから生まれた息子や娘、それがあなたの子なのです。
あなたを通ってやって来ますが、あなたからではなく、
あなたと一緒にいますが、
それでいてあなたのものではないのです。
子供に愛を注ぐがよい。でも考えは別です。
子供には子供の考えがあるからです。

あなたの家にこどもの体を住まわせるがよい。
でもその魂は別です。
こどもの魂は明日の家に住んでいて、
あなたは夢のなかにでも、そこには立ち入れないのです。
こどものようになろうと努めるがよい。
でも、こどもをあなたのようにしようとしてはいけません。
なぜなら、生命は後へは戻らず、

昨日と一緒に留まってもいません。

あなたは弓です。
その弓から、子は生きた矢となって放たれて行きます。
射手は無窮の道程にある的を見ながら、
力強くあなたを引きしぼるのです。
かれの矢が遠く遠くに飛んで行くために。
あの射手に引きしぼられるとは、
何と有難いことではありませんか。
なぜなら、射手が、飛んで行く矢を愛しているなら、
留まっている弓をも愛しているのですから。(5)

---

(5) Kahlil Gibran, 柳 玲訳『預言者』正音社、一九七六年、二四頁以下。本文は、佐久間氏の訳文を用いました。
佐久間 彪訳、至光社、二〇一九年。

第2章　虐待を受けているこどもたちにとって神はどのような存在か

理解することも解決することもできない苦難を経験しながら人生の崖っぷちに立っている者は「なぜこんなに私を痛めつけるのですか」、「こんなに酷く私を苦しませているあなたはいったいだれなのですか」というような声を上げがちである。普段は自らを徹底的な無神論者と理解する人さえも、終わりが見えない苦難の前では、今まで否定し毛嫌いしてきた神の存在に対して声をあげて抗議する姿がしばしば見られる。その神の存在が名もない運命の神であったとしても、人はその名もない存在にさえ抗議する自由をもつ。

キリスト者は苦難のただ中において、どんな存在よりも先ず創造主なる神を呼ぶ。嘆願の詩を唱えた多くの信仰者たちや敬虔で義《ただ》しいヨブの苦難の中での懇願、さらに十字架につけられたイエスの苦痛の中での神への叫びは、多くの人びとの典型であり代弁者である。イエスは、「わが神、わが神、どうしてわたしをお見捨てになったのですか」（マタイ27：46）と大声で叫びながら死なれた。人間が苦痛の中で神に向かってこのように叫ぶことができることは人間に許されたせめてもの特権、あるいは神の恵みだと言えるであろう。

しかし中絶された胎児が母の胎の内で彼らを組み立てられた神（詩篇139：13）をどのように知ることができるだろうか。もし知ることができたとしても、胎児らが神にどのように大声で叫ぶことができるだろうか。さまざまな場所で大人たちに虐げられたり殺されたりするこどもたちが、まだ聞いたことも学んだこともない神に向かってどのように嘆きの声を出すことができるだろうか。むしろこどもらにとっては父と母が神のような存在ではなかっただろうか。しかし神のような父母に捨てられたり、様々な形で虐げられたりするとき、こどもらは誰に叫んで訴えるべきだろうか。

しかし、たといこどもたちが神を知ることも叫ぶこともできないとしても、人間の耳を造られた神は声なき叫び声を確かに聞いておられ、人間の目を造られた神は燃える炎のような目をもって彼らの苦しみを確かに見ておられるであろう。神が人間の苦しみを見、叫びを聞いておられるという信仰が、苦難を受けている人間にとっての最後の慰めと救いの希望となるであろう。ヨブのように苦難の中でも贖《あがな》い主（Redeemer）が生きておられる（ヨブ記19：25）と確信することそれ自体がすでに救いのしるしであり、預言者ハバククのように喜び歌うべき理由（ハバクク書3：18「私は主にあって喜び躍り、わが救いの神にあって楽しもう。」）となるであろう。

しかし不義と苦難の中で経験する神の沈黙は、敬虔なキリスト者にとってさえも常に苦痛の刺のようであり、無神論者たちの物笑いの種となる――「おまえの信じる神はどこにいるのか」、「おまえの神は耳が遠いのか」、「おまえの神は死んだのか」などと彼らは言うであろう。こういうわけで、苦難はただ神を探し求めさせるだけでなく、神を否定させもする。途切れずに続く不当な苦しみの中で、どうして神を信じることができるだろうか。強い大人たちによって虐げられ傷害を負って死にゆく弱いこどもたちをそのまま放置する神、大人たちの暴虐な快楽の対象として性暴力を受け血を流すこどもたちをそのまま放置する神、このような神はいったいだれなのか。これはこどもたちが苦しんでいる現場において彼らの代わりに投げかける私の問いである。

このような問いは遠くベルギーからも聞こえてきた。一九九六年、ベルギーのベルトリックス（Bertirx）という町で、二人の少女が誘拐され、犯人の家の地下室にほぼ八か月間閉じ込められ、強姦などの性的虐待を受けた少女が餓死するという残酷な事件が起こった。

一九九六年八月九日の夕方、ベルギーの小さな町ベルトリックスに住むラエティティア・デルヘッツ（Laetitia Delhez）という十四歳の少女が町のプールからの帰宅途中のことであった。一台の白いワゴン車が彼女に近づいて停止し、誘拐した。彼女を誘拐したワゴン車を目撃した人は誰もいなかった。しかしその日の夕方、うろうろと走り回っている不審なワゴン車を怪訝に思って車のナンバーを確認した町の人が警察に知らせ、ラエティティアは救出されることとなった。

当局によるとこのワゴン車は、児童強姦の前科をもっていた電気技師マルク・デュトルーのものであった。警察はフランス国境近くのマルシネル（Marcinelle）にある彼の家を捜索したが手がかりを得られなかった。しかし二日間の取り調べの末、デュトルーは犯行を自供し、「二人の女の子を渡してあげよう」と語った。彼の家で鉄製キャビネットを動かしてみると、地下室に通じるドアが見つかった。そこにはラエティティア以外にも、三か月ほど前に自転車で登校している途中に行方不明となったザビーヌ・ダルデンヌ（Sabine Dardenne）という12歳の少女がいた。二人とも性的虐待を受けた後であった。そしてポルノビデオや写真も見つかったが、それらの大部分はデュトルーが少女たちを性的虐待している様子を撮影したものであった。

しかしこのことは恐怖の始まりに過ぎなかった。彼の自供に従って警察は彼所有の別宅の庭に埋められた二人の八歳の少女の遺体を見つけた。この二人の少女は前年の六月にリエージュ（Liege）で行方不明となったメリッサ・ルッソ（Melissa Russo）とジューリー・ルジェン（Julie Lejeune）だった。この少女たちは八か月以上地下室に監禁され、性的虐待を受け続けた。しかし彼が車両窃盗の容疑で検挙され、三か月余り刑務所に入っていた間放置され、二人の少女は餓死してしまった。このような悲惨な事件の経緯を聞いたベルギーや世界の人びとは大きな衝撃と悲しみに包まれ、二人の葬儀がもたれたリエージュ大聖堂やその街頭に集まって弔意を表した。葬儀を執り行ったリエージュ大聖堂の神父ガストン（Gaston Soonbroad）は哀悼の言葉で、「神さまは耳が遠いのでしょうか。私たちの祈りはすべてどこに向けられたのでしょうか」と語った。熊のぬいぐるみや花で覆われた棺や葬列が通り過ぎる時、歩道に並んでいた人びとは皆悲しんで泣いていた。(1)

虐待されているこどもたちにとって神はだれか。力ないこどもたちが苦難を受けるときに放置する、いや、力ある者をひいきにする全能の神なのだろうか。その方は女性に対するあらゆる支配と抑圧、そして暴力を助長し援助する男性的な神なのだろうか。私はこどもたちの苦難の問題に関してこう問いかける――「虐待されているこどもたちにとって神はいったいだれか」。

この問いの答えを得るために私は伝統的な神の概念を変革した何人かの現代神学者たちの神理解から助けを借りようと思う。ただ彼らの見解を単純に紹介するだけではなく、その限界性も指摘しようとする。これらのことを通してこどもたち、特に虐待されているこどもたちにとっての神について考えるように提言しながら、こどもたちのために、こどもたちの神に呼び求め

（1）《Newsweek》（韓国語版）中央日報社、一九九六年九月四日、一四頁以下。

るためである。あくまでもこれはたんなる理論的な闘争ではなく、試練の中におかれている信仰の闘いであり、信仰の冒険であると言わざるを得ない。

1　無能の中における全能なる神

マルティン・ルター（Martin Luther, 1483 - 1546）が語った通り、人は、いつもそれぞれ自分の神に寄り頼んでいる。彼ら自身の最後の確信、人生の希望、生活の原動力、人生の安息などの〝生活の座〟に神は最も現実的に存在する。(2) 神の存在を意図的に否定する者であっても、それぞれ絶対者に代わるものを人はもっているのである。神の存在を否定する現代人にも絶対的な将来に対する希望、超自我、生の意味、あらゆる願望、自由、平和などのような、絶対者に代わるものが超自我的な力として受け取られている。(3) こういうわけで現代人は、偶像崇拝の形態ではあるが、絶対者に代わるものを拝んでいる。そして自分の信仰ないし信念と行動の最後の砦《とりで》をその絶対者に置き、その名によって自分の信仰ないし信念と行動を正当化する。

ではキリスト者が信じる神はどのような方なのか。この方は宇宙におけるあらゆる力の源であり、総体なのであろうか。この方は権力のピラミッドの頂点に座して全宇宙を支配しながら、時には従順なしもべたちに権力の賜物を委ねる厳しい全能の神なのか。もしそうならばこの神は、地上のすべての権力者が模倣し、自分たちの権力にピラミッドの形を反映しようとする存在となり、彼らは、神の代理者や全権大使と自称して台頭しようと考えるであろう。もしそうならば、この世における弱者たちは、神の名によってそのような権力者たちに仕えることになり、支配と抑圧を神の永遠の摂理として受け入れてしまうであろう。たとい権力の座がしばしば奪い取られ転覆されることがあったとしても、権力の秩序自体は決して転覆されることがなく、またそうなることもない。そうでなければ、それは神性冒瀆《ぼうとく》である。なぜならこのような秩序は神が認め保証する神聖な宇宙の永遠の秩序だからである。

ローマ帝国の権力の神（皇帝）や、ユダヤ教の奇跡と力の神ヤハウェが熱烈に崇拝されている中において、初代教会のキリスト者たちは、弱さのゆえに人によって十字架につけられて悲惨に死なれたキリストを神の子と公然と宣言した。これによって、偶像のような神々は直ちに転覆はされなかったが、その内的な正当性は揺らぎ始め、内部から徐々に崩れ始めた。これはキリスト教がこの世にもたらした一つの巨大な改革である。しかし抑圧された宗教であったキリスト教がローマ・ギリシア地域に伝えられ広がり支配者

（2）Paul Althaus, *Die Thologie Martin Lutherss*, Gütersloh: Gerd Mohn, 1983,, S. 99ff, 144ff.
（3）Horst G. Pöhlmann, Abriss der Dogmatik, Gütersloh: Kaiser, Güetersloher Verlagshaus, 2002(6. Aufl.) 李 信建訳『教義学（原題：*Abriss der Dogmatik*）』ソウル：信仰と知性社、二〇一二年、一七七頁以下。

の宗教に昇格したことによって、キリストは世界の統治者として描き出され始めた。同時に神はキリストの名によって世界を統治する全能の神と変わった。十字架につけられたキリストの神がいつの間にかローマ皇帝やアドルフ・ヒトラー（Adolf Hitler, 1889 - 1945）の神に変わり、神を拝するこの世界の支配者とこれを模倣した教会指導者たちは、まさに神の名で支配階級の肩をもち、権力を拡張しようとしてきた。二度の世界大戦とホロコースト（Holocaust）や日本への原子爆弾投下などのような残酷なわざわいはその必然的な末路と言えよう。

スイスの小さな町ザーフェンヴィル（Safenwil）で牧会をしていたカール・バルト（Karl Barth, 1886 - 1968）は、世界大戦の惨禍とこれを正当化した自由主義神学の崩壊の中から、欧米人たちがそれまで信じ、仕えてきたこのような偶像も共に崩れ落ちる音を聞いた。その日以降、一生涯バルトは自然神学が自ら考え出した全能の神、すなわちこの世の栄光と力の投影と延長としての神概念を厳しく批判し拒否した。「キリスト論的普遍主義」あるいは「キリスト論的一元論」とも言えるほどあらゆる神学的教説をイエス・キリストに基づかせた神学がバルトの特徴である「キリスト論的集中（Christologische Konzentration）」は、何よりも神の概念に革命的な変化をもたらした。「神の選び」（KD II/2）においてバルトは、具体的・実在的な人間イエス・キリストを見落として全能の神の概念による神の選びを認識し説明しようとする試みを断固として拒否した。(4)

彼の神学「キリスト論的集中」は和解論（KD IV/1-3）においてキリストの二つの性質である神

性と人性、そしてキリストの二つの立場である低められた立場（謙卑《けんぴ》）と高められた立場（高挙《こうきょ》）という伝統的な教えを互いに結び付けた。これによれば、イエスの神性はその低められた中で、また彼の人性はその高められた中で、自ら明らかになる。このようにしてバルトは十字架の厳しさを神の概念の中に特徴づけた。(5)

伝統的な神学、特に「不動の動者（Unmoved mover：アリストテレスが『形而上学』の中で語った、何者にも動かされずに自足しつつ他のものを動かす〈第一の不動の動者〉としての神概念であり、この神概念が中世のスコラ学、特にトマス・アクィナスに受け継がれてキリスト教神学に大きな影響を及ぼして来た。）」のようなギリシア哲学の形而上学的神概念に従って、神は徹底的に不変であり、そのため苦難を受けることができないという点を神学的公理（Axiom）と見なしてきた西欧の神学に明らかに立ち向かって、バルトは誰よりも真摯に神の苦難を取り上げた。バルトは、神がご自身の在り方に対して矛盾に陥らない限りは苦しみを受けることがないという伝統的で形而上学的な神概念を批判した。ギリシアの形而上学的な神概念を引き入れた古代の一部の教父たち

（4）Karl Barth, *KD*, II/2, S. 37ff. 吉永正義訳『教会教義学　神論（II―1）：神の恵みの選び　上』新教出版社、一九八二年、一六七頁以下。

（5）Jürgen Moltmann, 金 均鎮訳『十字架につけられた神』ソウル：大韓基督教書会、二〇一七年、二九〇頁。喜田川 信訳『十字架につけられた神』新教出版社、一九七六年、二七五頁。

が主張したように、もし神がその本質上苦しみを受けることができない方であれば、受難される神に関する言葉は逆説となる。しかし神が苦しみを受けられると語る時、これは神の存在や在り方の規定に矛盾することではない。神の苦難は「行為の中にある神の在り方」と一致する。それでバルトは、神の苦難を初めから神の行為として理解した。このような伝統的な神理解に対するバルトの批判において、私たちはあるゆる形態の自然神学に対する彼の最も極端な拒絶を見ることができる。(6)

バルトによれば、イエス・キリストの現実性からかけ離れて神を言い表すとすれば、私たちは神に何が可能であるか、また何が不可能であるかを言うことができなくなる。却って私たちは、神が人となったイエス・キリストの中に存在し・行動し・苦しまれるという事実において、神がなさる行為の妥当性を知ることになる。ゆえにバルトは次のように語ることができた。彼によれば、神がイエス・キリストにおいて人間に関与してくださることは神の自己卑下を意味する。これはイエス・キリストにおける神の恵みであり、被造物としての人間に対して、何の負い目もないにもかかわらず、また人間がそれに価しないにもかかわらず、自らを拘束し、制約し、捨て、権利を放棄してくださるということをも意味する。神はこのような事実においてこそ偉大であり、そして真の神はこのような事実においてこそ自らを真の神として明らかにされ、また神はこのような事実においてこそ他のすべての神々と違う排他性と優越性を示される。まさにこの

ような高貴な謙遜さにおいて、神は世を自らと和解させる神として語りまた働かれる。(7)
キリストの神性さえもこの方の復活と昇天に繋がる高められた立場（高挙《こうきょ》）から認識する一般的な神学の伝統に対し、バルトはむしろ受肉と苦しみに繋がるこの方の低められた立場（謙卑《けんぴ》）からそれらを認識し、それによって現代神学における神理解へ革命的な変化をもたらしたのである。

「イエス・キリストの神性が何であるかということは、最高の・絶対的な・この世的でない彼岸的な存在という総括的な概念から得られるのではなく、キリストにおける出来事そのものとの関係において理解されなければならない。そうでなければ、あの方の神性の奥義は、勝手気ままに考え出された偽りの奥義となるであろう。またそうでなければ、これは聖書

(6) Eberhard Jüngel, 白哲賢訳『神の存在は生成にある（原題：*Gottes Sein ist im Werden*）』ソウル：キリスト教神学研究所、一九八八年、一三一頁以下。『神の存在――バルト神学研究』、大木英夫、佐藤司郎訳、ヨルダン社、一九八四年、一九八頁以下。エバーハルト・ユンゲルはこのような行為における神の存在が「生成（Werden）においてありつづける」と言う。これは人間として死んだ神の子の死に直面しつつ、その神の子にもたらされるよみがえらせること、そしてそれと共に人間イエスにもたらされるよみがえらせることという新しい行為を意味する。邦訳、二〇七頁以下。
(7) Karl Barth, KD, IV/1, S. 172ff. 井上良雄訳『和解論（I―2）：僕としての主イエス・キリスト　上』新教出版社、一九六〇年、五頁以下。

の証言における神の言葉と啓示によって示された奥義ではなく、教会教義学においてただ一つ私たちの関心事である奥義ではないであろう。真の神がだれであり、また何であるかということ、換言すれば、神としての存在とその神性、その「神的本質」(それは、もしイエス・キリストが真の神であれば、イエス・キリストの本質でもあるが)が何であるかということ、それは神が真の神でありつつ同時に真の人間であり、従って人間本性にも与ったという事実から知り得ることであり、あの方が人となったということから、神の受肉から、そして神が人間として肉において為しまた苦しんだことから、知り得ることである。それは、神が神であり、神的本性をもつ方であるということを認識し得る、またそのことが認識される反射鏡は、まさに神の受肉であり、肉体における神の存在だからである。(8)」

バルトによれば、神の受難は神の本質にどのような変化ももたらさない。神は謙《へりくだ》り、ご自身を卑下することにおいても変わらず神である。神の本質は他の本質へと変化・縮小・変形されることも、また他の本質に混じることもなく、廃棄されることもなかった。

「私たちは、神とはだれであり、神性とは何であるかということを、神がご自身とその本性、そして神的本質を啓示してくださったそのところにおいてこそ、学ばなければならない。そして、神がイエス・キリストにおいて、そのようなこと（謙卑と高挙）を為さる神としてご自身を啓示されたのであれば、その神よりもさらに賢くなろうとしたり、そのようなことは神的本質と矛盾するなどと主張したりすることは、私たちの為すべきことではない。むしろ私たちは自分たちが間違った神概念の枠の中で神についてあまりにも偏狭に考えてきたという事実を、彼ご自身によって教えられなければならない。ゆえに私たちが為すべきことは、神の本質の中にある矛盾と分裂について思い深く語ることではなく、むしろ学び直すことであり、神の本質についての私たちの考えを訂正することであり、神がそのようなこと（謙卑と高挙）を為さるということに注目しながら私たちの考えを全く新しく整えることである。神が一切の相対的なものとは反対に、ただ全く絶対的であり、一切の有限なものを排除して、ただ全く無限であり、一切の卑賤と反対に、ただ全く高き方であり、一切の受動と反対に、ただ全く活動的であり、一切の試練と反対に、ただ全く不可侵であり、一切の内在と反対に、ただ全く超越的であり、従ってまた、一切の人間的なものと反対に、ただ全く神的であるという私たちの考え、すなわち一言で言えば、ただ『絶対に他なる』者、あるいは『絶対に他なる』ものであり得るとか、あることが許されるとかいう、

（8）*Ebenda*, S. 193. 同書、三七頁以下。

私たちの考えは、神がイエス・キリストにおいて実際にそのようなもの（低められて高められたもの）であり、またそのようなことを為さるということによって、無根拠なもの、歪んだもの、異教的なものであることが、示される。(9)」

神の全能性（Allmacht）は、他のすべての抽象的な勢力と違い、弱さや無力さという形を取ったこと、またそのような形で勝利を収めたことにおいて、神の力の完全性として偉大である。神はすべてのことにおいて、見知らぬところに進まれることによって、またその栄光を覆われる時に、ご自身の栄光を失う必要はない。むしろ神はこのような隠蔽においてこそ、真に栄光の神である。神の謙《へりくだ》られたその謙卑（Kondeszendenz）こそ、私たちが神をそのありのままに見ることができる反射鏡である。人間によって拵《こしら》えられたあらゆる神々の自由なく愛なき栄光とは対照的に、神の愛の自由は神の栄光である。すべてのことは、このような神の栄光の本性を、イエス・キリストの神的本性におけるその現われから読み取ることにかかっている。(10)

現代神学者たちの中で誰よりも「神の苦難」という主題を徹頭徹尾自分の神学と生涯において扱った人物はディートリヒ・ボンヘッファー（Dietrich Bonhoeffer, 1906 - 1945）であろう。彼もまたイエス・キリストについての認識を排除した神認識を徹底的に排撃し、イエス・キリストの神性は受肉や苦難と無関係に叙述できないと強調した。

「もしイエス・キリストが神として叙述されねばならないとすれば、それは神的本質についてではなく、彼の全能さや全知についてでもなく、罪の下にある弱い人間、彼の飼葉桶と十字架についてでなければならない。私たちがイエスの神性を取り扱う場合には、私たちはまさに彼の弱さについて述べなければならない。……飼葉桶の中の嬰児は全き神である。飼葉桶は、神であるところの人間を示しているのである。……従って神であるイエス・キリストについて語る場合には、全知全能という属性を所有する（ところが、このような抽象的な神的本質は存在しないのだ！）神に対する一観念を代弁する者としてではなく、彼の弱さ・飼葉桶・十字架について語らなければならない。そしてこの人は、決して抽象的な神ではない。……卑しく下げられた方について、私たちはこの人こそ神であると言う。彼は死ぬ時においても、神的属性を何一つ明らかにしなかった。反対に、神に絶望して死んでゆく一人の人間が示された。しかし私たちは、この人こそ神である、と言うのである。そのように言えない人は、神が人間となったということが何を意味するか、分かっていないので

（9）*Ebenda*, S. 203. 同書、五四頁以下。
（10）*Ebenda*, S. 205. 同書、五九頁以下。
（11）Dietrich Bonhoeffer, *Christologie*, Müünchen: Kaiser, 1981, S. 81ff. ディートリヒ・ボンヘッファー、村上 伸訳『キ

ある。受肉において、神は自らを隠さずに啓示される。」(11)

テーゲル（Tegel）刑務所に収容されていた一年半の間、ボンヘッファーが確信した神は世において無力であったが、その無力さによってご自分の力を明らかにされる神であった。ボンヘッファーにとって、神はキリストの苦しみと無力さを通して存在した。神は具体的な世界の中、すなわち人間の歴史の中心における無力な力である。ヒトラー暗殺計画に関与したという嫌疑で逮捕・収容されたボンヘッファーは成人した世界（die mündig gewordene Welt）と無宗教的時代の到来を予見しながら、人生における解決できない究極的な問題を解決してくれる宗教的な神についての幻を得ようとするよりは、世界の苦難を共に分かち合ってくださる、キリストにおいて啓示された神に注目した。(12) ゆえにボンヘッファーは次のように述べたのである。

「神はご自身をこの世から十字架へと追いやられる。神はこの世においては無力で弱い。そして神はまさにそのようにして、しかもそのようにしてのみ、私たちの側におられ、また私たちに助けを与えるのである。キリストが彼の全能さによってではなく、彼の弱さと苦難によって私たちに助けを与えるということは、マタイの福音書8章17節に全く明瞭である。この点に、あらゆる宗教に対する決定的な相違がある。人間の宗教は人間が困窮に陥った時にこの世における神の力を示す。その時、神は機械仕掛け（deus ex machina）の神である。聖書は、人間に神の無力さと苦難とを示す。苦しまれる神のみが助けを与えることができるのである。その限りにおいて、先に述べたこの世の成人性への発展は誤った神観念を一掃し、この世でその無力さによって力と場所とを獲得する聖書の神を見るように私たちの目を開いてくれる、と私たちは言うことができるのである。」[13]

現代における世俗化や神の実存を巡って一九六〇年代に流行した「神の死の神学（Death of God theology）」の煩わしい雰囲気に向かって、にわかに響くトランペットのように復活の希望を力強く知らせた「希望の神学者」であるユルゲン・モルトマンも、「甦られたキリスト」の裏側、すなわち「十字架につけられた神」に焦点を合わせて神の苦難について考察した。それにより彼の神学が、苦難の問題に目を向けない内容の「希望の神学」ではなく、まさに苦難の中心において希望を証言しようとする神学であるということが明らかになった。モルトマンは特にルター

リスト論』新教出版社、一九六六年、二四七頁以下。

（12）David O. Woodyard, 韓 仁哲訳『現代神学者たちの神理解（原題：*The Opaqueness of God*）』ソウル：大韓基督教書会、一九八六年、四六頁以下。

（13）Dietrich Bonhoeffer, *Widerstand und Ergebung*, Müinchen: Kaiser, 1951, S. 242.

の「十字架の神学（Theologia crucis）」に着目し、キリストにおいてこの世界の苦難に与る神を見つけ、神の存在を、神の熱情的で自発的な苦しみにおいて見ようとしたのである。

「ルターにとって、目に見える神の本質は「キリストの苦難と十字架」である。それは、栄光の神学（Theologus gloriae）の上昇的推論による認識における神の「目に見えない本質」に対置されており、それに反対するものである。十字架につけられたキリストのみが、「人間の真実の神学であり神認識である」。……卑賤、弱さ、そしてキリストの死の中に神を認める者は、神を求める人間によって望まれていた高貴さと神性の中にではなく、そのような人自身によって見捨てられ、拒否され、軽蔑された人間性の中に神を認める。そして、このことは……その望まれていた神との親縁性を無意味なものとし、人に人間性を取り返す。この人間性が、真実の神を自己のものとなさしめたのである。」(14)

バルトとボンヘッファーのようにモルトマンも、キリストの無力さの中に神の栄光を見、神の苦難において神の愛の啓示を見た。そして彼は「神は愛です」（Ⅰヨハネ4：8）という命題によって神の苦難ないし受難は神の内的性質に基づくと述べた。

『十字架の死に至るまで』神が人間になられたということの中には、神の虚飾は全くなく、むしろ神は全くご自身のもとにおられ、全く他の人びとのもとにおられ、またご自分を虚しくして非人間（Unmensch）のもとに引き渡すへりくだり（謙卑《けんぴ》）が含まれる。十字架の死に至るまでへりくだったということは、……神の性質に一致する。十字架につけられたイエスが「見えない神の似姿」であるなら、神はこのへりくだり（謙卑）において以上には偉大でなく、この犠牲（ないし自己放棄）において以上には栄光に満ちていない。神はこの無力さにおいて以上には強くなく、この人間性において以上には神ではない。……十字架の上で起こったキリストの出来事は神の出来事である。……ここで、神は触れることの不可能な栄光と永遠性から、ただ外的にのみ行為されたのではない。ここで、神はご自分に向かって自ら行為したのであり、その結果自ら苦難を受けたのである。ここで、神はご自身の全存在をもって愛なのである。[15]」

神の苦難において神の本質に対する矛盾や隠蔽ではなく、啓示性に着目しようとしたモルト

（14）Jürgen Moltmann, 金 均鎮訳『十字架につけられた神』三〇七頁以下。ユルゲン・モルトマン、喜田川信訳『十字架につけられた神』二八九頁以下。

（15）同書、二九五頁、邦訳、二七八頁以下。

マンは、今まで西欧における神理解を独占してきた「神の無関心（Apatheia：もともとこれはストア派の用語で、情念や欲情に支配されない平静な心やその状態を意味する。しかし後でこの概念は苦しみ〈pathos〉の対極にあるものとされ、受難しえないことを指すように拡張された。）、もしくは神の受苦不可能性」という公理そのものに対する反駁を自分の重要な課題とした。

「無関心の公理（Apathieaxiom）はキリストの受難物語より強く神論の基本概念を規定してきた。神の受苦不可能性はが確かに神の完全性と祝福のために不可欠な属性と見なされている。しかし、これはキリスト教神学が今まで徹底的にキリスト教的神の概念を発展させて来たということではなく、むしろギリシア哲学における形而上学的伝統に依存して来たという事実を意味しているのではないであろうか。

神論において無関心の公理（Apathieaxiom）が重んじられれば重んじられるほど、神をキリストの受難と結びつける能力も弱くなる。神が苦難を受け得ないなら、キリストの受難はもっぱら人間的な悲劇と見なされるしかないであろう。しかしキリストの受難においてナザレ出身の一人の良き人間の苦難のみを認識する者には、神は冷淡であり、黙っており、それ故愛することをしない天の権力者であると受け取られることは避けられないであろう。しかしこれはキリスト教信仰の終焉となるであろう。

こういうわけで、本質的にキリスト教信仰はキリストの受難において神ご自身を認識し、同時に神ご自身においてキリストの受難を見ざるを得なかった。……神がすべての視点において苦難を受け得ないなら、彼はまた愛し得ないであろう。彼はただご自身のみを愛することができ、ご自身でない他のものは愛し得ないであろう。しかし彼が他のものを愛しうるなら、彼はご自身に他のものを愛させるその苦難に対して自らを開放し、そしてこのことによって生じる苦難をご自分の愛の力をもって克服されるのである。神が苦難を受けるということは、被造物のように存在の欠乏のためではない。彼はご自分の存在の充満であるその愛の故に受難する。[16]」

もし私たちがバルト、ボンヘッファー、そしてモルトマンのように神の本質をイエス・キリストにおいて見ようとするなら、そして神の全能性をキリストの苦難において見ようとするなら、単純に伝統的な神概念のみならず私たちの日常の思考や行為までも革命的に覆されるという結果が生じるであろう。もし私たちがゴルゴタ（カルヴァリー）の丘において十字架にかけら

（16）Jürgen Moltmann, 李 信建訳『今日キリストは私たちにとって何者か』ソウル：大韓基督教書会、二〇一七年、五〇頁以下。ユルゲン・モルトマン、沖野政弘訳『今日キリストは私たちにとって何者か』新教出版社、一九九六年、五六～五八頁。

れたキリストを愛するとすれば、私たちはこの世において権力を振るう人間を愛するのではなく、神がキリストにあって苦難を受け、死に至るまで愛した無力な人間であり、抑圧を受け、苦しみの中で死んでゆく人間を愛することを学ばなければならない。私たちは神の無力さに倣い、その無力さをもって無力な人びとを助けることが大切である。そうすれば、私たちは力あるものを羨んだり誇ったりしながら暗にあるいは公然と弱いものを侮ったり排斥したりしなくなるであろう。むしろ私たちは弱さこそ最も強い力（愛の力）であることを悟り、弱い生命なるこどもたちを愛し、自ら弱いもの、すなわちこどものようになろうと努めなければならない。弱さの中において最も強い愛の力を実証したキリストは、権力欲に染まった愚かな私たちにこう語り教えるであろう。「強い者ではなく弱い者になりなさい」、「強い者の偶像の神ではなく十字架につけられた真の神を見なさい」、「ただ弱さを誇り、弱さの中で真に強い者になりなさい」。このように、権力を通して自らを無限に拡張しながら、暴力の上に世界を建てようとする人間の心の中へと、今日もキリストは永遠の革命の火種を投げかけている。

2　両性的な神

一般的に、「弱い」こどもに対する虐待は、たんに「強い」人間だけによってのみ行われることではない。強い父のみならず、相対的に弱い母親が、より弱いこどもを時には放棄したり、こどもたちに暴力を振るってしまう。しかしながら、こどもへの虐待はおもに「強い男性」によって行われることはよく知られている事実である。この点から見れば、こどもへの虐待は二重の暴力構造、すなわち「強い者による暴力」と「男性による暴力」という両面的構造をもつと言えよう。このような暴力は権力と武力崇拝のみならず、男根崇拝《ファルス》（Phallicism）とも根源的に繋がっている。

古代社会で女性は戦争に勝った側の男性たちの分捕りものとされて公然と暴力を受けた。資本主義が発展した今日においては、これはおもに商業的取引に変わった形で合法的・非合法的に行われているが、女性に対する男性の暴力的な支配は様々な制度的措置において今も温存されている。

特に家父長制が今も強い影響力を及ぼしている社会構造において、女性は男性の支配と征服の対象と見なされがちである。女性に対する男性の支配は、男らしい力の誇示や男性の支配イデオロギーの勝利として美化される。女性が身体的・精神的・社会的に受ける被害を問わず、女性を卑下し、虐げることを誇らしく思う男性たちの心理が未だに社会の所々に根強く残っている。従って、暴力に抵抗することができないこどもたちや少女たち（もちろん成人の女性も含めて）に対して、男性の暴力に終止符を打つためには、権力と武力崇拝のみならず男根崇拝《ファルス》（家父長制、男性優越主義）に対して大胆に終止符を告げる必要がある。

では現代神学は、女性に対する男性の支配に味方するこのような家父長制的イデオロギーからどれほど解放されているであろうか。換言すれば、現代神学は古代社会の家父長制的イデオロギーの神への信仰をどれほど克服したであろうか。ここでもう一度簡単に、現代神学に見る神概念の革命的な変化を追跡しよう。それはまさに「女性解放の神学」あるいは「女性(的)神学(フェミニスト神学)」のことである。

戦争の神、資本の神、民族の神、革命の神などがヨーロッパ全域を血で染めていった時期に誰よりも素早くこの虚しい偽りの偶像の正体を見破り、立ち向かって「無力な神」や「無力な人びとの神」を宣言しながら、弱い人びとの側で力を尽くして闘った「行動する神学者」はカール・バルトであった。しかし残念ながら彼は家父長制的理念の代弁者であったと疑われている。果たして彼は男性優越主義を伝えたのであろうか。彼は本当に女性を見下し、男性として女性を支配し操ろうとしたのであろうか。現代神学者の中においてバルトの家父長制的要素について最も明らかに指摘し批判する者はモルトマンである。

「バルトは、秩序とはただ上位の秩序と下位の秩序のみによって成り立って存在しうるということを早くから明らかにしていた。彼は自分の神学的出発点を神の主権に置き、キリストと教会との関係については「キリストの頭‐体」という象徴に従ってキリスト論的に定立していたので、このような秩序の観念から離れられなかった。もし神が支配と服従との関係において自らに対応するなら、彼が対応するその被造物におけるあるゆる関係もそれに相違ないであろう。創造秩序における関係を説明するため、バルトはアリストテレス(Aristoteles, 384 - 322 BC)の古い階級的な相応理論を受け継いだ。従って、天と地との宇宙的な関係、精神と身体、そして男女の人間論的な関係もこの枠組みに合わせて配列される。教会教義学第Ⅲ巻第二部(441頁)でバルトは次のように語っている。『精神と身体との関係は、天と地との関係のように創造からすでに存在し、世界の中に存在する対立である。しかし人間の精神と身体は一人の人間であり、天と地も全体として一つの宇宙である。』『人間は身体に先立つ精神であり、男と女の関係は、その二元性の中で完全となる人間存在が神の似姿であるという説明における類比でもある。もちろんこの完全性における人間の行為でもある支配と服従は相違しながらも、同時に全く噛み合っている。』[17]

「男と女に対するバルトの秩序の象徴は既に様々な面において批判されてきた。……私はバルトが語る全世界的な位階秩序に納得できず、男は魂と天とキリストに相応し、女は身体

（17）Jürgen Moltmann, 李 信建訳『三位一体と神の歴史』ソウル：大韓キリスト教書会、二〇一七年、二七〇頁以下。

と地と教会に相応するという秩序を正当化するキリスト論的・神学的な根拠も全く発見し得ない。さらに、（男女に）ただ支配と服従という役割のみを割り当てるのも理解し難い。もしバルトが、「AはBの前に行き、BはAの後に来る。秩序とは順序のことを意味している。ここで秩序というのは優先する秩序と後続する秩序、上位の秩序と下位の秩序のことである」（教会教義学Ⅲ巻第四部、189頁）ということのみを語るなら、彼の秩序の概念は男と女の関係の中に平和をもたらし得ない。これは家父長制の世界における秩序に過ぎない。[18]」

ここでモルトマンは、一九三四年に行われたバルトとヘンリエッタ・ヴィサー・トーフト(Henriette Visser't Hooft, 1899 - 1968) との対話をバルトに対する批判の重要な根拠として引用する。

「一九三四年にバルトは、女性神学者とは言えないが、見識がある自由な女性であるヘンリエッタ・ヴィサー・トーフトに出会った。『キリストは私たちを自由にしてくださらなかったでしょうか。男であれ女であれ、もはや誰であっても直接神に会えないでしょうか』という彼女の問いかけに、バルトは弁明しようとして次のように答えた：『恐れ入りますが、もしパウロが男女に関してあなたが考えている命題の前提（相互関心、信頼できる責任性）に制約されたとするなら、彼は自分が言いたかったことを自由に語ることができなかったでしょう。なぜなら神と人間との間には相互関心ということは全く有り得ず、ただ優越性だけが存在するからです。聖書全体は実際に、家母長制でなく家父長制を男女の関係における地上的・時間的秩序として前提とします。キリストが男であり、また男としてアダムの優越性を確証するということは神の意図です。あらゆる『家母長制』は排除されなければなりません。』ヘンリエッタ・ヴィサー・トーフトは彼に答えた：『優越性とは全然違う何か、まさに愛が存在します。愛はどんな優越性や劣等性も知りません。』(19)

しかしヒンリヒ・シュテベザント（Hinrich Stoevesandt, 1931 - 2018）はバルトの神学的立場をより包括的な文脈において最大限理解しようと努めた。バルトが時に男性側に偏って発言したことは、彼が男性優越主義者だからではなく、これまで抑圧されてきた真理を代弁しようと常に励んでいた彼の気質から偶発的に起きたことだと評価する。シュテヴェザントは「ザーフェンヴィルの不愉快な牧師（原題：Der unbequeme Pfarrer von Safenwil）」という小論文の中で次のようにバルトを弁護している。

「たといそれが大多数の意見だとしても、そしてすべての人びとが異口同音に語った意見だ

（18）同書、二七四頁以下。
（19）同書、二七五頁。

としても、またその都度皆に当然の事と見なされたことだとしても、バルトにとってはそれに同意する、もしくはそれを同様に繰り返すことは論外であった。大多数によって同じように思われたことは、まさにそうだからこそ、彼にとっては疑わしいものとなった。彼が抑圧や差別を受ける人びとと共に行動してきたことと同様に、一生涯彼は人びとが押さえつけたり軽んじたりする真理を擁護した。彼自身が弁明した見解さえも……間違った文脈に置かれ、彼に逆らう目的のため利用されることを見た時、そうした見解は彼を怒らせ、さらには拒否反応を起こさせた。

一九四八年にアムステルダムで開かれた世界教会協議会（World Council of Churches）において、バルトはある午後にもたれた女性委員会の会議に参加することになった。男性たちがちらほらと参席した中で、世界中の教会から集まった多くの女性たちは、教会の女性たちや他の女性たち（ただ女性だけではないだろうが）が今まで様々な集いにおいて最も喜んで取り上げてきた主題、すなわち自分たち、換言すれば、社会と教会の中において自分たちがもっている立場とこの立場がどのようにして改善され得るかについて熱心に語り合った。その当時、アムステルダムで人びとは……使徒パウロのガラテヤ人への手紙三章二八節（イエス・キリストにあって、教会の中には男も女もなく、キリスト・イエスにあってすべてが一つである）を擁護していた。この集まりで、まさにその同じパウロが男女の関係に対して異なる理論でも語ったという事実、つまり、『妻たちは自分の夫に従うべきである』（エペソ5：22）と語った事実を呼び覚ます必要があると考えたのはカール・バルト唯一人であった。そして彼はこの聖句を簡単に放棄してはならないと警告した。カール・バルトが先の聖句よりも後の聖句を好んだ、もしくは彼が男性による支配を擁護したというわけではない。（例えば、彼はスイスの男性たちの大部分が反対した、教会と社会における女性参政権を断固として支持した。）しかし『心地よくない』聖句に出会う時に人びとが、聖書が語ろうとすることを聞こうとせず、自分の見解と願いを裏付け得ると思う聖句を選り好みして素早く取り出すことは彼にとって耐え難かった。彼にとってこのことはとても重要であって、数日後同じくアムステルダムで開かれた改革教会協議会の会議に参加した人びとの前でもう一度この問題に言及するに至った。

しかし最も重要なことは以下である。それから十年経った一九五八年にヴォー州（Canton de Vaud or Waadt-land）の牧師たちの団体が小冊子（原題：La Femme dans l' Eglise、教会における女性）を発刊したが、そこで彼らは教会の共同議会と総会において女性たちが選出されてはならないということを聖書を根拠として立証しようとした。そのために彼らは、バルトがアムステルダムで強調したガラテヤ人への手紙からの聖句を掲げた。そしてある牧師は自分の見解をさらに強めるために、バルトがアムステルダムで行った講演からいくつかの文章を引用した。その知らせを受け取るや否や、立腹したバルトは自分の立場を手紙で説明した。自分はそのような人びとの見解に全く同意できず、彼らが自分を根拠として引き合いに出すことは全く不当であるという内容であった。そしてアムステルダムでの講演から引用した文章はその文脈から外れており、『ある報告者によって組み合わせられた』文章だと主張した。……彼にとって、ヴォー州の牧師たちの計画はあまりに不愉快で、小冊子に引用された文章が自分が実際に語った通りか、またその通りに印刷されたものであるのか思い出すことさえもできなかった。[20]」

しかし私は「男女の関係」に対するバルトの立場を彼の『教会教義学』(第Ⅲ巻第四部)の中で最も明らかに見られると思う。ゆえにバルト自身の明確な立場を、彼が叙述した全体的文脈において理解することがより大切だと考える。彼は確かに男女の一致性と平等性を強調する。「神の戒めに対する服従の中では、男は、女と結ばれ、女に属し、女を愛する中で生きる。それと同様に女も、男と結ばれ、男に属し、男を愛する中で生きる。『主にあっては、女は男なしにあるものではなく、男も女なしにあるものではありません。』(Ⅰコリント11:11)

ガラテヤ人への手紙三章二八節に「キリスト・イエスにあっては、男も女もない」とあるが、これは、……彼らが同じレベルに立つ同等の人であるということである。……彼らが神から与えられ、神の前にもち、神のためにもつ自由の故に、ただ男と女の互いの交わりの中でだけ、彼らの自由は具体的な形態をもつことができる。」[21]

しかしモルトマンが批判したように、バルトは家父長制的な世界秩序を擁護する者として誤解され得る見解をはっきりと示す。例えば、彼はアルファベット順に従って男をA、女をBと表すことを躊躇わない。既にここから男女間の順序や秩序、いや、男の優越的な地位を固定化しようとするバルトの密かな意図が公然と示されているのではないか。再び彼の言葉を聞いてみよう。

「男女それぞれの立場や機能は、交換されたり混合されたりせず、それぞれの側で忠実に守られなければならず、またそれらは相手から離れたり、互いに反目し合ったりしてはならず、互いの関連性の中で相互に理解され、実現されなければならないのである。またそれらは互いにそのまま同一視（等置）されてはならず、簡単に覆されてはならないのである。換言すれば、彼らは順序（あるいは、段階、Folge）の中に立っている。……男と女はAとBなのである。したがって、簡単にそのまま同一視（等置）されることはできない。確かに

（20）Hinrich Stoevesandt, „Der unbequeme Pfarrer von Safenwil", in: Eberhard Busch / Hinrich Stoevesandt, *Der Zug am Glockenseil: Vom Weg und Wirken Karl Barths*, Zürich: Theologischer Verlag, 1982, S. 16-18.

（21）Karl Barth, *KD* III/4, S. 181, 183.

内的な価値と権利、すなわち人間としての価値と権利においては、AはいささかもBに優越していないし、また劣ってもいない。……私たちは男女のこのような等しさを……一点一画も忘れたり撤回したりしてはならないであろう。……しかしAはBではなくAであり、BはもうひとつのAではなく、あくまでBなのである。……この秩序を正しく言い表すことが問題である時、どのような言葉を用いるとしても誤解の余地があり、危険である。しかしこの秩序は確かに存在するのである。……もしも、男女のそれぞれの存在において、秩序が支配しないならば、無秩序が支配するのである。……AはBの前に行き、BはAの後に来る。秩序とは順序のことを意味している。ここで秩序というのは、優先する秩序と後続する秩序、上位の秩序と下位の秩序のことである。」[22]

もちろん、これによってバルトが女性に対する男性の支配を正当化したと性急に批判してはならない。男性が女性に先立つ秩序が存在するが、この秩序が決して支配と奉仕（ないし服従）の秩序として誤解されてはならないということを彼は強調する。つまり、彼は自分の「秩序論」が「支配論」として誤用されてはならないと確かに警告する。一生涯彼は、一般啓示（普遍啓示）から推論された位階秩序が教会と社会を支配する現象、言わば、ドイツ第三帝国においてヒトラーのような一支配者の原理が社会や教会の中へと及んだような現象を厳しく批判し、それに抵抗した。彼は次のように語っている。

「この秩序が服従と従順を要求する限り、それは、これが関係するすべての人びとに全く同じように当てはまる。この秩序は誰にも特権を与えない。またそれは誰をも不正に取り扱わない。それはすべてのものに義務を課し、またすべてのものに権利をも与える。……女との関係において男が女よりも前にあり、また上にあるということによって、女に対して特に優れているわけではない。またそのことは男にどんな優越性も有利な立場も与えない。男はそのことによって、どのような自負心も身にまとうことにはならない。……奉仕の優位として理解されていないような男の優先的秩序もしくは上位の秩序というものは、どんな場合にも神の秩序でなく、ただ人間的無秩序の特別な形態にすぎない。……したがって、それによって男が自分を女の上に高めたり、自ら女を支配する者になったりするような、またそれによって男が女を見下したり、侮蔑したりするような、さらにそれによって女が、自分が圧迫を受け、辱しめられるのを見なければならないような、男による秩序の取り扱い方は、神の秩序とは全く無関係である。[23]」

(22) *Ebenda*, S. 188ff.
(23) *Ebenda*, S.189-190.

しかし私たちはバルトに問うことになる。なぜ男が一方的に女に対して主導権をとって刺激を与え、導き、目覚めさせる役割もしくは機能をもたなければならず、なぜ女が男性に対して同様なことをしてはならないのか。「男は、男女に共通する存在と行為において主導権をとるもの、刺激を与えるもの、導くもの、目覚めさせるものである」(24)というバルトの主張は依然として男性優越的考え方を示していないであろうか。この単なる一つの指摘によってもバルトが家父長制的神学、すなわち男性中心的神学の主唱者もしくは、代弁者だということが十分立証されていないだろうか。

モルトマンの指摘通り、バルトの秩序概念は男女の関係に平和をもたらし難い。これは家父長制的な世界の秩序ではないか。たとい男女の関係が支配と服従の関係でなく奉仕の関係だとしても、男が常に女に対して主導権をとり、刺激を与え、導き、目を覚まさせるという役割ばかり果たすなら、結局男が女を支配する階級的秩序を主導することではないか。こうした観点から見れば、なおバルトは男性支配的な理念から完全に自由ではないことが見られる。

私が知っている限り、現代神学者の中において家父長制的神学・社会の構造を打破しようと女性神学、もしくはフェミニスト神学の意図に最も近い男性神学者はモルトマンと言えよう。彼は何よりも「イエスのアバの祈り(Jesus' Abba prayer)」の中に、母のようにいつくしみ深い神を見る。

「神に対するイエスの関係の特徴は、〈アバ〉の祈りにおいて明らかになる。……アラム語の〈アバ（Abba)〉という言葉は幼児語でり、これはこどもたちが自分に根源的な関わりのある人物に呼びかける時に使う言葉である。それが母であれ父であれ、重要なことはそのこどもが根源的に信頼を向ける、安全で親密な近さである。それでイエスが神を「アバ」と呼ぶ時、彼は父なる神の男性性、あるいは主なる神の無制限的支配権を強調しているわけではない。むしろその強調点は、イエスがその神聖な奥義を体験するかつてない親密さにある。神の国が今、イエスを通して時間的に近づいているということほどに、神は空間ないし距離においてイエスに近い。神が「アバ」と呼ばれ得るほどに、御国は近づいている。……イエスはこの神の近さないし親密さを、貧しい者や苦しんでいる者へのあわれみといつくしみの中に表し、そしてそのような行いによって、神の女性的な属性を明らかに示す。（イザヤ書49：15、66：13）」[25]

（24）*Ebenda, S.* 189.
（25）Jürgen Moltmann, 金 均鎮・金 明容訳『イエス・キリストの道』ソウル：大韓基督教書会、二〇一七年、二三三頁以下。蓮見和男訳『イエス・キリストの道〈J・モルトマン・組織神学論叢三〉』新教出版社、一九九二年、二二八頁。

したがって、モルトマンによれば、イエスによって神に対してアバとこどもの関係の中へと導かれるメシア的共同体の中では家父長的体制が崩れることになる。

「家父長制的（ユダヤ教）社会における父なる神や主なる神という概念がイエス・キリストの父の概念と区別されるということは、まさにイエスご自身の故であり、またこの事実は今も変わらない。そして、イエス・キリストを見上げて彼とともに神を「アバ」と呼ぶ者は、家父長制の法則と、またその権力関係から決別する。その結果、父の側の一方的支配と、そこから生じる女性とこどもの従属の代わりに、イエスの友である女性とこどもたちのメシア的共同体が登場する。そしてそこでは力が公平に分配される。

今日の「父なき社会」においてこの信仰の経験は、非家父長制的な父性愛の形成をもたらす。この父性愛とは、共有的、共同的、責任的で、いつくしみ深い愛であり、また私的支配と所有を主張しない。人間性を失わせられ、そしてその故に責任感を失っていく人間の社会において、いつくしみ深い父なる神を経験することは男たちを非家父長制的父性愛へ導く。……男も全き人間となるためには家父長制の非正常性を克服しなければならない。このような道を辿っていくと、男も、私たちの意識の下に存在する、遥かなる過去の母系社会の独特性と長所を見つけるであろう。[26]」

ところで、モルトマンによれば、家父長制が崩れるのは、歴史におけるイエスの言葉と行為によってのみならず、まさに内在的三位一体の奥義によってでもある。父という呼称はキリスト教の理解における三位一体論的な呼称であり、一般的に宗教的・政治的・宇宙論的な象徴（あるいは、表象）では決してない。そして神に対する私たちの「アバ、愛する父」の呼びかけも、人を子とする御霊、自由の御霊においてのみ可能である（ローマ8：15、Ⅱコリント3：17）。このような御霊による自由の中においては、イエス・キリストの父は実際に家父長制的な父から区別される。(27)

そしてモルトマンは三位一体の関係における父と子との関係を「出産」もしくは「誕生」という象徴をもって理解することによって、神を男性的ではなく両性的、もしくは性を超越する存在として理解することができるように私たちを導く。

「もし子がただ父より生まれるなら、この過程は当然〈出産〉もしくは〈誕生〉として表象されるであろう。そしてこれによって父の姿は根本的に変わる。子を産み、誕生させる父

(26) Jürgen Moltmann, 李 信建訳『三位一体と神の歴史』、六二頁以下。
(27) 同書、六九頁。

はただ『男性的な』父ではない。彼は母のような父である。彼は男として単性的に理解されることはできず、両性的に、あるいは性を超越する存在として理解されなければならない。彼はご自分のひとりごの父性的な父であると同時に母性的な父でもある。」[28]

現代におけるフェミニスト神学者たちの大部分もモルトマンのように、両性的な神、もしくは性を超越する神の表象に基づき、一方的な家父長制的神の表象を克服しようとする。例えば、ローズマリー・ラドフォード・リューサー（Rosemary Radford Ruether, 1936 - ）は次のように語っている。

「ユダヤ・キリスト教的伝統において、神的存在について語る時には神という言葉を用いる。これは男性の総称的な形態（の名称）であり、したがって、この神学において模索する神的存在についてのヴィションを表すには適さないものと思われる。しかしこれは神に対する伝統的ユダヤ教の理解とキリスト教的理解の中に、神性に関する有益な真の糸口がないという意味ではない。……より完全な神性に関して論じる時、私は『God/ess』という用語を用いるが、これは神性が一つであると語るユダヤ・キリスト教的確信を維持しながら、神的存在に対する男性的形態と女性的形態の用語を合わせるために造られた象徴的表現である。……神は男性でありながら同時に女性であり、また男性でないと同時に女性でもない。

神を表すためには男女のあらゆるイメージと経験による包括的用語（言語）が必要である。……男性的隠喩（metaphor）のみならず女性的隠喩も合わせ、その中で神を『God/ess』と呼

（28）モルトマンによれば、母のような父像の根拠は神のあわれみに関する旧約聖書の伝承の中にある。「あわれみ」を表すヘブル語の「ラハム（racham）、単数形」は生命を産みだす母胎（レヘム〈rechem〉、子宮）という意味だけでなく、産みの苦しみを甘受する女性の慈悲やあわれみ（ラハミーム〈rachamim〉、ラハムの複数形）という意味合いを含んでいる。また他の用法では「内臓や腸《はらわた》」を指し示し、内面的な苦しみや悩みの表現としても用いられる。あわれみは母の感情という特徴をもつ。六七五年に行われた第十一回トレド教会会議（Council of Toledo）で出された〈信仰のしるし（Symbol of Faith）〉という信条は「三位一体の神について」の信仰告白の中で、「御子は無または他の本質からではなく、父の胎内（the womb of the Father; de utero Patris）からである。すなわち、父の本質から子が生まれた（genitus vel natus）」と告白する。この告白から考えると、神はただ男性的な父ではなく生命を産みだす母のような父であるということが分かり、家父長制的・男性中心的な一神教は支持されがたい。それ故キリスト教の三位一体論は母のような父と、御子を産まれた神のあわれみに対する表現でもある。さらにそれは、神理解を表現することにおいて、男性中心的なメタファーや用語の一方的な使用を拒む根拠でもある。それは私たちを互いの間に支配と従属の関係がない交わりの中にある男女共同体に導く。男女は長子である御子との交わりの中で一つであり、ともに神の約束による相続人である（ガラテヤ3：28—29）。性差別や階級支配から解法された人類共同体こそが三位一体の神の輝くかたちを反映することができるであろう。同書、七〇頁以下。『カトリック教会文書資料集——信経および信仰と道徳に関する定義集』、エンデルレ書店、一九九二年。

ぶことによってのみその包括性は生じ得る。」[29]

リューサーは、聖書的伝統、特に「預言者的神」（支配階級を批判し、社会における被抑圧者を擁護する神）、イエスの「解放志向的統治」（アバとしての神との関係に基づいての支配―従属の関係撤廃、キリスト者の相互奉仕の関係）、「偶像崇拝の追放」（家父長的君主・教皇としての神のイメージの拒否）、そして「神に対する男性・女性の同等なイメージ」（銀貨を無くした女〈ルカ15：8―10〉、パン種を取って三サトンの粉の中に混ぜる女のたとえ話に表された歴史の変革者としての神の象徴〈ルカ13：20―21〉）のような伝統において、家父長制を超える神に関する言葉（language）を語る。[30]

リューサーはこの四つの伝統に基づいて「God/ess」を女性解放論的に再構成しようとする。彼女によれば、「God/ess」は既存の階級的な社会秩序の創造者ないし承認者ではなく、むしろそのようなものから私たちを解放し、人間を差別しない新しい共同体を提示してくれる存在である。したがって、王権と位階体系的な権力から出る神の名称に関する言葉は、その特権的な地位を失わざるを得ない。「God/ess」のイメージは女性の経験を包括しなければならないのだ。[31]

しかしリューサーは「God/ess」という用語がもつ危険性について指摘すべき必要を感じる。すなわち、「God/ess」という用語は、男性の支配と女性の従属を正当化する、類型化された方法によっての男女の役割を合理化しない。強力な支配者なる父のイメージを保持しながら、ただ愛情深く面倒見がいい母のイメージのみを神のイメージに加えるだけでは決して十分ではない。

そしてリューサーは、親あるいは父母としての神のイメージに対するクリスチャン中流階層の過度な親近感についても疑問を提起する。このような親近性は神に対する一種の永続的な父母とこどもとの関係を示唆する。こうした関係においては、神は子離れができず、こどもの成長を望まない神経質な父母のようなイメージとなる。神に対する父母的な言語は家父長制的権力から私たちを解放するよりも、むしろその支配を強める。こうした視点からリューサーは、救い主・解放者、そして私たちの全人性を養う存在としての神的存在に対する言語文脈に、創造者であり存在の根源である神的存在としての「God/ess」を語る必要があるとする。(32)

女性神学者であるレティ・マンデヴィル・ラッセル（Letty Mandeville Russell, 1929 - 2007）もイエス・キリストの中に両面的な人間性を見出す。

「彼はまさに男性のためだけでなく、私たち皆のためのものであり、私たちが待ち望んでき

（29）Rosemary Radford Ruether, 安 相任訳『性差別と神学（原題：*Sexism and God-Talk*）』ソウル：大韓基督教出版社、一九八五年、五三頁以下、七六頁。『性差別と神の語りかけ —— フェミニスト神学の試み』小檜山ルイ訳、新教出版社、一九九六年。
（30）同書、七一頁以下。
（31）同書、七九頁。
（32）同書、同頁。

た神の子であった！　彼は第二の人間であり、男性と女性という人間性の両面を示してくれた。」[33]（Ｉコリント15：45－47）

ラッセルは、初代教会において女性と男性がみな聖霊の賜物を受け、主に従い、御霊の賜物によって働いた生き方から新しい人間性と新しいスタートのしるしを見つけ出し、人間の新しい生き方のための女性の役割を模索する。[34]男性中心もしくは女性中心という偏った排他主義ではなく、お互いに異なる在り方を認める「相互性（Mutuality）」を女性神学の目標とするリューサーのように、[35]ラッセルも「多元論的モデル（Pluralistic model）」や「同化モデル（Assimilation model）」よりも男女相互の「共同協力」というモデルを最も望ましい人間共同体のモデルと見なしている。[36]この結果として、地上の父親としての男性がより力強い天の父なる神の代わりとなり、弱い女性や無力な女の子たちを虐げるということはその理論的・実践的な根拠を完全に喪失する。男女が「支配－服従」の関係ではなく、交わり（koinonia）と奉仕（diakonia）の関係に置かれることのみによって女性に対するあらゆる理論的・実践的な差別や抑圧はなくなるであろう。そして男性は「父親の立場から常に退いてこどもたちの友となる姿勢をもつ。男性はこどもたちの中で自分たちを愛するのではなく、かえって自分たちの中でこどもたちを愛する。したがって男性はこどもたちをありのまま認め、こどもたちと共に歩き、こどもたちのために存在し、こどもたちが自ら変わっていく間に彼らの未来の可能性と変化の能力を許容する姿勢をもつ。……彼らはいつかこどもたちと〈共に〉いのちを味わい楽しむためにこどもたちの責任を負おうとする。」[37]もしも世界のすべての父親が彼らのこどもたちに対してこのような態度で生きるなら、自分と他人のこどもたちに簡単に暴力と虐待を加えることができるであろうか。

3　神はこどもの顔（イメージ）をもたれる

（33）Letty Mandeville Russell, 安 相任訳『女性解放の神学（原題：*Human Liberation in a Feminist Perspective: A Theology*）』ソウル：大韓基督教出版社、一九七九年、三六頁以下。『自由への旅――女性からみた人間の解放』レティ・M・ラッセル著、秋田聖子・奥田暁子・横山杉子訳、新教出版社、一九八三年。
（34）同書、一八八頁。
（35）「女性たちは、日増しに拡大していく包括的な（男女をはじめ、あらゆる社会や人種を包括する）人間概念を新しく定義していかなければならない。……男性中心主義（人間性の規範としての男性）を拒否するとき、……あらゆる形態の盲目的な排他主義をも批判しなければならない。……すなわち、お互いに異なる在り方を認める相互性に向かって行かなければならない。」Rosemary Radford Ruether, 安 相任訳『性差別と神学』二六頁～二七頁。
（36）Letty Mandeville Russell, 安 相任訳『女性解放の神学』、一八八頁。
（37）Jürgen Moltmann, 李 信建訳『三位一体と神の歴史』、六二頁以下。

ここまで現代神学における神概念に対する革命的な変化について考察しながら、神がその無能さ・無力さ・受苦の中でご自身を真の神として啓示されると主張するバルト、ボンヘッファー、モルトマンの見解を紹介し、続けて神が男性性と女性性、もしくは父性と母性を含んでいる両性的な方でありながら、同時に性を超越した方であると主張するモルトマン、リューサー、ラッセルの見解をも紹介した。またこのような神理解が「弱い」という理由や「幼い」という理由、そして「女子である」という理由によって様々な虐待を受けるこどもにとって、非常に適切で有用な理解になるという事実について考えてみた。

換言すれば、神が力強い者の神ではなく、無力な方として無力な者を助ける神であることを示すことができれば、私たちは権力崇拝からの解放を経験し、同時に無力なこどもたちもその暴力からの解放を経験するということである。そして神が男性支配の擁護者ではなく、被抑圧者の救済者であることを確認できれば、私たちは男性優位的な思想や習慣から解放され、その結果としてこどもたち（少女や少年）も性暴力から解放されるであろう。

しかし私はここからもう一歩進んで次のように問いかけたい。こどもたちを解放される神はただ無力さの中においてのみ全能の神であり、そしてただ両性的であるという本質だけの神であろうか。このような二つの特徴をもつ神は果たして、こどもたちの解放のためにもふさわしく十分な方なのか。特に問いたいことは、女性の神学を代弁する神学者たちは、こどもたちの解放に対しても十分な関心を傾けているが故に、こどもたちの解放に寄与する神学体系を実際に立てているであろうか。このような問いへの答えを得るため、私は女性の神学を代弁しているモルトマン、リューサー、ラッセルと続けて対話しようと思う。

モルトマンは、被抑圧者に属するこどもたちに、どんな神学者よりも明らかに真摯な関心を払って、次のように語る。

「〈この時代の苦難〉の最初の犠牲者は誰であろうか。それは、弱い者・貧しい者・病んでいる者たちにほかならない。〈この世〉の特徴である権力構造の中で、弱い者が最も苦しむとすれば、抑圧された者がまず犠牲になり、こどもたちが最初に死ぬのである。富を手に入れる闘いの中で、人間は、〈人と共に造られた〉弱い被造物を破壊・殺傷してゆく。真っ先に自然が沈黙の死をとげる。それから、人類もまた死滅する。……世界経済と政治的覇権（Hegemonie）における人間の不正の体制は、毎年幾百万もの人間の生命を犠牲にし、何よりも先立って第三世界のこどものいのちが損なわれている。……人間の拵えたこのような強権的・支配的な世界破壊に直面して、不正や暴力に晒されている犠牲者は、今日、神の告訴および必要な悔い改めの証人となる。なぜなら、彼らは人の子－世界を審判する神の最も小さい兄弟姉妹－だからである（マタイ25章）。しかしこの人びとはキリストの交わ

りの中にいるのだから、彼らの苦難は〈キリストの苦難〉でもある。」(38)

もしこどもたちの苦難がキリストの苦難でもあるとすれば、ここでキリストとこどもたちを同一視し得る可能性が考えられる。こうした点から考えると、イエス・キリストがご自身を苦難を受けるこどもたちと同一視したということによって、苦難を受けるこどもたちの中において「苦難を受ける」イエス・キリストを発見することが可能ではないであろうか。こういうわけで、モルトマンの見解の中に私は次の章で再構成しようとする「こどもなるイエス、こどもキリスト論」の出発点を見いだす。なぜなら、モルトマンは神の国を告知するイエスに「こどもへの優先的選択（Preferential option for children, or Partiality toward children)」をはっきり示すからである。

「イエスは貧しい者たちのただ中に神の国を発見する。貧しい者たちはイエスに神の国を示す。〈天の御国はこのような者のものである〉（マタイ19：14）とイエスが言われた場合もそうである。イエスは神の国へ入るためには、人間は〈こどもたちのように〉ならなければならないことを発見する。……私たちの中で、イエスの使信における御国について聞く者は、その同じ御国を、彼の貧しい者たち、さらに女性とこどもたちとの交わりにおいて再び発見する。これらの最後の者たちが神のもとでは最初の者たちであり、これらの最も弱い者たちが最も強い者たちである。誰に頼るかを知っておくことはよいことである。私たちに神の国を近づけてくださるお方は、私たちにまた貧しい者とこどもたちを近づける。彼らこそイエスの家族であり民である。彼らは、暴力が支配するこの世界において、神の国を代表しているからである。[39]」

そしてモルトマンは、イエスが自らを神のこども[40]として経験していたということを「アバの祈り」において見つける。この経験は確かにイエスの自己理解を形成すると次のように語る。

（38）Jürgen Moltmann, 金 均鎭・金 明容訳『イエス・キリストの道』、二五五頁。蓮見和男訳『イエス・キリストの道〈J・モルトマン・組織神学論叢三〉』、二五〇頁。

（39）Jürgen Moltmann, 李 信建訳『今日キリストは私たちにとって何者か』、二四頁以下。ユルゲン・モルトマン、沖野政弘訳『今日キリストは私たちにとって何者か』、二五頁以下。

（40）ドイツ語「Kind」を韓国語に訳するとき、一般的に韓国人は年のいかない幼い者や児童を表す「オリニ」よりも息子や娘を表す「ジャニョ（子女）」という言葉を好む。「子女」という言葉は幼いもしくは成人した息子と娘という意味を包括し、親子の関係を表すのに適切であるが、大人の対義語としての「幼い」子女という意味を表すためには十分ではない。したがって、大人―児童、もしくは親―幼い子女の関係を明瞭に表すためには「オリニ」という言葉がより適切だと思う。日本語の場合、「こども」という言葉は幼い者、児童、子女などの意味を包括している。

「このようなアバ－神との関係において、イエスは自らを神の〈子もしくはこども（Kind）〉として経験する。強調点は、神の子が男性という点ではなく、むしろ子という点にある。もしこの関係を神の〈息子〉に対する父なる神の関係と翻訳するならば、アバと子の相互的な親密さは失われてしまう。この関係の親密さは、〈個々の〉人格が第一で、関係が第二だと考えることをも不可能にする。第一に、どこかに神がありここにイエスがあって、それからこの関係があるのではなく、むしろ〈アバ〉と「子」なるイエスとは、相互に親密に認め合っているのである。イエスとの関係の中で神は〈アバ〉となり、神との関係の中でイエスは〈子〉となるのである。……〈アバ〉で表される神との関係は、明らかにイエスの自己理解を形成している。[41]」

モルトマンによれば、イエスのアバの祈りの中で神はご自身を母のような父、そして慈愛深い父として示され、イエスは自らをその父の子として経験する。伝統的神学はイエスの苦難が「私たち人間のために」どんな意味をもつのかについておもに問いかけたが、これとは違ってモルトマンは、イエスの苦難が「神のために」どんな意味をもつかについて真摯に問いかけながら、イエスの死における神の自発的な熱情（パトス）・苦難・悲劇・死を明らかにする。[42]

さらに、神を「アバ」と呼ぶイエスの自己理解が、ご自身に従うキリスト者たちに対してもっている意味についてもモルトマンは真摯に問いかけているが、イエスの自己理解と自己経験が三位一体の神においてどのような役割もしくは機能をもっているかについてはそれ以上深く問わない。

しかし、もし私たちがイエスの神性と人性を確認したカルケドン信条（四五一年）に従って、イエスを受肉された神の子と認めるなら、イエスの在り方は必ず神の在り方を示すと理解しなければならないであろう。もし私たちが「イエスが単純に人間の子ではなく、神の子としての人の子、すなわち、〈こども〉でもあった」という事実を考慮するなら、第二の位格であるこの「子」の生について語ることができないであろうか。

一方、もし私たちがモルトマンが語るように、三位一体の神における三つの位格の相互関係

（41）Jürgen Moltmann, 金均鎮・金明容訳『イエス・キリストの道』、二三四頁以下。蓮見和男訳『イエス・キリストの道〈J・モルトマン・組織神学論叢三〉』、二二八～二二九頁。

（42）Jürgen Moltmann, 金均鎮訳『十字架につけられた神』、二八五頁以下。ユルゲン・モルトマン、喜田川信訳『十字架につけられた神』、二七三頁以下。

（43）モルトマンによれば、「三位一体の神の各位格はただ互いの内に存在し生きているだけでなく、互いに神の栄光にあって顕現し合う。……彼らは互いを通して完全な形に輝き、互いの完全な美しさに目覚め

を「相互内在性ないし連環性（περιχώρησις, circumincessio）」と「変容」として理解するなら、[43] 一つの位格のあらゆる活動に三つの位格すべてが関与しているように、こどもとしてのイエス・キリストご自身の経験は、三位一体の他の二つの位格と共有されなければならない。したがってこの経験は他の二つの位格の中においても表現され得なければならない。[44] こういうわけで、私たちは神の在り方においてこどものような姿（イメージ）を見ることができなければならない。まさにこのような点において、私は神を「こどもの顔（イメージ）をもたれる方」と呼ぶのである。この方はただ父の顔と母の顔のみならず、こどもの顔ももたれる。もちろん神は民衆の顔（解放の神学、民衆神学）、黒人の顔（黒人神学）、アメリカインディアンの顔（ネイティヴアメリカン神学、Native American Theology）、また緑の顔（生態神学、Ecotheology, Environmental Theology, Ecological Theology）をも喜んでもつことを願われるであろう。

リューサーは、家父長制社会の支配と階級体制において、こどもたちも抑圧を受ける存在であったと指摘する。

「こどもやしもべたちと同様に、女性たちは家父長階級によって支配・所有される対象の代表的なものである。彼らと男性との関係は、男性と神との関係と同様である。〈神－男性－女性〉という一つの象徴的な位階体制が成立する。このような階級体制や秩序は旧約聖書の家父長制的律法の構造において明らかに示される。神はただ家父長である男性にのみ直接語りかけられた。女性・こども・奴隷たちは家父長に対する彼らの義務関係と財産関係を通して間接的に言及される。(45)」

このようにリューサーは、女性と奴隷たちと共にこどもたちも抑圧される社会的グループに結びつけている。そしてリューサーは女性を「被抑圧者の中の被抑圧者」と呼び、「イエス・キる。」

(44) 慈愛深い父親が自分の愛らしいこどもを抱き、膝の上でかわいがり、ともに愉しく遊びまわると仮定してみよう。私たちはその父親が自身のこどもとの関係においてどのような経験ができるかを簡単に推論できる。父親はもはや権威的な父でなく優しい母のようになり、さらには友のようでもある。そして父親はこどもの真似をすることにとどまらず瞬間的に自分もこどもに戻るという精神的・心理的・身体的な経験をすることになる。そうした経験は驚くべきことに、こどものみならず父親自身をも変容するであろう。そのような経験が持続すると、父親はあわれみ深い柔和と寛容に満ちるようになり、そうした態度は彼の社会関係においても自然に示されるであろう。このような意味において、イエス・キリストのこどもとしての経験は三位一体の神の内的関係を理解するための適切なメタファーになることができる。

Jürgen Moltmann, 金 均鎮訳『三位一体と神の国』ソウル：大韓基督教書会、二〇一七年、二七七頁。土屋 清訳『三位一体と神の国〈J・モルトマン・組織神学論叢一〉』新教出版社、二八三〜二八六頁。

(45) Rosemary Radford Ruether, 安 相任訳『性差別と神学』、六二頁。

リストご自身のもとに来た社会的・宗教的に見捨てられた人びとを、無力の中におかれた女性として理解した」と語る。(46)しかし実際にはこどもたちこそ「被抑圧者の中の被抑圧者」ではないであろうか。リューサーは女性の抑圧の現実に対するあわれみの気持ちに駆られ、女性の解放に没頭したあまり、女性よりも抑圧されているこどもたちを矮小化し、女性の抑圧ばかり過度に強調していないであろうか。

私は、イエス・キリストは社会的・宗教的に見捨てられた人びとを無力の中におかれた女性として理解したというよりは、しばしば無力なこどもとしておかれたと理解する。換言すれば、イエスはこどもの観点から見捨てられた者たちを代弁し、こどもを見捨てられた者のモデルと見ていると考える。私はこの立場を第3章の「イエスのこどもの神学」の中で論ずる。もちろん抑圧された女性たちの中で特に少女たちが圧倒的な比率を占めているという点をリューサーが十分考慮している事実を前提としたならば、このような批判は多少弱まるであろう。

さらに、両性具有的なキリスト論（androgynous/ hermaphroditic Christology）や両性具有的な神論が男性中心的な偏向をもたらしやすいという点をリューサーが指摘するのは間違いではない。彼女は「救済者」や「解放者」のような人格的な言葉のみならず、「私たちの全人性を培うものとしての神的存在」という非人格的な言葉（impersonal language）をも用いて「God/ess」について説こうとする。(47)ラッセルも私たちの使い慣れた言葉を変える必要があるとしている。すなわち、あらゆる生物学的・文化的な性差を超える象徴として、男性代名詞の代わりに「創造主なる神」という言葉を神に対して用い、キリストに対しても「解放者」もしくは「救済者」という言葉を用いるように勧めている。[48]

このようにリューサーとラッセルは両性具有的な神における男性中心への偏向性を克服し得ると信じているようである。パウル・ヨハネス・ティリッヒ（Paul Johannes Tillich, 1886 - 1965）から受け継いだ存在論的概念を通して「父なる神を超えて（Beyond God the Father）」神を把握しようとしたメアリ・デイリ（Mary Daly, 1928 - 2010）のように、[49]男性によって支配される文化を克服するため、リューサーとラッセルは中性的な存在論の概念を再び導入しているのだろうか。確かに人間と自然における神の秘儀を理解するためには、神の人格的・歴史的な象徴のみでは十分ではない。人格的な神の象徴と共に、非人格的な言葉を用いることも有用である。[50]

（46）同書、一四九頁。
（47）同書、八〇頁。
（48）Letty Mandeville Russell, 安 相任訳『女性解放の神学』、一二四頁。
（49）Mary Daly, *Beyond God the Father: Toward a Philosophy of Women's Liberation* (Boston: Beacon Press, 1973).
（50）Jürgen Moltmann, *In der Geschichte des dreieinigen Gottes: Beiträge zur trinitarischen Theologie*, Müünchen: Güüersloher Verlagshaus, 1991, S. 14.

しかし私は、このような非人格的・中性的な概念に頼らずとも、神の両性的な人格性を含めつつも男性偏向的な危険性を牽制し避けることができる有用な一つの言葉があると思う。それはまさに「こども」という言葉である。「こども」という言葉は確かに男性と女性を包括しながら同時に男性と女性との区分を超えることができる言葉である。したがって、それは男性と女性の性的区別や差別を克服し、皆と友のような交わりを可能にする人格的な言葉ではないであろうか。

もちろんこの言葉をキリストに結びつけようとする試みは、強い拒否、あるいは反応をひき起こさないまでも、それを神に適用しようとする試みは、かなりの批判と拒否感をひき起こすであろう。聖書と伝統においては神を女性的・母性的に表現する場合が少なくないが、家父長制的文化の中で神を権威的・男性的・超越的な存在として拝むことに慣れてきたあまり、神を女性的・母性的な存在でもあるという考え方を拒むキリスト者がどれだけ多いことか。ただ男性のみならず、長い間家父長制的文化に刷り込まれてきた女性たちでさえもこのような考え方はあり得ないと見なすほどである。さらに古くからの成人中心の社会的伝統の中において神を「こども」のイメージで表現する試みはどれほど無謀な冒険、もしくは「神性冒瀆《ぼうとく》」のように見なされることであろうか。確かに聖書と伝統において神に対する「こども」のイメージを見出すことは簡単ではないため、また今までこのような試みがほとんどなかったため、こうした試みは激しい批判と攻撃を受けやすい。

しかし時代ごとにその時代にふさわしい宗教的象徴や言葉を見つけだすことは極めて自然で神聖な義務だと思う。聖書は「岩」・「砦」・「避け所」（詩篇12：2、31：4、94：22等）のように非人格的な事物をメタファーとして用いて神を呼ぶことにどれほど慣れているか。神にこのような呼称をつけることを決して神性冒瀆とは思わない。そうであれば、私たちの時代において「こども」という人格的な用語によって人格的な神を表現することはふさわしく正当なことではないだろうか。

ただ「敢えてこんなに幼稚で非常識な言葉を神に当てはめることが救済者と解放者なる神に適切なのか」という反問は可能であろう。しかし、神はいつもただ一方的に私たちを解放し救うだけなのだろうか。神は私たちの良い「友」にもならないのであろうか。神は時には友として私たちを解放し救うことはなさらないのだろうか。

たとい神が私たちを救わなくても、神が私たちの側に来て静かに慰めたり、ただ側に居て共に心を痛めたり悩んだりすることによってでも、私たちは救いと解放を経験することができないであろうか。もし私たちがこどもとして、そしてこどものように、友のような神を呼び求める時、こどもとして、またこどものように来られる神は私たちにとってより親しいものではないであろうか。こどもが神を「私たちの友」という時さえも、神は変わらず非常に厳かで輝かしい、年老いた男性あるいは力強い王のような方なのであろうか。

古い宗教的言葉と象徴が私たちの時代に不適切である時、もしくは何の意味も与えることができない時には、これらを新しい言葉と象徴とに変換することが必要である。もし古い言葉を変換するのに値する新しい言葉と象徴を見出せない、もしくは代替するのが不適切だと考えるとすれば、既存の古いものを用い続けながら、その意味を新しく補完することが重要である。例えば「神の国」という用語は王政の時代において神を「王」と呼び象徴とした歴史的事実から由来したものである。私たちの時代には王制を維持する国はほとんどないが、いまだに「王」と呼ばれる君主があるとしても、彼らは、古代の王制時代において強大な権力を行使した君主のようではない。だからと言って、今の時代において統治者に対する普遍的な称号である「大統領」、「首相」、「総理」などの用語で神を呼ぶとするなら、これこそ非常に不自然であろう。

そしてモルトマンも強調しているように、「神の国」の概念において「神の支配」、すなわち神制政治（セオクラシー）という意味がおもに強調されてきたが、今は「神との交わり」という意味にその強調点がおかれるのがより望ましいと考えられている。すべての被造物が創造者との生きた交わりにおいて活気を回復することをイエスは強調した。イエスが語られた神の国は、抑圧や苦しみのない世界を意味する。したがって、イエスのもとに見出す、このようなキリスト教的「神の国」の理解がなければ、「神の国」は神制政治的に、もしくは教権主義的支配を表わす言葉として濫用される可能性がある。(51)

もしモルトマンが語ったとおり「神の国」の概念を「神との交わりもしくは神との合一」として理解するのがより適切であるならば、神がこどものような私たちにこどもの姿で来られ、私たちをこどものような友との交わりの中へと導かれると信じるのは少しも不自然ではない。したがって、神に対する成人のイメージをこどものイメージに変えることは、神の国がもつ支配のイメージを交わりのイメージに変えるのと密接につながっていると思う。

そして私たちの時代において、神のイメージに苦しみを受けている民衆のゆがんだ顔・差別を受けている女性たちの母性的な顔・抑圧を受けている黒人たちの黒い顔・破壊されている自然の緑の顔を私たちが見出し経験することができるとすれば、虐待を受けているこどもたちの顔をどうして経験することができないであろうか。そして男性によって抑圧・排除されてきた「神がもっている女性としてのイメージ」と同様に「神がもっているこどもとしてのイメージ」は、大人によって排除されてきたが、私は「神がもっているこどものイメージ」を聖書と伝統の中から見出すことができると思う。もちろんこのような試みが必ず成功すると断言することはできないが、「神がもっているこどもとしてのイメージ」を見出すこと、もしくは復元することは

(51) Jürgen Moltmann, 李 信建訳『今日キリストは私たちにとって何者か』、二九頁。ユルゲン・モルトマン、沖野政弘訳『今日キリストは私たちにとって何者か』新教出版社、三〇～三一頁。

可能であり、私たちの時代において急を要する課題ではないかと思う。

こどもであれ男性であれ、女性であれ、神を「アバ」と呼び、「アバ」として経験したこどものようなイエスの自己経験を再発見するなら、以下のことを私は確信する。

この経験に基づいてただ「子なるイエスに向き合われる神」がもつ母の顔(イメージ)のみならず、「イエスのうちにおられる神」(ヨハネ14:10−11、17:21)がもたれるこどもの顔(イメージ)までを見出すことができるなら、神に対するこのような経験こそ、力強い者たちや男性たち、そして大人たちが支配するこの世界において、無力な女性とこどもたちを差別も抑圧もしない人間の新しい共同体を可能にする最も卓越した土台になり得る、と。

私は「こどもの神学」を通してまさにこのような確信を表現しようとする。この試みはただ神に対する既存の経験を補完することのみならず、変化をもたらし、さらには代替する可能性もあるであろう。「こどもなる神」という概念は現代神学における神の概念に新しい革命をもたらすこともできるかもしれない。重要なのは、このような試みがどれほど聖書的・福音的でありながら、同時に現実的・現代的であることができるかということであり、そして読者がどれほど真摯に開かれた心をもって神に対するこのような経験に納得し、共有することができるかということである。これから「**こどもの神学**」という、険しい崖をよじ登るかのような、危ういが興味深い冒険に勇ましく出発しよう。

第3章　こどもなるイエス

1　こどもとして来られた神

キリスト者は、神が受肉してこの世に来られたことを証言する。「ことばは人となって、私たちの間に住まわれた。私たちはこの方の栄光を見た。父のみもとから来られたひとり子としての栄光である。この方は恵みとまことに満ちておられた」（ヨハネ1：14）。神の受肉とは何を意味するのか。神と被造物、また霊魂と肉体の関係において二元論を主張するグノーシス主義（Gnosticism）や神の受肉を否定する仮現説（Docetism）に立ち向かって、ヨハネは神の言《ことば》（ロゴス）、神の永遠の子、すなわち神が人となられたと力強く証言する。これはこの世界が劣等な悪の神によって創造されたのではなく、イスラエルの民が証言するように唯一の神のよい被造物だという告白であり、また神がご自身の創造世界を肯定されたということである。

神は自ら人となり、被造物となられた。神の言《ことば》が人となったということは、新しい創造として理解され得る。(1) このことにおいても神の救済活動は創造活動を前提としていること、そして新しい創造、すなわち被造物の究極的な完成を目指している、という事実が明らかに示されている。よって自然世界を排除しての救済はない。このような神の創造と救済の活動が目指しているのは、まさに自然性・肉体性と言える。もちろんこの自然性・肉体性とはただ有限性と弱さに隷属して罪にむなしく屈してしまう創造の最初の状態ではなく、神の栄光に輝くからだと同じ様に変えられた姿、その自然性・肉体性(ピリピ3:21)を意味する。

また神の言《ことば》が人となったということは、人間の姿をとり嫉妬したり結婚したり喧嘩したりするギリシア神話の神々とは全く違う。神の受肉とは、人間を造られた創造主なる神が人として来られ、人間に対するご自分の無限で絶対的な愛を示されたという意味である。換言すれば、これは神が人間の本質、本性、形態、そして歴史に参与されたということを意味する。神の子は誕生と死との間の全時間において個別的にただ一度被造物となられた。(2) したがって人間を排除するところには救済はない。神がおられなくても人間は生きることができるかもしれないが、神はご自身の自由な意志によって、人間なしにはおられず、人間と共におられるということを願われたのである。神は人性をもっておられ、神の本質、すなわち神の神性は人性を排除しない。(3) イエス・キリストには人間の何一つも欠けていない。この世界と人間とのあらゆる条件の中でイエス・キリストが受け入れなかったものは全くない。イエスはまさに私と同じ様な人間であったのである。人間的なものでこの方にとって異質なものは一つもなかった。(4)

そして言《ことば》である神ご自身が人となったということは、神が人間の一つの性のみを選び取られたということを意味し得ない。神の子なるイエス・キリストは確かに全人類の救い主として来られ、新しい人間として来られた。今まで私たちがイエスを男性の姿（イメージ）として考え、描写してきたとしても、そしてイエスが男女という二つの性のうちどちらか一つの性をもつことを避けられなかったとしても、神はイエスの中にあって人間を代表する「新しいアダム」すなわち人類の代表として来られた。その当時社会において支配的な立場を占めていた男性としてでも、そして相対的に劣等に扱われていた女性としてでもなく、イエスは来られたのだ。イエスがキリストであるのは、イエスが男性ないし女性であったことではなく、まさに人間となって来られた神であったためである。

（1）Karl Barth, *KD* I/2, S. 147.
（2）*Ebenda*, S. 161.
（3）Karl Barth, „Die Menschlichkeit Gottes", in: *Theologische Studien*, Heft 48, Zürich: Evangelischer Verlag, 1956.
（4）Diestrich Bonhoeffer, *Christologiee*, München: Kaiser, 1981, S. 80.『キリスト論——ボンヘファー選集Ⅶ』村

神が一人の人間として世界の具体的な現実の中へ入って来られたとき、最初からすでに成熟した一人の人間としてではなかったであろう。もし神の子がすでに成熟した人間となって来られたとするなら、その考えはまさに誤った「養子的キリスト論（Adoptionism）」に陥る危険をもたらす。[5] しかし神がただ一度の出来事として一人の人間になられ、人間の現実的な歴史に参与したなら、神の子が、すべての人間がそうであるように嬰児《みどりご》として生まれたことは自然であり明らかである。

マタイはイザヤの預言（イザヤ書7：14）を引用し、この預言が嬰児イエスの誕生において成就したということを知らせている。「『見よ、処女が身ごもっている。そして男の子を産む。』」（マタイ1：23）「こどもの福音」とも呼ばれるルカの福音書は、嬰児イエスが布にくるまれ飼葉桶に寝ていた（ルカ2：12）と詳しく記している。[6] イエスが初めから超人、半神半人、あるいは成熟した天使として天から地上に降らなかったということは、クリスマスの奇跡と神秘であり、そしてキリストの独特性を損なわず、むしろそれを雄弁に物語ると言えよう。

聖書はまさにこのような事実を詳しく描写している。イエスの誕生物語はあたかも童話のように彩られ、クリスマスの意味を引き立てる。野宿をしながら羊の群れを見守っていた羊飼いたちが主の使いに嬰児イエスの誕生の知らせを聞き、そして東方の博士（占星術の学者）たちは星に導かれ、彼らはみな行って布にくるまっている嬰児イエスを見、贈り物を献げ、礼拝する。もしこのようなイエスの嬰児時代の物語が抜け落ちたとすれば、聖書はただ大人が専有するものとなっていたのではないだろうか。そしてクリスマスの情景はどれほどあたたかみの感じられないものとなっていたであろうか。また今日のクリスマス（降誕祭）も幼子イエスについての思い巡らしもつまらない祝日となってしまったのではないだろうか。クリスマスの物語はヘロデ大王の陰謀と幼児虐殺という暗い背景をもっているが、こうした不幸な話もイエスが嬰児として生まれたという事実を逆説的に強調するために記されたと言えよう。

イエスの生涯は幼児時代抜きに語ることはできない。ルカは幼子《おさなご》イエスの成長過程を簡単に要約して表現する。「イエスは神と人とにいつくしまれ、知恵が増し加わり、背たけも伸びていっ

上伸訳、新教出版社、一九八二年、二四五頁。

（5）Karl Barth, „Die Menschlichkeit Gottes", S. 163.

（6）イエスの誕生と幼年時代の物語はルカの福音書の中心的なテーマを反映する。マタイの福音書と同様に、ルカの福音書でみどりごイエスは約束されたダビデの子であると記される。イエスの誕生物語は旧約聖書におけるダビデの物語と共通点が多い。神は預言者サムエルを導き、羊の番をしていた一番若い「末の子」ダビデを選んで油を注ぐようにされた（Ｉサムエル記16：１－13）。これと同様に約束された嬰児イエスは羊飼いたちによってベツレヘムというダビデの町で見つけられた。羊飼いたちは御使いの知らせ通り飼葉桶に寝ている嬰児を探し当てたのである（ルカ２：８－16）。嬰児が馬小屋で飼葉桶に寝ているということは、そのこどもがご自分の民の牧者になり糧の源になるという点を象徴する。David Noel Freedman, (ed.), *The Anchor Bible Dictionary*, vol 1 (New York: Doubleday, 1992), pp. 906ff.

た」(ルカ2：52)。イエスはすべての人間がそうであるように赤ん坊として生まれ、こどもとして成長し、次第に成人の姿を具有することになった。

しかし今までキリスト者のみならず未信者たちにまで好奇心をもたせてきた謎めいたものがある。それはまさに、抜け落ちたイエスのこども時代の物語である。人間として来られたイエスのこども時代のことは、どのような理由によって口頭伝承や資料の収集・編集から抜け落ちたのか(もしくは排除されたのか)。四つの福音書では、ルカの福音書2章41－52節のみにイエスの少年時代の記事がただ一度のみ出てくる。過越の祭りに際してイエスの両親は十二歳の少年イエスと共にエルサレムに行き、祭りの期間を過ごしてから帰路につくが、イエスがいないことに気づいて、イエスを捜しながらエルサレムまで戻り、三日後にエルサレムの神殿でラビたちの真ん中に座って話を聞いたり質問したりしているイエスを見つけた、というエピソードがそれである。しかしこのエピソードはイエスのこどもらしい姿をありのまま描写すると言うより、かえって精神的に成熟した姿を強調しているようである。ここではラビたちと共に語り合えるほどに早熟した、いや、もしかしたら威厳のあるこどもとしてイエスが描写されている。

これはイエスに関する客観的な説明なのか、それともルカの編集意図によって挿入された記事なのか。これはこどもイエスに関する自然な説明なのか、それともイエスをキリストとして告白する教会の福音宣教によって彩られた場面なのか。ルカはすでにこの時から威厳のある姿をもって公然と登場するイエスのことを想像し描き出したのか、それとも賑やかなエルサレムでのありがちで偶発的な出来事をありのまま福音書に挿入したのか。これはイエスが巡礼者の人波で混雑したエルサレムの街で両親からはぐれてしまい、過越の祭りに参加していた巡礼者によって神殿の管理人たちに案内され、そこで一時的に保護され両親に渡された日の出来事なのか。それともこどもイエスが自ら両親の手を離れて神殿に入り、勇ましくラビたちとの討論に夢中になっていたあまり、両親のことさえ忘れてイエスが語り合う光景を描写したということなのか。

ともかく、この唯一の記事以外に、イエスのこども時代を描いた正典はない。それならば、これはその当時広がっていたこどもに対する軽視もしくは抑圧の慣行が聖書にも強い影響を及ぼしていたという証拠なのであろうか。それとも偉人のこども時代の話を省くのが当時の伝記の一般的な傾向であったのか。イエスのこども時代の話を神秘のベールで覆い隠すことにはもっともらしい理由と目的があったのか。イエスのこども時代に関するあらゆる記憶はあまりにも微かで簡単に忘れられて口伝から抜け落ちたのか。それともこれに関する記録が偶然消失したのか。自分たちの子が非凡な人物に育っていくのを見たヨセフとマリアが、イエスのこども時代の姿を隠すことが将来的によいと考えたのでもあろうか。

イエスのこども時代の話が欠落したのにはどんな理由があるであろうか。もしかすると、聖書の記録者たちがこどもたちを軽視したり嫌がったりした大人であったため、これを意図的に排除したのか。それともその当時の人びとが宗教指導者もしくはカリスマ的な人物のこども時代のことには全く無関心であったためなのか。こども時代の話を幼稚なものとして考え、このような話が偉大な人物の価値と名誉を落とすと考えた末に、聖書から省略したのか。

このような問いは答えやすいものではないが、簡単に無視できるささいな問題ではない。「神が人間となられた！」という驚くべき証言を考慮するなら、聖書がただ成人イエスに対してのみに関心を注いで書き記したことはかなり不思議であると言うしかない。ただ成人した者だけが人間だということなのか。ただ成人したイエスのみが神の子だということなのか。神は成人として来られたのか。そうでなければ、こどもイエスはイエスの伝記からなぜ除かれてしまったのであろうか。

注目を引くのは、幼子イエスの誕生と12歳の少年イエスの物語との間におけるイエスの幼少時代の空白が外典（Apocrypha）によって埋められているという事実である。紀元後一五〇年頃に書かれたとされている《トマスによるイエスの幼時物語》[7]はイエスの幼少年時代に関して書かれた最も古いもので、5歳から12歳までのイエスの幼時物語を記述している。これはルカが記録した12歳の少年イエスの物語で終わっている。これは消失したイエスの幼少期の空白を埋めているようである。ルカはイエスの誕生と12歳のイエスの出来事以外のことは全く聞いたこともなかったのか。聞いて知っていながらもそれを意図的に省略したのであれば、何の理由であったのか。《トマスによるイエスの幼時物語》は空白を完全に埋めているのか。ともかく、イエスの幼時物語が記録されているのが外典であるという理由だけで簡単に無視されてはいけないところがある。これは初代教会の時代から非常な人気をもち、数多くの言語に翻訳されたと言われている。

《トマスによるイエスの幼時物語》においては、こどもイエスが超能力と英知を具有しているこどもとして描写されており、私たちが一般的に考える純粋でこどもらしい姿は全く見られない。それはほぼ超自然的な奇跡に満ちている。神的な能力をもつ神童イエスは粘土で12羽の雀を作って飛ばし、屋根から落ちて死んだこどもに大声で叫んで生き返らせ、そして落ちた斧で怪我をし出血多量で死んだ青年を癒やして生き返らせた。またマムシに噛まれたヤコブの手に息を吹きかけて癒やし、病死した乳飲み子を生き返らせ、そして建築現場で死んで倒れていた人を生き返らせた。さらに一粒の麦を蒔いて100コル（コルは約230リットル）をも収穫して村の貧しい人たちに分け与え、大工であった父ヨセフを手伝いながら短い板を掴んで引き伸ばし、そして母親の使いで水を汲みに出かけたが、人混みの中でぶつかって水がめが割れてしまい、上着を広げて水を

（7）これは一八九六年エジプト・オクシリンコスで発見されたギリシア語の写本『トマスによる福音書』の断片と一九四五年にエジプトで発見された『ナグ・ハマディ写本（Nag Hammadi library）』群に含まれていたコプト語写本『トマスによる福音書』とは違う。荒井 献編『新約聖書外典』八木誠一訳、講談社文芸文庫、一九九七年、四三頁以下。

満たして運んで帰った。

しかしこどもイエスは賞賛すべき奇跡だけではなく、悪童のようなことも行っている。自分が穴に集めた水を流してしまったこどもを呪って死ぬようにし、走ってきて肩をぶつけてきたこどもを呪って倒れて死ぬようにし、そしてこれに対して自分を非難した人たちを盲人とした。さらに教えられていたイエスの生意気な態度によって怒った教師が彼の頭を打つと、イエスはその教師を呪って気を失って倒れるようにした。その他にも、こどもであるイエスは自分の超人間的な知恵を誇示した。自分を教えようとした教師をかえって訓戒したので、その教師はイエスが世界創造の前に生まれた者で、神か天使のように偉大な者だろうと言いながら、イエスの問いかけに答えることができなかったのを恥じた。ルカの福音書においてはイエスが神殿でラビたちの真ん中に座って、話を聞いたり質問したりしていたと書き記されているが、《トマスによるイエスの幼時物語》においてはイエスがこどもでありながら律法の要点や預言者たちの比喩を解釈し、長老たちや教師たちの口をつぐませており、律法学者とパリサイ人たちはイエスの母親に彼の尊厳と徳と知恵とをほめたと伝えられている。(8)

そして八〜九世紀頃にラテン語で記録編纂された《祝福されたマリアの由来と救世主の幼時に関する本（The Book About the Origin of the Blessed Mary and the Childhood of the Savior）》（「マタイによるイエスの幼時福音」もしくは「偽マタイによる福音書」とも呼ばれる）もこどもイエスが行った奇跡を

伝えている。イエスが生まれて三日目に一匹の雄牛と一匹のろばがみどりごイエスを礼拝した。そして主の使いの指示に従って、ヘロデ大王の幼児虐殺を避けて幼児イエスの一家がエジプトへ旅立った時、ある洞窟から多くの竜が出てその家族を脅かした。幼児イエスが母親の懐から降りて立ち、害しないように命じると、その竜の群れはイエスを礼拝して退いていった。また獅子とヒョウの群れも登場してイエスを礼拝し、イエスの家族と共に荒野に入り、旅の間荒野の猛獣たちもどんな害も彼らに加えず、かえって獅子が道を案内した。疲れ果てたマリアが非常に背の高いヤシの木の実を食べたがると、母親の懐に抱かれていた幼児イエスが一言でそのヤシの木を下げたり上げたりし、またその根から水を出すように命じると、その木は多くの水をわ湧き出させた。その他にも、幼児イエスは30日かかるはずの道のりを一日に短縮させた。そしてエジプトに着いてマリアが幼児イエスを抱いて神殿に入ると、三五五個の偶像がすべて地にうつぶせになって倒れ壊れた。すると、この出来事を確認したその地方の長官は幼児イエスを礼拝し、その都市のすべての民がイエスを通して主なる神を信じることになった。その後しばらくして主の使いの指示によってヨセフは家族を連れてイスラエルの地に戻った。(9)

（8）外典・偽典編集部編『外典・偽典全書8　新約外典Ⅱ』ソウル：聖仁社、一九八〇年、九九頁～一一八頁。；Willis Barnstone, 李 東震訳『隠れた聖書　2』ソウル：文学手帳、一九九四年、二八頁～三七頁。
（9）『隠れた聖書　2』、二二九頁～二三八頁。

一見して直ぐ分かるように、特に《トマスによるイエスの幼時物語》におけるエピソードは粗雑で荒唐無稽な（でたらめで拠り所がない）ことばかりで、道徳的な次元が欠けている。こどもらしさや純粋さは言うまでもなく、聖書におけるあわれみ深いイエスの姿も全く見えない。むしろ彼はささいなことで怒り仕返しをする残忍なこどもとして示されている。さらに幼子イエスの超能力と英知は、たとい公生涯におけるイエスの奇跡物語を手本にして加工もしくは脚色されていたとしても過度に誇張されている。これらの物語がイエスの神性を証明しようとする護教論的な意図から記録されたとしても、具体的な歴史の現実における一人の人間の成長と発達の過程を完全に無視していることは、「真の人間」であるイエスに対する否定に等しい。それゆえ、このような外典のイエスの幼時物語はグノーシス主義に基づいている仮現説と同様であると批判された。(10)

しかしこれらの物語は、忘れられてしまったかもしれない、いや、排除もしくは抑圧されたかもしれないイエスの幼時に関するエピソードを提供しようとした点において、変わらず多くの人の関心を引いている。もう一度、私たちは答えのない問いかけをするしかない。いつ、どこで、どんな経緯によってイエスの幼時の記録は失われたのか。イエスの幼時の空白を虚構と想像で埋めるようになったのは誰に責任があるのか。それは一個人、あるいは、特定の集団なのか。それとも成熟と成功という神話に心酔してこどものイメージを抑圧してきた社会もしくは人類全体の共同責任なのか。

人間として来られたイエスの幼時のこどもらしい姿はなぜ覆われるしかなかったのか。そこにはこの方の人間性を抑圧してその神性のみを強調しようとする神秘主義者やグノーシス主義者の陰謀が隠れてはいないのか。それとも、正統教会を支配しようとした大人の男性たちの戦略が隠れているのか。人間イエスの純粋で素直なこどもの姿の記憶が失われたことは、今日も変わらず社会と宗教との領域において支配的な権利を享受する大人の男性たちに利益をもたらすこととして歓迎されてはいないのか。またこれはすべての人間が兄弟姉妹となる美しい世界を夢見るこどものような人びとには致命的な脅威として作用するのではないか。

粗雑で荒唐無稽ではあるが、こどもイエスを復元しようと努めた者たちは誰であったのか。そして彼らの夢は何であったのか。彼らは奇跡のような魔術を行い、幼子イエスに関する奇跡に満ちた様々な話を広めながら正統教会を揺るがし惑わした異端者たちであったのか。それとも逆に

(10) 外典・偽典編集部編、同書、一〇一頁～一九二頁。このようなイエスの幼児物語はマタイとルカの福音書にあるイエスの誕生物語をより詳しく補っているが、そのすべては終始作り話である。それらはイエスの幼児時代に対するかすかな記憶の伝承でさえない。しかしそれらはイスラム教の聖典コーランにおけるイエスの誕生物語に大きな影響を与え、新しい伝承を生じさせた。Frederick Fyvie Bruce, 珍 演燮訳『イエスとキリスト教の起源』ソウル：コンコルディア社、一九九二年、八九頁。

超人的・神的な力と権威を幼子イエスに投影することによって、イエスの力強い権威を背景として権力と安定を追い求めようとした教会の指導者や世俗権力者たちに迎合した者たちであったのか。

いずれにしても、様々な形ででたらめな話を事実らしく作り上げる行為と同じく、実在する事実を覆ってしまう行為も真実ではない。ここで私は誰かに非難の矛先を向けようとはしない。ただ人類史において幼子イエスに関する記憶が失われたというのが残念であり、「こどもイエス」のイメージを復元したいと願う私に心残りがあるだけである。しかし私は性急に失望するよりは、詩人たちの想像力を借りてでも、惜しくも消えてしまったイエスの幼少時代の空白を埋めてみたい。このような試みもでたらめ過ぎると天のキリストに叱られるであろうか、それとも私の小さな真心をとても喜んでくださるであろうか。

フランシス・ジョセフ・トンプソン（Francis Joseph Thompson, 1859 - 1907）はわずか50行の短編詩《Little Jesus》の中で、天の栄光を捨てて地上に降りたイエスに、小さいこどもが純粋な好奇心や驚きをもってさまざまな問いかけをする様子を次のように表現している。

幼子イエス様、あなたも昔恥らいましたか。
私のように小さかったですか。

私たち小さな女の子や男の子のように、
あなたもおもちゃをもっていましたか。
そして小さい天使たちと一緒に
天国で遊びましたか。
星たちと一緒にビー玉遊びをしましたか。
みな羽ばたきながら
あなたと一緒にかくれんぼをしましたか。(11)

アルバート・ビゲロウ・ペイン（Albert Bigelow Paine, 1861 - 1937）も「幼子（The Little Child）」という詩の中で幼子イエスを次のように描き出している。

かれは無邪気なこどもでありました、
夏の日、あなたやわたしとおなじように

（11） Edward Wagenknecht (ed.), *The Story of Jesus in the World's Literature* (New York: Creative Age Press, 1946), p. 49.

おとうさんがはたらいている時には
戸口のところであそんだり、
床からかんなくずをあつめたりする、
無邪気なこどもでありました。

あなたとわたしとおなじように
ときには草の上にねころがって、
青空にうかぶいくつもの黒い斑点のように
鷹が頭上をよぎるのを見たり、
じっと門にしがみついて
見も知らぬ人が通りすぎるのを見ていました。
……(12)
(尾崎 安編訳『イエス伝詩集』新教出版社、一九六〇年、二四頁~二五頁)

このような詩も確かにこどもイエスに関する正確な情報ではない。しかしこのような詩こそ、イエスを神童や悪童のように描き出した幼時物語よりも、こどもイエスの姿にはるかに近づいていないであろうか。もしイエスの誕生物語に続いて、聖書がこのようにイエスのこども時代のことを描き出していれば、あらゆる時代のこどもたちがどれほど喜んでこどもイエスの友となったであろうか。そして私たち大人はこうしたイエスのもとでこどもたちとどれほど親しい友となったであろうか。

2　イエスの「こどもの神学」

イエス・キリストはこの世界に神の国を近づけてくださった。彼はただ神の国を告知しただけではなく、彼自身がまさに「人格として到来した神の国」であり、「神の国の人格」として神の国をこの世界に近づけた。こういうわけで、彼の人格において既存の古い秩序や価値観は徹底的に覆され、新しく転換され始めた。したがって神の国は地上において「革命」と呼ばれるものすら徹底的に転覆する絶対的な「革命」とさえ言えよう。(13)

（12）Albert Bigelow Paine, "*The Little Child*" in: *Edmund Clarence Stedman (ed.), An American Anthology, 1787-1900* (Boston: Houghton Mifflin, 1900), Num. 1432, Bartleby.com, 2001. https://www.bartleby.com/248/1432.html

（13）カール・バルトは一九一九年に「社会の中におけるキリスト者」という題をもっていったタンバック講演（Tambach lecture, 1919年）で、地上における資本主義的・共産主義的革命などのあらゆる革命の試みとは徹底的に対立する神の革命を強調した。Karl Barth, „Der Christ in der Gesellschaft", in: Jürgen Moltmann (Hrsg.), Anfänge der dialectischen Theologie, Teil 2, München: Kaiser, 1977.

イエス・キリストがもたらした神の国の革命は私たちにただ新しい現実のみならず、新しい関係をももたらした。以前の関係は古いものとして示された。以前の価値は覆された。救済に関する従来の宗教的構造はすでにその効力を失った。これからは、神の国を前にふさわしい態度は悔い改めのみである。『悔い改めなさい。天の御国が近づいたから。』」(マタイ4：17)「『時が満ち、神の国が近づいた。悔い改めて福音を信じなさい。』」(マルコ1：15)

神の国は悔い改めた弟子たちを呼び寄せる。神の国は新しい弟子の共同体、もしくは神の民を呼び集める。この共同体へ呼ばれた者たちはすべての物事を以前とは違う見方で認識し、以前とは違う生き方で生き、そして以前とは違う使命を受け入れなければならない。(14) 既存の価値観と徹底的に断絶した人生、そして既存の秩序による支配と服従の関係の転覆はまさに「小さい者たち」に対する既存の価値と態度を覆したイエスの行為において最も明らかに示される。

イエス・キリストは私たちを神の国に近づけることによって、まさに「小さい者たち」も私たちに近づける。こういう意味で、イエスは私たちに、最も弱いものである「こどもたち」をもまた近づける。イエスにとって、「小さい者たち」は誰よりも「こども」という人格の中で具体化される。イエスにとって、「こども」はまさに「小さい者たち」の人格的で具体的なモデルであって、イエス・キリストは弟子たちに神の前で小さい者、すなわちこどもとして、こどものように生きることを促したのである。

イエスの「こどもの神学」の特徴はまさにこのような観点のもとで最も明らかに示される。ユダヤ社会においてこどもたちは果たして誰であり、どのような存在と見なされていたのか。こどもに対するイエスの態度は、こどもに対する当時の人びととの態度と比べると、一層確かになる。

昔も今もあらゆる社会が一般的にそうであるように、ユダヤ社会においてもこどもは大切な存在とされており、特にこどもはイスラエルと結ばれた契約に対する神の最も大きな贈り物であり約束として見なされた。それゆえアブラハムは神から与えられた贈り物が少なくなかったにもかかわらず、こどもがいないという現実に対して非常に心を痛めていた。

しかしアブラハムと結ばれた神の契約には、アブラハムとサラに与えられた子孫とその繁栄に対する約束がおかれていた。

「これらの出来事の後、主のことばが幻のうちにアブラムに臨んだ。『アブラムよ、恐れるな。

(14) Gerhard Lohfink, *Wie hat Jesus Gemeinde gewollt? : Zur gesellschaftlichen Dimension des christlichen Glaubens* , Freiburg: Heder, 1982. ゲルハルト・ローフィンクによれば、イエスの宣教は世界救済のために選ばれた旧いイスラエルの民とその使命を刷新し、それを受け継ぐべき新しい神の民を呼び集めることにあった。この新しい神の民は世界の中で世界救済のために働かれる神の光のしるしとしての「代案的・対照的共同体(Kontrastgesellschaft, alternative community / society)」である。

わたしはあなたの盾である。あなたへの報いは非常に大きい。』アブラムは言った。『神、主よ、あなたは私に何をくださるのですか。私は子がないままで死のうとしています。私の家の相続人は、ダマスコのエリエゼルなのでしょうか。』さらに、アブラムは言った。『ご覧ください。あなたが子孫を私にくださらなかったので、私の家のしもべが私の跡取りになるでしょう。』」（創世記15：1－3）

「主はアブラムに言われた。『あなたは、あなたの土地、あなたの親族、あなたの父の家を離れて、わたしが示す地へ行きなさい。そうすれば、わたしはあなたを大いなる国民とし、あなたを祝福し、あなたの名を大いなるものとする。あなたは祝福となりなさい。わたしは、あなたを祝福する者を祝福し、あなたを呪う者をのろう。地のすべての部族は、あなたによって祝福される。』」（創世記12：1－3）

したがって、イスラエルの民にとってこどもはまさに未来に対する希望の源泉であった。父親と母親が多くのこどもたちと共になごやかに集まり、食事ができることは、まさに神から与えられる祝福の象徴であった。

「あなたの妻は　家の奥で
たわわに実るぶどうの木のようだ。
あなたのこどもたちは　食卓を囲むとき
まるでオリーブの若木のようだ。
見よ　主を恐れる人は
確かに　このように祝福を受ける。」（詩篇128：3―4）

初期イスラエルの人びとは家系の継承、すなわち親を受け継ぐこどもたちが増えていくことこそ、神の祝福の約束の永続的な実現であり、またそのしるしであると信じた。それでヤコブは死ぬ前にヨセフを祝福して「『すべてのわざわいから私を贖われた御使いが、このこどもたちを祝福してくださいますように。私の名が先祖アブラハムとイサクの名とともに、彼らのうちに受け継がれますように。また、彼らが地のただ中で豊かに増えますように』」（創世記48：16）と祈ったのである。そしてもし兄弟の一人が死に、彼に息子がいない場合には、他の兄弟が死んだ者の妻を自分の妻とし、彼女が産む最初の息子が、死んだ兄弟の名を継がせるようにレビ記の律法は保障していた。（申命記25：5―10）

そしてこどもは礼拝・祈り・祭儀などにおいてもかなりの比重を占めていた。過越の祭りの規定は大人たちがこどもたちにこの祭りの由来を教え、代々にわたって守り行うように（出エジプト記12：24－28、13：8、14、申命記6：20－25）命じ、そして申命記ではこどもたちに神の救いの業とみことばを代々に渡って教え、守らなければならないと命じている。

『ただ、あなたはよく気をつけ、十分に用心し、あなたが自分の目で見たことを忘れず、一生の間それらがあなたの心から離れることのないようにしなさい。そしてそれらを、あなたのこどもや孫たちに知らせなさい。』」（申命記4：9）

『私が今日あなたに命じるこれらのことばを心にとどめなさい。これをあなたのこどもたちによく教え込みなさい。あなたが家で座っているときも道を歩くときも、寝るときも起きるときも、これを彼らに語りなさい。』」（申命記6：6－7）

特に、父母たちは死ぬ前にこどもを祝福することを大切にした。

「イサクが年をとり、目がかすんでよく見えなくなったときのことである。彼は上の息子エサウを呼び寄せて、『わが子よ』と言った。すると彼は『はい、ここにおります』と答えた。イサクは言った。『見なさい。私は年老いて、いつ死ぬか分からない。さあ今、おまえの道具の矢筒と弓を取って野に出て行き、私のために獲物をしとめて来てくれないか。そして私のために私の好きなおいしい料理を作り、ここに持って来て、私に食べさせてくれ。私が死

ぬまでに、私自ら、おまえを祝福できるように。』」（創世記27：1－4、48章－49章も参照）

しかしこどもたちに対するこうした特別な評価にもかかわらず、古代イスラエルの社会ではこどもたちは「無力な者たち」であった。伝統と習慣は年寄りたちに最も大切な立場を与えた。

「あなたは白髪の老人の前では起立し、老人を敬い、またあなたの神を恐れなければならない。わたしは主である。」（レビ記19：32）

「白髪は栄えの冠。それは正義の道に見出される。」（箴言16：31）

「年寄りに知恵があり、年の長けた者に英知がある。」（ヨブ記12：12）

父母はこどもたちに対してほぼ絶対的な権威をもち、こどもたちは時折酷い体罰によって従順になるように厳しく教えられた。

「むちを控える者は自分の子を憎む者。子を愛する者は努めてこれを懲らしめる。」（箴言13：24）

「望みのあるうちに、自分の子を懲らしめよ。しかし、殺そうとまで考えてはならない。」（箴言19：18）

「愚かさはこどもの心に絡み付いている。懲らしめのむちがこれをこどもから遠ざける。」（箴

言22：15）

「こどもを懲らしめることを差し控えてはならない。むちで打っても、死ぬことはない。あなたがむちでその子を打つなら、その子のいのちをよみから救い出すことができる。」（箴言23：13－14）

さらに、律法は父母の権威を明らかに承認し、それを強めている。

「自分の父や母をののしる者は、必ず殺されなければならない。」（出エジプト記21：17）

「だれでも自分の父や母をののしる者は、必ず殺されなければならない。その人は自分の父あるいは母をののしったのだから、その血の責任は彼にある。」（レビ記20：9）

12歳で律法教育を受ける以前のこどもは宗教的に未熟な者であって、女性や異邦人、そして病者や貧しい者と同様に、社会において注目を受けることなく、周辺化されたグループに属した。⒂たとい古代社会でこどもたちが大切だったとしても、老人たちより重くは見られず、自分たちの意見をも自由に表現することができなかった。⒃宗教史においてこどもの地位は常に「耳の聞こえない者・愚か者・幼者」という三重グループの人びとを通して描写され、これらの者たちは霊的に未熟な者と見なされた。⒄この点から見れば、イエスに手を置いて祈っていただくために人びとがこどもたちを連れてきた時、彼らを叱った弟子たちの反応は納得できるであろう（マタイ19：13、マルコ10：13、ルカ18：15）。宗教的に耳の聞こえない者、いや、宗教的な愚か者がどうやってイエスの尊いことばと祝福をうけることができるであろうか。弟子たちの意図は、「幼子たちは大人たちの場から離れてあっちへいけ！」といったことではなかったであろうか。

しかしマルコの福音書によれば、イエスはみことばと行為において具体的にこどもたちへと関心を注ぎ、こどもたちが神の国に属していると明らかに宣言された。イエスは弟子たちを叱られ、神の国に対するこどもたちの開放性を語りながら、周辺化されていたこどもたちを中心的な位置に立たせられた。（マルコ10：13－16）。イエスはこどもたちの地位と比重を周辺もしくは底辺から中心へと、いや、大人たちの周辺から大人たちの中心へと反転させた。イエスがこどもたちを「抱いた」（マルコ9：36以下、10：16）という事実は受容、信頼、保護と安全を意味する。イエスはこどもたちを受け入れ、こどもたちが神の国に属しているという点をご自身の行為を通して明らかに示したのである。

なぜこどもたちはこのように特別に扱われたのか。ライナー・ラハマン（Rainer Lachmann, 1940 -）

（15）Rainer Lachmann, „Kind", in: *Theologische Realenzyklopädie*, Bd. 18, Berlin: Walter de Gruyter, 1989, S. 157.
（16）James Innell Packer, 盧 光佑訳『聖書時代の日常生活』ソウル：聖光文化社、一九九二年、一二四頁。
（17）Joachim Jeremias, Neutestamentliche Theologie. Teil 1. *Die Verkündigung Jesu*, Gütersloh: Gerd Mohn, 1979, S.218ff.

は次のように語っている。

「この本文（マタイ19：13―15、マルコ10：13―16、ルカ18：15―17）の解釈史、影響史ないし作用史（*Wirkungsgeschichte*）は常に無罪性・謙遜さ・純粋性・悩みのない純真性などの用語をもってこどもを修飾しようとした。しかし本文はこれに関して何も語っていない。こどもに対するこのような理想主義的な理解や評価は、こどもに対して現実的に、そして冷静に判断することができたイエス（マタイ11：16―15参照）がもっていた理解と異なる。こどもが神の国に入ることができるのは特別な資質のためではなく、むしろ逆に、こどもが受容と恵みに完全に依存しているからである。完全な助けを必要とし、それに依存することにおいて、こどもが提供するものは何もない。何の功績も業績ももたず、また律法を守り行うこともしない。イエスが受け入れた貧しい者・病人・罪人のように、こどもは神のもとに何ももたず立っており、信頼の中で、愛する「アバ」父にすべてのことを期待することしかできない。こういうわけで、こどもはキリスト者の根本的な態度と福音的な義認の信仰に対する典型的な表現となる。すなわち、何ももたず全く恵みのみに頼り、何の功労もなくただ受け入れられることを意味する。(18)」

イエスはこどもに対して理想的あるいは空想的なイメージをもっていなかった。彼は現実的であり、こどもたちが根本的に大人たちより単純に相手を信頼すると指し示している。こどもたちは自身の父母が石ではなくパンをくれると信頼する。イエスは大人たちもまさにこどもたちのように神に対する根本的な信頼の中で生きるように教えられた。(19)

エドゥアルド・シュヴァイツァー（Eduard Schweizer, 1913 - 2006）も同様に語っている。

「これはこどもたちの無罪性もしくは純粋性に関することではない。また、こどもたちが禁欲主義者たちの象徴だということでもない。……こどもたちは何一つも施すことができない者たちであり、何の功績も立てることができない者たちとして、ただ祝福の対象となる。イエスは約束のことばをあらゆる人びとに拡大し、丸裸の物乞いのような信仰者たちに神の国が与えられることを権威をもって宣言する。なぜなら彼らと神との間には人間側のどんな功績も神に対する象徴も介入することができないからである。したがって神の国は彼らがただ受け入れる、そして入る対象として示される。……この聖句は……前提条件、功

（18）Rainer Lachmann, „Kind", S. 157.

（19）Franz Alt, 金 允玉、孫 圭泰訳『現代人のためのイエス伝（原題：*Jesus-der erste neue Mann*）』ソウル：セギョレ、一九九一年、一三七頁以下。

績、そして対価が要求されることなしに神の国が人間に与えられるということを語っている。[20]」

ヨハヒム・グニルカ（Joachim Gnilka, 1928 - 2018）の見解もこれと相違がない。

「イエスの発言は弟子たちが偏見と特権意識に囚われていたことを正すためのものである。神の国が条件なしにこどもたちに許されたのは……………至福の教え（Seligpreisung; Beatitudes）における第一番目の祝福宣言（マタイ5：3）を連想させる。神の国は恩寵であり、神が人間に授けられる贈り物である。……………神の国をまさにこのようなこどもたちに約束することによって、イエスは当時の家父長制社会に蔓延していた神学的（律法的）な償いの思想に立ち向かい、深い信頼の中で神を「父《アッバ》」と呼び、神の贈り物を受けることができるこどものあり方を重要なものとして宣言される。[21]」

もしこどもが何の功績もないまま、ただ受容と恵みのみに頼る者として祝福の対象になるとすれば、そうではない者たちは誰なのか。グニルカはイエスが立ち向かった対象を「家父長制社会に蔓延していた神学的（律法的）な償いの思想」と抽象的に定義したが、イエスが立ち向かった具体的な対象は家父長制社会において功績を誇っていた大人たちに違いない。[22] 彼らはこどもたちを未熟な者、小さい者と判断した。彼らは自分たちの功労の上に社会と宗教を立ててあげようとし、その功労を恵みに代えた。それで彼らは功労や功績において自身たちより劣等だと見なしたあらゆる「小さい者たち」をさげすみ、罪人のように扱った。こどもたちはまさにこのような「小さい者たち」の典型であった。しかしイエスは、功績のある者たちの目にはくだらない卑賤な存在に過ぎなかった、功績のないこどもたちに無条件で神の国を約束されたのである。

今日もこどもたちが大人によって虐待を受ける主な理由は、こどもたちが弱者であり、小さい者であるという事実にあるが、彼らが大人たちの世界で最も役に立たないという状況も一因であろう。彼らは生存競争の厳しい社会において絶えず競争を強いられており、こうした競争に順応することができないこどもたちは踏みにじられ、淘汰されてしまう。

まさにこのように社会的に役に立たない者、もしくはその社会において最も小さい者であるこどもを、イエスは社会の中心、より正確に言えば、神の国の入口に立たせる。これはイエスがも

---

(20) Eduard Schweizer, *Das Neue Testament Deutsch*, Teilbd. 1. Das Evangelium nach Markus, Göttingen: Vandenhoeck & Ruprecht, 1975, S. 111ff.
(21) JoachimGnilka, 編集部訳『マルコの福音書II』ソウル：韓国神学研究所、一九九一年、一一一頁以下。
(22) Eduard Schweizer, *Das Neue Testament Deutsch*, Teilbd. 1. Das Evangelium nach Markus, S. 381ff.

たらした革命の一つである。功労と功績の上に社会と宗教を立てあげようとする大人たちのもとでうめいているこどもたちは、ただ父なる神の恵みのみに頼るしかない者たちである。というわけで、彼らは確かに神の恵みの第一次的な受け手となるであろう。

深い信頼の中で神を「父」と呼び、ただ神の恵みのみに頼ることはこどもの能力なのか。もしこれを能力と呼ぶなら、それはまた別の償いの思想と違いがない。信仰さえも人間の功労もしくは行いと見なされ得ないのと同様に、こどもの完全な信頼もこども自身の功労もしくは能力と見なされることはできない。それさえも神から与えられた恵みの贈り物である。人間は全く神の恵みによって神に受け入れられるのである。こどもという存在はこれをよく示している。こどもはパウロが「信仰のみによって義と認められる」（ローマ3：26、28、30）と宣言する前に、すでに信仰義認の神学者であり、ルターが「恵みのみ（*Sola gratia*）」を宣言する前に、すでに恵みのみに頼った者であった。

その一方、この本文（マタイ19：13－15、マルコ10：13―16、ルカ18：15－17）の解釈史、影響史ないし作用史（*Wirkungsgeschichte*）において、人びとはこどもの多様な属性、例えば、怒りを長く抱かない点、自分の思いのまま素直に語る点、無邪気さ、謙遜さ、純粋さ、純真さ、安らかさ、正直さなどを見出そうとしたが、このような見解は本文から直接的な支持を受けにくい。だが、私たちはこれらの属性をこどもの能力もしくは功績と見なさないという前提の上で、こどもにおけることの面に注目する必要がある。「こどもに罪はあるのか、ないのか」という問いは他の次元に属する。ここで優先的に注目すべきことは、こどもの純粋さと素直さである。こどもたちがただ神の恵みのみに信頼することができるのは、まさに彼らが二心の者ではなく純真な者だからではないだろうか。彼らがどんな偽りも偽善もない純粋な存在だからではないであろうか。二心と偽りの信仰をもってどうやって神を信頼することができるであろうか。

イエスの至福の教えもこのような文脈の中で解釈することができると思われる。エドゥアルト・シュヴァイツァーの見解のように、至福の教えにおける「貧しい者」と「悲しむ者」を、あらゆる希望を神におく者、すなわち他人に誇らず仕えようとする無力な者と考えれば[23]、まさにこどもたちこそこのような者であり、神の国の祝福を優先的に受けるべき対象ではないであろうか。そして「柔和な者」を「貧しい者・卑賤な者・無力な者」と訳し、まさにこのような者たちが地、すなわち神の国を受け継ぐことができるとすれば[24]、こどもたちこそ最も貧しい者、卑賤な者、無力な者ではないであろうか。ゆえに、柔和なこどもたちこそ、まさに神の国を受け継ぐ者ではないであろうか。

(23) Ebenda, S. 94.
(24) Ebenda.

そしてゲオルク・アイヒホルツ（Georg Eichholz, 1909 - 1973）が語ったように、至福の教えにおける「心のきよい者」を、生活の密かな内面に至るまで純粋な者、開放性と純真性をもっている者、仮面（偽善）と二重性をもっていない者、本心を隠してどんな演技もしない者、自己自身や他人を騙すために偽りの仮面をかぶらない者などとして考えるなら、さらに至福の教えがあらゆる腹黒さ（不純さ）や偽善（演技）から離れること、正直さ、正しさ、単純さなどを要求するとすれば、まさにこどもこそ、このような者ではないであろうか。こどもこそが、こどものような神の顔を見ることができる者ではないであろうか。(25)

このような観点からジョン・A・サンフォード（John A. Sanford, 1929 - 2005）は次のように語っている。

「イエスは天国に入る者を描写する際、「こども」をよく用いられる。こどもたちが天国に入ることのできる一つの理由は、彼らが仮面をかぶっていないからである。彼らはありのままであり、猫をかぶらず、感じることを素直に表現する。そしてこどもたちが天国の雛型とされるほかの理由は、彼らが内面世界と自由につながっているからである。弟子たちは自我からなる態度でイエスに『天国では、いったいだれが一番偉いのですか』と問いかけた。このような態度は、誇りたがっている自我の古い欲望である。自我が自分の目的のために天国を用いようとする限り、その人は決して天国へ入ることができない。人は偽りの見せかけをせず、内面と外面との緊密なつながりをもって、想像力と自発性と創造性とが満ちる天国へと入らなければならない。

ここで示されるこどものイメージは、幼稚さと正反対である。私たちはみな内面に幼児的な自己をもっている。これは、部分的には私たち自身の児童心理の名残りであり、またその一方で人間本性の元型でもある幼児的な自己は、心理学における重要な部分でもある。もし私たちがこの内面のこどもを否定し、それから脱け出そうとすれば、私たちは幼児的・退行的・依存的な存在となる。しかし私たちが幼児的な自己を認識し、受容し、小さいこどもになると、幼児的な自己は私たちの性格の中で自由と創造力、そして内面の新しさを継続的に生成することによって表現される。[26]」

こどもは成長すればするほど、次第に認知能力が増していき、具体的で文化的な活動がより活発にできるようになる。しかしこのような認知能力が自分の利益のために他人に与えるような意

(25) Georg Eichholz, *Auslegung der Bergpredigt*, Neukirchen-Vluyn: Neukirchener Verlag, 1984, S. 46ff.
(26) John A. Sanford 李 基勝訳『わがうちにある天国(原題:*The Kingdom Within: A Study of the Inner Meaning of Jesus' Sayings*)』ソウル:ツラノ、一九九九年、二一九頁。

図的なごまかしにつながり、ゆえに様々な不法を行う生き方につながるなら、そのような大人の行為や文化とは果たして人類の幸福に何の助けになるであろうか。かつてカール・パウル・ラインホルド・ニーバー（Karl Paul Reinhold Niebuhr, 1892 - 1971）が指摘したように、大人たちのあらゆる道徳的な行動には、不正直さと不誠実さという要素が入っている。大人たちは彼ら自身と異なる別人を装う矛盾的な性質をもっている。大人たちの生活で示されるこのような不正直さと不誠実さは腐敗した人間本性の一部分である。もしこどもの純真さ（innocence）・和合（unity）・深遠さ（profundity）が継続的に再獲得されなければ、成熟に伴うより複雑な人間関係、より広い知的範囲、そしてより詳しい知識は人生の成熟どころか破局に至らせることになる。[27]

こうした観点からハインリヒ・シュペーマン（Heinrich Spaemann, 1903 - 2001）も次のように語っている。

「こどもは自分の周りに偽りがあれば、決して黙っていない。こどもの澄んだ目には偽りは存在しないので、こどもは偽りの真ん中へ真実を告白し、その偽りを暴く言葉を発する、もしくは行動する。こどもの内面にある光は大人の場合とは違い、偽りの暗やみにまだ屈服していない。もちろん大人たちも内面に光をもってはいるが、威力をもってもっともらしく輝いている姿をしている偽りの世界に直面すると、すぐその光を密かに升の下に置いてしまう

（マタイ5：15を参考）。彼らは大人として世界をこどもよりよく知っているため、偽りが含んでいる複雑な悪巧みが、真理の単純な光より力強いと思うのだ。

こどもにとって、真理は偽りに対して一抹の恐れもなく向けられる攻撃である。それでこどもは偽りの無意味さと虚勢を暴露する。こどもたちはその無邪気な開放性を通して大人たちに恥じらいを覚えさせる。この開放性は純真無垢なものであり、また自己防衛的な態度ではないため、大人の内面にある〈こどもの中にある光〉にも訴え、そのこどもを呼び起こす。こどもが私たちの過ちを暴くのは、批判することを楽しむためではない。他人の過ちを暴き出すことによって、他人よりも有利な立場を取って自身の優越さを示すためでもない。こどもが私たちの暗やみを傍観してそのままにして置かない理由は、彼ら自身が自ら明るいからであり、私たちのうちにある光を信頼するからである。[28]」

そして大人たちの人為的操作性が自然を搾取し環境問題を起こすことにつながるなら、そのよ

（27）Reinhold Niebuhr, 金 快相訳『悲劇を越えて（原題：*Beyond Tragedy*）』ソウル：展望社、一九八四年、一一九頁以下。『悲劇を越えて——歴史についてのキリスト教的解釈をめぐるエッセイ』髙橋義文、柳田洋夫訳、教文館、二〇二二年。
（28）Heinrich Spaemann, 尹 善兒訳『こどものようにならなければ（原題：*Orientierung am Kinde*）』倭館：ブンド出版社、一九九八年、七三頁以下。

うな大人たちの行為と文化は人類の生存に果たして何の希望を与えることができるであろうか。ジェレミー・リフキン（Jeremy Rifkin, 1945 - ）が鋭く見抜いたように、人間が自身を自然から分離し対象化した自然から見つけ出した自然法則によっていつまでも自然を人工的に操作することができるという従来の考え方は誤ったものと判明した。[29] そして科学技術によってさらに秩序ある世界になるという「現代の神話」は「エントロピーの法則」によって破れている。[30] こういうわけで、幼稚で弱くはあるが、他人を欺いたり踏みにじったりせず、自然の中であどけなく飛びまわって遊ぶこどもたちこそが、むしろ人類のより望ましいモデルであり、人類の希望の象徴ではないであろうか。

また、大人になるにつれ人間は、「世界」に対する不思議な感動を徐々に失なってしまう。こうした大人たちと違って、こどもたちの「世界」は一様に限りない驚異と不思議に満ちている。しかしこどもたちが大人になるにつれ、この「世界」はつまらないものと見なされてしまう。この「世界」は何一つ無償で得ることができない過酷で無慈悲な世界へと変わり、そうした世界において不思議な感動を失った人間は退廃していく。彼らは無気力・無感覚・無感動の泥沼にはまり込むことになる。定年退職以後の死亡率が高い理由の一つはまさにこのためだと言われる。[31]

これとは正反対に、こどもは精神的・肉体的に外部世界に対する不思議な感動を抱いたまま、世界に対して開かれており、この世界の秘密を無限に自身のうちに取り入れている。こどもが「世界」に対する驚異の念と関心に満ちているという観点からハンス・ルドヴィヒ・フリーゼ（Hans-Ludwig Freese）は次のように主張する。

「発達心理学はこどもたちの思考と、そして一般的に言えば、近代科学に基づかないあらゆる思考とを幼稚として見下しているが、それが現実的で理性的な物事の基準としているものを絶対的に信じている、という点において、それ自体も幼稚だと言えよう。幼稚さとは未熟さもしくは無知のみを意味するのではない。幼稚さとは既存の枠組みに囚われた考え方からの自由、偏見のない豊かな想像力、そしてすでに解決されたと見なされた問題、もしくは一般的に否定されてきた観念への再検証を可能にする勇気を意味することもできる。こうした

（29）Jeremy Rifkin, 崔 鉉訳『エントロピーの法則（原題：*Entropy: A New World View*）』ソウル：汎友社、一九八三年、二四四頁。

（30）「エントロピーの法則」は熱力学の第二法則に基づき、あらゆる物質やエネルギーは一定の方向に移動する、すなわち活用可能な状態から活用不可能な状態に、そして秩序立った状態から無秩序な状態に変わっていくという概念である。それによれば、地球や宇宙の一部において秩序が成立した場合、周りの環境にはより大きな無秩序が生じる。同書、二五頁以下。

（31）Damon Wilson, Colin Wison, 黄 宗浩訳『世界不可思議百科（原題：*The Encyclopedia of Unsolved Mysteries*）』ソウル：ハソ出版社、一九九二年、一一頁以下。

意味において、哲学を支えるこどもたちの幼なさはつつましく扱うべき貴重な財産であろう。(32)」

イエスがこどもを擁護したことはまさに大人たちの固着・硬直した思考に対する攻撃とも言えよう。なぜなら神の贈り物は常に計り知れず、常に人間の期待を超えているからである。(33)

律法には限界があるが、恵みは無限である。律法主義者が受け入れるのは、自分の境界線のうちに入って来る人、同じ伝統と儀式を共有する人、ユダヤ教的に言えば純粋にユダヤ人の血統をもつ人、すなわち自分の同族のみである。彼らは他の集団もしくは部類に属している人たち、すなわちサマリア人や罪人、あるいはこどもを見下して疎外する。

しかしイエス・キリストはまさにこのような者たちを捜し出し、限りなくあわれみ深い神を彼らに宣べ伝える。律法主義者は既存の律法を基準として正しい人のみを受け入れるが、神はむしろ罪人を招き受け入れることによって、全く新しい、創造的な救いの義を示される。大人は極めて打算的で、計り数えることができるものに頼って生きるが、こどもは計り知れず予想さえできないもの、神からくる新しいもの、すなわち恵みと愛によって生きるため、新しい神の国を全面的に、純粋に、そして開かれた心をもって受け入れる。ゆえに神の国はまさにこどものものとなるのである。

このような文脈から見れば、ソフィア・カヴァレッティ（Sofia Cavalletti, 1917 - 2011）が語る次の見解は十分理解できる。

「宗教的経験は根本的に愛の経験であるため、特にこどもの本質に一致する。こどもが神に向かうのは報いを追い求めるからではなく、彼らの本質がそれを要求するからである。こどもは誰も与えることができない無限で総体的な愛を必要とする。こどもにとって、愛は食物よりも必要である。こどもは神との関係の中で完全無欠な愛を経験する。また自身の円満な発達のためにその存在が要求し必要とする養分を、神との関係から得る。したがって、母親の乳よりも愛を必要とするこどもと、愛自体である神との出会いは、この特別な本質の一致において成り立つ。その結果、こどもの人格の本質的な要求と生命の真正な要求は神との出会いを通して満たされるのである。」[34]

（32）Hans-Ludwig Feese, 李 在榮訳『こどもたちは哲学者だ（原題：*Kinder sind Philosophen*)』ソウル：ソル出版社、一九九三年、二九二頁。
（33）Joachim Gnilka, 編集部訳『マルコの福音書II』、一一三頁。
（34）Sofia Cavalletti, 趙 成子訳『こどもの宗教的潜在能力（原題：*Potenziale religioso del bambino*)』ソウル：中央適性出版社、一九九七年、六七頁以下。

イエスが語られた「『天地の主であられる父よ、あなたをほめたたえます。あなたはこれらのことを、知恵ある者や賢い者には隠して、幼子たちに現してくださいました』」（マタイ11：25、ルカ10：21）ということばもこのような意味と解釈することができるであろう。一方、神が貧しい者と虐げられる者に味方されるという旧約聖書の洞察を考慮するなら、神の約束は、神にすべてを期待し、神の前で貧しくあるこどもたちに与えられたと言えよう。確かに約束は知恵ある者や律法学者たちに与えられたのではなくこどもたちに与えられたのである。[35] 賢い者や知識人たちは自分たちが掲げている見解や知識によって心が縛られているため、神に関してほとんど何も知らないが、こどもとこどものような者たちは神を心に感じるため、神に関して深く知っていると言えよう。[36] さらにイエスは、こどもたちさえも神の造られた宇宙における不思議を悟り、創造主

（35）Eduard Schweizer, 編集部訳『マタイの福音書』ソウル：韓国神学研究所、一九九二年、二八四頁。聖書は神が計り知れない方法でこどもや若者を通して働かれると語る。知恵は若者にも与えられる神の特別な賜物である（箴言2：1―7）。神は若いヨセフに知恵の賜物を与え、夢を解き明かし、エジプトの地を監督するように導かれた（創世記40：1―41：45）。若いソロモンは神に聞き分ける心を求めた（I列王記3：5―9）。『知恵の書』はこの物語を拡大し、ソロモンがこどものように知恵を求め、若い時から花嫁探しをするように知恵を探し求めたと描写する（知恵の書7：7―10、8：2、9―19）。人間の思いや考えとは違い、聖書はこどもと若者を通しての神の働きを重んじる。神はアダムの初子カインよりもその弟アベルを好まれた（創世記4：4―5）。ヤコブの母親リベカが神の御心を求めたとき、「兄

が弟に仕える」と答えられた（創世記25：23）。ヤコブは亡くなる前にヨセフの二人の息子、兄マナセと弟エフライムを自分の養子にすることによって、ヨセフに二倍の分け前を与えた。そのとき、ヨセフの願いと違い、ヤコブはエフライムをマナセの先にして特別に祝福した（創世記48：1–22、49：22–26）。神がサウルに代わる新しい王を探し油を注ぐために預言者サムエルをベツレヘム人エッサイのところに遣わされたとき、神はサムエルに「人はうわべを見るが、主は心を見る」と言われ、招かれたエッサイの七人の息子は油を注がれるべき者ではないと言われた。その代わりに、羊の番をしていたエッサイの末の子であり牧童であったダビデが油注がれた者となった（Ⅰサムエル記16：1–13）。神は戦争に行くには幼すぎたダビデをペリシテ人の戦士ゴリヤテに勝たせられた（Ⅰサムエル記17）。こどものイメージはメシアに対する期待につながる。預言者イザヤは、ダビデの子孫から生まれるこどもが多くの苦難を受けるのにもかかわらず、その民の希望になると宣言する（イザヤ書7：14–16、9：6）。さらにイザヤはメシアによってもたらされるべき神の国の様子、すなわち、人間と自然万物がエデンの園に置かれたこどものように純真無垢で平和な在り方に回復されるというヴィジョンを次のように描き出す。「乳飲み子はコブラの穴の上で戯れ、乳離れした子は、まむしの巣に手を伸ばす。わたしの聖なる山のどこにおいても、これらは害を加えず、滅ぼさない。主を知ることが、海をおおう水のように地に満ちるからである。」（イザヤ書11：8–9）預言者ゼカリヤは幻の中で平和と喜びに満ち溢れるメシアの時代を次のように描き出す。「都の広場は、男の子と女の子でいっぱいになる。こどもたちはその広場で遊ぶ。」（ゼカリヤ書8：5）David Noel Freedman (ed.), The Anchor Bible Dictionary, vol 1, Ibid., p. 905.

(36) Franz Alt, 金 允玉、孫 圭泰訳『現代人のためのイエス伝』、一一九頁。ソフィア・カヴァレッティによれば、「こどもたちが目に見えないものを目の前の実体よりも明瞭で実際的なもののように見ることができると思われるのは事実である。彼らは目に見えるものと目に見えないものの間に何のバリアもない

である神をほめたたえることができると告白した詩篇を引用し、[37]「『幼子たち、乳飲み子たちの口をとおして、あなたは誉れを打ち立てられました』」（マタイ21：16）と言われた。

さらに、こどもに対するイエスの見方は、弟子たちの間で「だれが一番偉いか」といった序列論争（マルコ9：33－37、マタイ18：1－5、ルカ9：46－48）が起こった時のイエスの行動によく示されている。[38]マルコとルカは「弟子への道（Discipleship）」のモデルを提示するが、マタイのとは違い、弟子たちの間で起こった激しい対立と論争についてははっきりと描写している。[39]そしてイエス・キリストを通して近づいて、あらゆる世

かのように、苦もなく象徴のベールの向こう側に入り込み、その超越的な意味を容易く感知する。……こどもたちは自発的に高潔な表現をもって祈り続けることができる特別な能力をもっている。彼らの祈りは賛美、感謝、そして願いをもって神の親密性と超越性を同時に表現する。」Sofia Cavalletti, 趙成子訳『こどもの宗教的潜在能力』、三二八頁。

（37）「主よ、私たちの主よ。あなたの御名は全地にわたり、なんと力に満ちていることでしょう。あなたのご威光は天でたたえられています。幼子たち、乳飲み子たちの口を通して、あなたは御力を打ち立てられました。あなたに敵対する者に応えるため、復讐する敵を鎮めるために。」（詩篇8：1―2）

（38）マタイはマルコとルカとは違い、弟子たちの間で起こった激しい対立には言及せず、ただ「だれが一番偉いか」という弟子たちの単純な質問としている。そしてこどもを教会における弟子道のモデルとするために、マタイは「悔い改めのイメージ」（向きを変えてこどもたちのようにならなければ、決して

天の御国に入れません。18：3）」と「イエスと同一視したイメージ」（だれでもこのようなこどもの一人を、わたしの名のゆえに受け入れる人は、わたしを受け入れるのです。8：5）との間に「へりくだりのイメージ」（だれでもこのこどものように自分を低くする人が、天の御国で一番偉いのです。8：4）を組み入れる。しかしマルコとルカにおける並行箇所には「自分を低くする」といった表現がない。そうした点から見れば、マタイは弟子たちが考えと意志と行為において向きを変えてこどものような者になること、すなわち「悔い改め」を強調しようとする意図を示していると言える。こどもは自ら小さい者であることを知っているので、自分より大きく強い者からの保護や賜物を感謝して受け入れる。ここでマタイが強調していることは、すべての行動においてこのような賜物を覚えながら生きなければならないということである。またこの答えの内容を広い文脈から見れば、それは偉い人と呼ばれる律法学者やパリサイ人などに対立してもいる。彼らの生き方とは違い、イエスの弟子たちは脆弱なこどものよう生きなければならず、また意識的にそのように生きようと励むものである。なぜならこどもたちは新しい物事を学ぶことにおいて固定観念にとらわれず開かれているからである。Eduard Schweizer, 編集部訳、『マタイの福音書』、三八一頁。

(39) マルコの福音書はローマ帝国によって抑圧と迫害を受けていた聴衆のために記されたものである。当時一部のキリスト教指導者と預言者たちは差し迫ったイエスの再臨を宣べ伝え、しるしと不思議を通して自分たちのメッセージを支えていった（13：6–22）。このような見解に立ち向かってマルコはこどもを弟子道のモデルとして提示する。マルコはイエスとこどもたちに関する二つの記事（9：33–37、10：13–16）をイエスの苦難と死に対する預言記事（8：3、19：31、10：32–34）の間に組み入れるという文学的構造を通して、弟子への道のモデルとしてのこどもを強調する。同様にルカも文学的にイエスの苦難と死の予告（9：22、44、51）とこどもに関するイエスの教えをつないでこどもを弟子道のモデ俗的価値を逆転させる「神の国」の価値観を明らかに示している。ここでイエスはご自身をめぐって偉さと栄光、世俗的な名誉と影響力を占めようと争った弟子たちに、全く新しい価値観を教えている。イエスは地位の上下関係や栄光と恥の尺度を完全にひっくり返された。つまり、既存の関係と価値体系を完全に倒したことである。このような価値観の逆転を実証するためにイエスはこどもを具体的なモデルとして立たせた。

マルコの福音書において、イエスは「『だれでも先頭に立ちたいと思う者は、皆の後になり、皆に仕える者になりなさい』」（マルコ9：35）と教えながら、一人のこどもの手を取って彼らの真ん中に立たせ、胸に抱いた（マルコ9：36）。そしてイエスは小さい者たち（こどもたち）をつまずかせる危険性について語り、再びこどもの大切さを強調された（マルコ9：42）。[40] ルカの福音書においては、イエスは「『あなたがた皆の中で一番小さい者が、一番偉いのです』」（ルカ9：48）という点を強調するため、一人のこどもの手を取って、ご自分のそばに立たせた（ルカ9：47）。

このようにイエスは最も小さい者、最も抑圧されているこどもたちと連帯される。そして私たちがこどものような者、いや、こどもとなることによってのみ神の国を贈り物として受けとることができ、その国で最も「偉い者」になることができると教えられる。イエスは最も「小さい者」と見くだされるこどもを、最も「偉い者」のモデルとしてとして提示される。この点において、こどもは大人が従うべき生活の規範と呼ばれる。ラインホルド・ニーバーは次のように語っている。

「不正直で利己的、そして傲慢で移ろいやすい大人は、たとい完全に満たすことができない要求であるとしても、こどもの純真さを人間の性格や性質の規範としなければならない。そしてそれを満たすため、人間の最大限の力量が要求されるとしても、こどもの純真さを人間の性格や性質の最終的な成就の要約と見なさなければならない。『それは人にはできないことですが、神にはどんなことでもできます。』」（マタイ19：26）。(41)

ルとする意図を示す。そしてマタイと同様にマルコとルカも「イエスと同一視したイメージ（マコ9：37、ルカ9：48）」を用いている。David Noel Freedman (ed.), The Anchor Bible Dictionary, vol 1, Ibid., p. 505.

（40）マルコの福音書10：35−45においてもイエスは、来るべき栄光の日に高い地位に座ることを求めていたヤコブとヨハネ、そして彼らに腹を立てた十人の弟子たちに世俗的な価値観を転換するように教えられた。「しかし、あなたがたの間では、そうであってはなりません。あなたがたの間で偉くなりたいと思う者は、皆に仕える者になりなさい。あなたがたの間で先頭に立ちたいと思う者は、皆のしもべになりなさい。」（10：43−44）そしてイエスはその教えをこれからご自身が受けるべき受難と死を予告することによって例証する。「人の子も、仕えられるためではなく仕えるために、また多くの人のための贖いの代価として、自分のいのちを与えるために来たのです。」（10：45）

（41）Reinhold Niebuhr, 金 快相訳『悲劇を越えて』、一二五頁。

ゆえにウィリアム・ワーズワース（William Wordsworth, 1770 - 1850）は〈虹（The Rainbow）〉という よく知られている詩の中でこどもを「大人の父」と呼んでいる。

「私の心は躍り上がる、空の虹をあおぎ見るとき。
そうであった、私の生涯が始まった時もまた。
そうである、私が大人である今もまた。
そうであろう、私が老いゆく時もまた。
さもなくば、私を死なしめよ！
こどもは大人の父である。
私の生涯の一日一日が
自然に対する深い敬意の心でつながるように。[42]」

そして教父ヒッポリュトス（Hippolytus of Rome, 170 - 235）は、こどもを神の啓示の通り道であると次のように評価した。

「わたしを探し求める者はこどもたちの中に捜しなさい。なぜならわたしは彼らの中に表れているからである。」[43]

チャールズ・ジョン・ハファム・ディケンズ（Charles John Huffam Dickens, 1812 - 1870）も次のように告白した。

「こどもたちは家族の心を引き付けます。彼らは変装した神の天使たちです。日差しは未だに彼らの髪の毛の間で眠っており、神の栄光が彼らの瞳の中で輝いています。家庭と天から来たこれら自由なこどもたちは私をより男らしく、そして穏やかで優しくしました。それで今やっとなぜイエス様が神の国をこどもたちに譬えられたかを知った気がします。」[44]

イエスはまさにこのようなこどもをご自身と同一視され、純潔で聖なる心で抱かれた。人類の歴史においてこどもをこれほどまでに高く評価し愛した者、いえ、響く大声でこどもをほめたた

(42) William Wordsworth, 金 禧寶編訳『キリスト教名詩選』ソウル：大韓基督教書会、一九六九年、六　頁。
(43) Franz Alt, 金 允玉、孫 圭泰訳『現代人のためのイエス伝』、一一六頁。
(44) John M. Drescher, 金 仁華訳『こどもたちが必要とする七つのもの（原題：Seven Things Children Need)』ソウル：生命の御言葉社、一九九四年、一二七頁。

えた者がいたであろうか。イエスのように偉大な「こどもの神学者」を私たちはどこで再び発見することができるであろうか。

3　こどものようなイエス

ここまで私たちは、イエスがこどもを抑圧されなければいけない幼稚な人間としてではなく、かえってすべての人間が見ならわなければならない対象、すなわち神の国に属している者として提示されたという事実を考察してきた。イエスは大人たちの生活において、こどもたちから学ぶことより重要なことはないと語った。(45) 人類の偉大な教師でもあるイエスは、当時最も小さい者として扱われていたこどもを、むしろ偉い人の模範とし、こどもを人類の偉大な教師としたと言えよう。

それなら、イエスはただ言葉のみで教えた教師であったのか。この方はただ偉大な師匠に過ぎなかったのか。そうではない。彼はこどもと連帯したのみならず、こどもを新しい人間の模範として示された。その上、イエスはこどもをご自身と同一視した（マタイ18：5「だれでもこのようなこどもの一人を、わたしの名のゆえに受け入れる人は、わたしを受け入れるのです。」）。こういうわけで、イエスが自らこどものような者と、いや、こどもとなったと判断しなければならない。もしこのような判断を拒むとすれば、神の国の新しい教えを語ると同時に神の国の象徴あるいは前兆として働いたイエスが、他の教師や指導者たちと違うところはいったいどこにあるであろうか。そして他の者たちと比べる時、イエスの独特さと新しさ、もしくは真正な権威はどこにあるであろうか。これらの違いはただイエスの教えのみならず、何よりも彼の全生涯にあると私は考える。

イエスの生涯はまさにご自分のことばの具現化、すなわちご自分の人格の具現化ではなかったであろうか。彼は言行一致の教師でありその手本であった。彼は正しい教えよりも正しい実践が大切だと思った。イエスは当時の指導者や教師たちとご自身との差異を浮き出させることによって、まさにこの点を弟子たちにはっきり刻み付けられた。「イエスは群衆と弟子たちに語られた。『律法学者たちやパリサイ人たちはモーセの座に着いています。ですから、彼らがあなたがたに言うことはすべて実行し、守りなさい。しかし、彼らの行いをまねてはいけません。彼らは言うだけで実行しないからです』」（マタイ23：1－3）。

つまり私たちは、こどもにみる特徴をイエスにおいても発見できなければならない。こどもの特徴とは何か。前述したように、多くの人は純真さ・素朴さ・怒りを長く抱かない点・自分の思いのまま素直に語る点、(46) 無邪気さ・謙遜さ・純粋さ・悩みのない純真性、(47) 統一性・平穏さ・

（45）Franz Alt, 金 允玉、孫 圭泰訳『現代人のためのイエス伝』、一二四頁、一三八頁。
（46）Joachim Gnilka, 編集部訳『マルコの福音書Ⅱ』、一一三頁。

正直さ・深遠さ[48]などをこどもの属性と見なしている。フランツ・アルト（Franz Alt, 1938 - ）によれば、「知識欲と開放性、想像力と実験欲、即興性と柔軟性のようなものは成長するこどもたちの特徴であり、私たちはこれらの特徴をイエスの生涯で見ることができる。」[49]

それなら、私たちはこどもを通してイエスを見るべきか、それともイエスを通してこどもを見るべきなのか。これは二者択一の問題ではないであろう。イエスがこどもを人類の模範として明らかにし、ご自身を彼らと同一視したならば、私たちは普遍的なこどもの姿（イメージ）からイエスの姿（イメージ）をも発見することができなければならない。

しかしこどもに対する私たちの理解は、時代や文化によって多様であり得るため、すべてのこどもに共通すると信じられる普遍的なこどもの象徴を集約することができるのであろうか。そして、あらゆる時間と空間を越えてすべての人が確信し共有できるこどもの象徴を集約できたとしても、これをイエスご自身に直ちに投影し当てはめるのはどれだけ危険なことであろうか。カール・バルトがすでに批判したように、こうした試みはもう一つの「自然神学」を混入してしまう危険性を内包していないであろうか。[50]

私たちはただ特定のこども、もしくはこどもの象徴を一般化して偶像化するばかりか、さらにイエスについての偶像のような象徴、あるいは固定化したイメージをつくって強いる過ちを犯す可能性もある。したがって、私たちは聖書の証言に忠実であるように努めることが大切である。換

（47）Rainer Lachmann, „Kind", S. 157.

（48）Reinhold Niebuhr, 金 快相訳『悲劇を越えて』、一一九頁以下。ドイツの教育学者ハンス＝ルドヴィック・フリーゼもこどもたちは驚くべき哲学的な洞察力をもち、しばしば超自然的な経験をすることによって神話や哲学の奥義に近づくという事実を論証している。Hans-Ludwig Freese, 李 在榮訳『こどもたちは哲学者だ』を参考せよ。

（49）Franz Alt, 金 允玉、孫 圭泰訳『現代人のためのイエス伝』、一三八頁。

（50）一九三三年にドイツの全権を掌握したアドルフ・ヒトラー及びナチスはドイツ教会の神学と組織をも掌握しようと取り組んでいった。その際、多くのプロテスタントはいわゆる「ドイツ的キリスト者（*Deutsche Christen*）」を名乗ってナチスを追随した。それに立ち向かって形成された「告白教会（*Bekennenade Kirche*）」はカール・バルトなどを中心として信仰告白の形で「バルメン宣言」（一九三四年五月）を出した。この宣言の第一項は次のようである。「聖書においてわれわれに証しされているイエス・キリストは、われわれが聞くべき、またわれわれが生と死において信頼し服従すべき神の唯一の御言葉である。教会がその宣教の源として、神のこの唯一の御言葉の他に、またそれと並んで、さらに他の出来事や力、現象や真理を、神の啓示として承認し得るとか、あるいは、承認しなければならないという誤った教えを、われわれは退ける。」Karl Barth, *Texte zur Barmer Theologischen Erklärung* von Martin Rohkrämer (Hrsg.), Zurich: Theologisher Verlag, 1984. を参考せよ。同様に、聖書において証言された神の唯一の御言葉のほかに、それと並んでこどもといったイメージや人間を、神の啓示の源や通り道として見るのを私も排撃する。しかし、聖書で言及されているこどもの姿は私たちが経験しているこどもの姿の中に反映されていると、私は思う。私が追い求めるのはこの反映している光の源である光、すなわちこどもなるイエスである。

言すれば、聖書を引用しながらも私たち自身の言葉を語るのではなく、私たちの知識の限界や誤りを認め、聖書が私たちを圧倒して私たちに親しく語るようにしなければならないであろう。しかし、聖書の内容が私たちの時代の経験と言葉、表象と象徴を通して、現代の人びとにより豊かで生き生きと伝わるようにすることは可能であり、必ず必要である。このような面を考慮しながら、私は次のような特徴の中でこどもらしいイエス、もしくは「こどもイエス」を考察しようとする。

(1)　神に対する全き信頼

こどもの最も明白な心理的・精神的特徴は父母に対する原初的で絶対的な信頼であろう。私たちはこの絶対的な信頼をまさにイエスにおいてはっきり思い出す。「イエスによれば、宗教は業績ではなく信頼である。彼の言行が指し示したのはすべて愛する父に対するこどものような信頼である」[51]といったフランツ・アルトの主張はイエスの自意識を正確に表現している。

父である神に対するイエスの純真な信頼は何よりも「『心配するのはやめなさい』」（マタイ6：25－34、ルカ12：22－31）といった教訓の中に最もよく表現されている。あわれみ深い天の父に対する絶対的な信頼を通しての日常の心配の克服は、ここにおいても「最も小さいもの」に対する悟りとつながっている。人間の中の「最も小さい者」であるこどもを受け入れる神は、世界の

「最も小さいもの」にも配慮される。人間は「最も小さいもの」であっても、心配の対象としてしまうが、「小さなもの」を心配するのではなく、まず「最も重要なもの」（神の国と神の義）を求めながら生きることが大切である（マタイ6：32）。

イエスは神の国のために生き、一瞬たりともご自身のことで心配されなかった。彼は「世界が与えることができない平安」（ヨハネ14：27）をもっておられた。この平安は父である神に対する完全な信頼に基づいたものである。それで「『わたしが父のうちにいて、父がわたしのうちにおられる』」（ヨハネ14：10－11、20）と語られるイエスは弟子たちに「『あなたがたは心を騒がせてはなりません。ひるんではなりません』」（ヨハネ14：16－27）と語られる。イエスはこどものような信仰、すなわち天真爛漫で絶対的な信頼の模範を示してくださった。

父である神に対するイエスの天真爛漫な信頼は、特に「わが父」と「アバ」という語法に見つけられる。ヨアヒム・エレミアス（Joachim Jeremias, 1900 - 1979）は次のように語っている。

「神を人格的に〈わが父〉と呼ぶことは古代パレスチナ・ユダヤ教の文献では見つけられない。イエスが神を〈わが父〉と呼ばれたのは斬新なことである。ヘレニズム時代のユダヤ教

（51）Franz Alt, 金 允玉、孫 圭泰訳『現代人のためのイエス伝』、一二〇頁。

においてはギリシア文化の影響のもとで部分的に神を〈父〉と呼んだという証拠はある。しかしユダヤ教のあらゆる祈りの文献においては神が〈アバ〉のような称号で呼ばれたことは全くない。ユダヤ教の祈りの文献の中で神を〈アバ〉と呼んだどんな証拠もないなら、これはイエスの全く元来的な声（*Ipsissima Vox*）を書き記した確かなものであるということになる。〈アバ〉とはその語源から見ると、考えずに出る純粋なこどもの言葉である。イエスは－マルコの福音書15章34節の並行箇所を除いて――常に神を〈アバ〉と呼ばれた。……このように神を家族的な言葉で呼ぶことはユダヤ教にとっては不敬であって考えられないことであった。したがって、イエスがこのような称号で神を呼ばれたことはかつてない新しいことであった。こどもが自分の父親に話しかけるように、イエスは心の奥底から純真で穏やかに神を呼ばれた。イエスが神を呼ぶのに用いられた〈アバ〉という称号はご自身と神との関係の核心を示す。(52)」

日常において幼児が使う言葉である「アバ」を用いて神を呼び求めることによって、イエスは父である神との間においてただ権威と服従の関係のみを示されたのではなく、地上のこどもたちが彼らの父母と交わす親密さとその関係の経験を、ご自身と父である神との関係の中へと引き入れた。これによって、イエスはご自身が父である神との間で「こども」のような親密な関係を結んでいるという事実を示したのである。

イエスはこどものように全面的に神に信頼した（ルカ23：46）。イエスは神と完全に一致されていた（ヨハネ10：30、17：10等）。イエスは神に全く従順し（ローマ5：19、ピリピ2：8、ヘブル5：7－9、12：2）、ただ神のみを信頼し、神のみこころに従って生きられた。イエスは死を前にしても「『わが父よ、……わたしが望むようにではなく、あなたが望まれるままに、なさってください』」（マタイ26：39）と祈られ、十字架の苦しみの中でも「『父よ、わたしの霊をあなたの御手にゆだねます』」（ルカ23：46）と語りながら、神を徹底的に信頼された。(53) このようにイエス

(52) Joachim Jeremias, ABBA. *Studien zur Neutestamentlichen Theologie und Zeitgeschichte*, Gottingen: Vandenhoek & Ruprecht, 1966, S. 58ff. ヨアヒム・エレミアスによれば、イエスの「アバ」という言葉の用法はご自分の教えにおいてと同様にご自分の祈りにおいても、神との特別な関係を表現する。父にささげられるイエスの祈り（マタイ11：25以下、ルカ10：21）と父の働きに対するイエスの発言（マタイ11：27、ルカ10：22）の中で「啓示する（apokalypto）」という動詞が繰り返されているのは偶然ではない。喜びに満ちたイエスが「アバ」と叫ばれたのは、ご自身が啓示を所有しているという確信を表現する。なぜなら父がイエスご自身に神を知る完全な知識を与えられたからである。そしてイエスの祈りにおける「アバ」は従順と信頼（マルコ14：36）のみならず、同時に権威の言葉でもある。Ebenda, S. 64.

(53) モルトマンは「わが神、わが神、どうしてわたしをお見捨てになったのですか」（マルコ15：34）というイエスの叫びにおいて、父から徹底的に見捨てられたイエス、いや、自らを見捨てた神、すなわち神ご自身における反乱や衝突を見た。それは神に見捨てられながらも神に信頼するという一般的な逆

の全生涯と死におけるすべてことはまさに「こどものように無邪気で絶対的である」と語るしかないほどに、原初的で絶対的な信頼によって支配されていたのである。

(2) 苦しんでいる人に対する深い同情

イエスのこどもらしさは、他者の苦しみに対する非常な同情心にも見られる。男性に比べて女性が、そして大人に比べてこどもが、他者の苦しみにより敏感であることは否定できない普遍的な現象である。こどもはあらゆる面において大人よりも受容的である。こどもは身体的・精神的に他の存在を受容することによって成長し、また成長するためにも他の存在を受容する。大人になるにつれて人間はほとんどあらゆる面において受容的な態度が減っていき、ゆえに徐々に独りよがりまた排他的になっていき、他者に対して固着観念もしくは偏見的なイメージを作りやすくなり、他者の苦しみに対して徐々に無感覚・無関心になってしまう。大人は人間性より制度や規範、利害関係や価値判断によって強く支配されがちである。

イエスの時代の大人と宗教家たちもそうであった。「良きサマリヤ人」と呼ばれる譬え話（ルカ10：25－37）の中に登場する、強盗に半殺しにされ道ばたに倒れていた人をそのまま放置し、その場を通り過ぎていってしまった祭司とレビ人がこのことをよく例証している。この譬え話においてイエスが語ろうとされた意図（譬えの焦点）とは別に、私たちはここで宗教的規則のため、他

者の苦痛に対して無感覚になっている人間の一例を見ることができる。律法（民数記19：11―22）

説ではなく、見捨てられた子に対する神の誠実、神の神性、そして父の父性を訴え求めることである。Jürgen Moltmann, 金 均鎮訳『十字架につけられた神』ソウル：大韓基督教書会、二〇一七年、二一四頁以下。喜田川 信訳『十字架につけられた神』新教出版社、一九七六年、二一〇～二一二頁。李 信建訳『聖霊の力における教会』、ソウル：大韓基督教書会、二〇一七年、一五一頁以下。モルトマンとは違い、ヴァルター・カスパーによれば、イエスの叫びは絶望の叫びではなく神が聞き入れて許すことを確信し神の支配の到来を望む祈りである。Walter Kasper 朴 相來訳『イエス・キリスト（原題：Jesus der Christus）』、倭館：ブンド出版社、一九七七年、二〇八頁。しかし十字架上においてイエスは、神をもはや親しく「父」ではなく、父なる神の子であることを疑わざるをえないかのように、ただ公的に「神」と呼んだ。李 信建訳『今日キリストは私たちにとって何者か』、ソウル：大韓基督教書会、二〇 七年、四二頁。沖野政弘訳『今日キリストは私たちにとって何者か』新教出版社、一九九六年、四六頁～四七頁。しかし、死の瞬間に至るまでイエスがこどものように神に徹底的に信頼した可能性を、私たちは排除することができない。親によって完全に見捨てられた瞬間にこどもが親に頑強に抵抗し極度の絶望感を表現するのは自然なことである。しかし親はこどもを完全に放棄することができるかもしれないが、そうした瞬間でさえも心の底から親を信頼しているこどもは決して親を拒むことができないであろう。最後の瞬間までこどもは基本的な信頼感をもって親に信頼するであろう。このように全生涯の間神に「アバ」と呼びかけ信頼してきた、天真爛漫なこどものようなイエスが、死の瞬間においては急変してただ不信の絶望感のみ示したというのは考えにくい。イエスが死の瞬間にさえも徹底的にこどものようであったと、私は信じる。彼は死ぬまで「アバ」に信頼した。

によれば、死人に触れる者は七日間汚れる。そして汚れた者が触れるものもすべて汚れる。汚れた者が幕屋に入るためには七日間の清めの儀式が必要であった。したがって、祭司とレビ人は、すでに死んでいたかもしれない者を避ける十分な宗教的な理由があったと言えよう。

このような規定をイエスが知らないはずがない。しかしイエスは宗教より人間を、律法より苦しむ人間を愛された。まさに安息日論争の出来事がこの点をよく示す。ある安息日に、空腹だった弟子たちが麦畑を通りながら穂を摘んで食べると、パリサイ人たちは安息日の規定を掲げてイエスに是非を問いかけた。イエスは、ダビデが祭司以外はだれも食べてはならない臨在のパンを食べたという実例に言及し、「『安息日は人のために設けられたのです。人が安息日のために造られたのではありません』」（マルコ2：27）と語られた。

イエスを訴えるため、イエスが病人を安息日に治すかどうかをじっと見ていた人びとに、イエスは「『安息日に律法にかなっているのは、善を行うことですか、それとも悪を行うことですか。いのちを救うことですか、それとも殺すことですか』」（マルコ3：4）と反問し、この病人を癒された。そしてイエスは怒りを含んでその人たちの心の頑なさを嘆き悲しまれた。苦しんでいる人を癒したあわれみ深いイエスの行為を非難する彼らの心は宗教的な規範に縛られていて、頑固であり、邪悪でもあった。したがって、人が宗教のためにいるのではなく、宗教が人のためにあるということを無視したままに宗教的な規則や儀式に心を奪われ、苦しんでいる隣人に対して知らないふりをして顔を背ける者は心の頑なな者とされるであろう。

このような人間や大人たちは意識化された特定の規範に従ってのみ行動しがちである。彼らにとっては、苦しんでいる人自体より、規範、あるいは自身の利害関係や価値判断が優先されるのである。しかしイエスはあらゆる規範の中の根本的な規範、いや、すべての規範より優先的で絶対的な規範、すなわち隣人愛を前面に掲げる。特に苦しんでいる隣人に対しては最も厳しい宗教的な規範も垣根・障壁もないまでに取り去られる。

苦しんでいる人間にただただ心を配られ、最も大事に扱われるイエスの態度はどこから出てきたのか。それはまさにご自身が安息日論争や「山上の垂訓」の中で教えられた「真実の愛もしくはあわれみ」（マタイ12：7、5：7）からではないか。ところが、こどもほど無条件に、苦しんでいる被造物に同情する被造物がいったいどこにあるのか。こどもは規範と制度、利害関係と価値判断などにまだ慣れていない故に、心の柔軟性や開放性の故に、感受性の高い温かい心の故に、大人よりはるかに敏感に隣人の苦しみに共感し、同情するのである。

人間の苦しみに対してこどもが大人よりはるかに敏感であるという事実を示すもう一つの聖書的実例はいわゆる「五つのパンと二匹の魚、若しくは五千人の給食」という出来事である（マタイ14：13―21、マルコ6：31―44、ルカ9：12―17、ヨハネ6：1―14）。この奇跡の物語は各々の福音書によって少しずつ表現の差がある。マタイとマルコはイエスが大勢の群衆を「深くあわれんで」（マタイ14：14、マルコ6：34）その中の病人たちを癒やされ、多くのことを教えられたと語っている。そして夕方になると、群衆の夕食のことが先に気になったのが弟子たちにせよ（マタイ、マルコ、ルカ福音書）イエスにせよ（ヨハネ福音書）、すべての群衆が食べて満腹し、余りのパン切れが十二かごいっぱいになったことは、群衆の中から出された五つのパンと二匹の魚から始まった。

ところが、ヨハネはこの五つのパンと二匹の魚を提供した者が「少年」（ヨハネ6：9）であったと語っている。このこどもが食べ物を提供したのが自発的にしたことだとしても、弟子たちの要請によることだとしても、とにかくこの奇跡を可能にしたのは計算を超えた一人の小さいこどものあわれみ深い心ではなかったであろうか。またこの給食の奇跡を可能にしたのは、まさにこの「小さいこども」のあわれみ深い心を信頼して「最も小さいもの」で「大勢の群衆」に食べさせることができると確信した、こどものようにあわれみ深く天真爛漫なイエスの故であったとも考えることができるであろう。しかし実際には、イエスのあわれみ深い心に感動したこのこどものあわれみ深い心が、この奇跡を可能にしたのであろう。

あわれみは、生命の分かち合いという奇跡を生み出す。この奇跡の物語の基礎には、イエスもやがてご自身の小さいからだをいのちのパンとして提供し人類を救うという聖なる愛の話が敷かれている。イエスがご自身を犠牲にして人類に救いの道を開いてくださったこともまさにご自身のあわれみ深い心の故ではなかったか。ゆえにヘブル人への手紙の著者もイエスが「あわれみ深い」大祭司となられ、私たちを救われたと語っている（ヘブル2：17）。

あわれみに関するイエスの教えは最後のさばきに関する譬え話（マタイ25：31－46）の中でもよく示される。王座に着いた人の子はすべての国の人びとをさばきながら、「最も小さい者」を放っておいた者たちを厳しく叱られる。ここでイエスは飢えた者、渇いた者、旅人、衣服のない者、病んでいる者、投獄された者を「わたしの兄弟たち、それも最も小さい者たち」と呼ばれ、彼らをご自身と同一視された。ここで「小さい者」であるこどもに対するイエス（マタイ福音書）の関心は、社会的に疎外された者たちにまで広がっている。さばき主であるイエスもある時期までは「兄弟たちの中で最も小さい者」、すなわちこどものような者であった。このようにこどものようであった者が、今さばき主となり、ご自身のような「小さい者たち」にあわれみを施さなかった「偉い者たち」に「最も大きな刑罰」を宣告される。ここでも小さい者、あわれみ深い心を分かち合って生きる者、すなわちこどものような者たちのみが、神の国を贈り物として受けることができるという事実をイエスは忖度なしに譬え話の内容に即して教えられる。

(3)　真実な心

こどもらしい姿（イメージ）を示したイエスの特徴はご自身の言行、すなわち人格の純粋さと真実さに表れる。私たちは大人よりこどもが相対的にはるかに純粋で純真であるということを知っている。幼子の澄んだ瞳と純真無垢《じゅんしんむく》な姿を見るだけでも、私たちは幼い天使に一瞬出会ったかのような気持ちになる。ゆえに童話や伝説の中で天使はよくこどもの姿として登場し、こどもが幼い天使によって特別に守り導かれる様子も表現される。これはただ童話や伝説の中の話だけではない。イエスもこどもの守護天使について語っている。「『あなたがたは、この小さい者たちの一人を軽んじたりしないように気をつけなさい。あなたがたに言いますが、天にいる、彼らの御使いたちは、天におられるわたしの父の御顔をいつも見ているからです。』」（マタイ18：10）

　もちろん、私たちはロマンチックにこどもを理想化してはならない。私たちは、こどももしばしば嘘をついたりごまかしたりするという事実をよく知っている。こどもは大人を模倣しながら育ち、時には大人の偽りを見ならいながら成長する。こどもは現実世界と仮想世界、実在と架空を完全に区分することができない。彼らは不利な状況を免れるため、その場にあわせて偽る時がある。しかしこどもは大人とは違い、嘘偽りが不得意で、うまく隠すことができずにすぐばれてしまう。また大人よりはるかに正直に自分の過ちを認めて悔い改める。

　イエスは山上の垂訓の中で「『心のきよい者は幸いです』」（マタイ5：8）と宣言された。(54) 前の項目ですでに言及したように、「心のきよい者」は生活の密かな内面に至るまで純粋な者、開放性と純真性をもっている者、偽善と二重性をもっていない者、本心を隠してどんな演技もしない者、自己自身や他人を騙すために偽りの仮面をかぶらない者であると言えよう。(55) さて、ここでイエスは誰を「心のきよい者」のモデルとして考えておられたのであろうか。もちろん私たちは聖書本文から即座に答えを見つけ出すことはできないが、すくなくともイエスご自身は確かに「心のきよい者」だったであろう。そうでなかったなら、イエスはご自身の人格とは全く無関係な、もしくは矛盾した教訓を並べ立てる厚顔無恥の偽善者か偽教師だったであろう。

そしてイエスはご自身が非常に高く評価し、ご自身と同一視されたこどもを「心のきよい者」と考えておられなかったであろうか。こどもこそ誰よりも心と現実において貧しい者、大人の暴力の下で悲しむ者、柔和な者、義に飢え渇く者、他人を深くあわれむ者、平和をつくる者ではないのか。この意味において「山上の垂訓」は「神の国の憲章」であると同時に「こどもの憲章」と呼んでも間違っていないであろう。イエスはこどもたちのような者こそ天の御国に入れると語っておられなかったか。

(54) この箇所の旧約聖書における背景は詩編24：4–5（手がきよく、心の澄んだ人、そのたましいをむなしいものに向けず、偽りの誓いをしない人。その人は、主から祝福を受け、自分の救いの神から義を受ける。）と詩編73：1（まことに神はいつくしみ深い。イスラエルに。心の清らかな人たちに。）であろう。

(55) Georg Eichholz, *Auslegung der Bergpredigt*, Neukirchen-Vluyn: Neukirchener Verlag, 1984, S. 46ff.

「きよい心」に対する要求は遠まわしにパリサイ人たちの態度に向けられているようである。[56] パリサイ人たちの偽善に対するイエスの激しい批判は福音書の中でよく示されているが、[57]「心のきよさ」の要求はただマタイの福音書でのみ示されている。この点から見れば、他の福音書に比べてマタイの福音書がはるかによくパリサイ人たちの偽善を批判しているという事実は偶然ではない。[58] ここで偽善は「きよくない心」と見なされる。しかしマタイによれば、イエスはパリサイ人たちの偽善とは正反対に心のきよさ、全人格的な生活、すなわち内的な態度と外的な行為との一致を要求される。このようなきよい心はまさにこどもの心である。なぜならこどもは大人の偽善と最もかけ離れているからである。そしてイエスは私たちがみなこどもになるように要求しておられる。

　ただイエスのみが用いている「まことに、わたしはあなたがたに言います（ἀμὴν λέγω ὑμῖν、アメーン・レゴー・ヒュミーン）」[59] という独特の語法もこの方の人格の真実さを強調していると考えられる。「アメーン（ἀμὴν）」という用語はイスラエルの民がすでに旧約聖書時代から賛美、祈り、誓約、祝福、呪いなどの場合において用いてきた祭儀的な表現であり、そしてこれは他人の言葉に対して同意するもしくは呼応する時にも用いられた（民数記5：22、Ⅰ列王記1：36、ネヘミヤ記5：13、Ⅰコリント14：16、Ⅱコリント1：20、黙示録5：14、7：12、19：4、22：20など）。しかし福音書においてこの用語はただイエスのみが用い、常に「あなたがたに言います」という語句と一緒になっている。この語法は旧約聖書の預言者たちが、預言の言葉が自分たちの知恵ではなく、神のことばであるという事実を表現するため用いた「主は言われた」という語法と似ている。したがって、「アーメン、わたしはあなたがたに言います」というイエスの語法はご自身のことばの権威を表現するものであると言えよう。(60)

(56) Georg Strecker, *Die Bergpredigt: Ein exegetischer Kommentar*, Göttingen: Vandenhoeck & Rupecht, 1984, S. 42.

(57) このような批判はマタイの福音書で14回(6：2、6：5、6：16、7：5、15：7、22：18、23：13、23：15、23：23、23：25、23：27、23：28、23：29、24：51)、マルコの福音書で3回(7：6、12：15、12：40)、ルカの福音書で5回(6：42、12：1、12：56、13：15、20：47)出ている。

(58) マタイの福音書で指摘されるパリサイ人たちの偽善は次のようである。施しをする時に称賛を求めること(6：2)、人びとに見せようと祈りや断食をすること(6：5、6：16)、自分より他人の過ちに注目すること(7：5)、神を恐れずに人間の命令を教えとして教えること(15：7以下)、人びとを自分より倍も悪い者にすること(23：15)、律法を形式上だけ守って正義とあわれみと誠実をおろそかにすること(23：23)、杯や皿の外側はきよめながらも内側は強欲と放縦で満ちていること(23：25以下)、預言者や義人たちの墓や記念碑を飾りながらも彼らを迫害すること(23：29以下)など。マルコとルカの福音書においては、口先だけで神を敬うこと(マルコ7：6)、安息日に自分たちの牛やろばに水を飲ませながらもイエスの癒しを非難すること(ルカ13：15)、やもめの家を食い尽くしながらも見栄を張って長く祈ること(マルコ12：40、ルカ20：47)、この時代を見分けようとしないこと(ルカ12：56)などが指摘されている。

(59) この語句はマタイの福音書では31回、マルコの福音書では13回、ルカの福音書では6回、ヨハネの福音書では25回使われている。

ところで、なぜイエスはご自身のことばに自ら神的権威をつけ加えておられるのか。それはまさにご自身のことばの真実さを支え、ご自身のことばこそ真実であるという点を強調するためである。イエスの言葉と行為は真実であり、イエス自らご自身のことばをもってこの真実さを明らかにされ、周りの聞く者たちの注意や注目を集められた。イエスはまことに真実な方であったため、偽善や偽り、虚飾や虚栄に対して厳しく指摘することができた。このようなことを通して、イエスのこどものような純粋さや真実さは明らかにされたのである。[61] イエスはただ「『〈はい〉は〈はい〉、〈いいえ〉は〈いいえ〉としなさい』」（マタイ5：37）と教えただけでなく、ご自身の教え通り自ら実践された。イエスは「鳩のように素直な方」（マタイ10：16）であった。

⑷　柔和な人格

イエスの独特性、すなわちこどもらしさという特徴はこの方の柔和な人格においてもよく示される。特にマタイはイエスを柔和な方と描写する。ルカの福音書には記されていない「『柔和な者は幸いです。その人たちは地を受け継ぐからです』」（マタイ5：5）という言葉を特別につけ加えているという事実を考慮すれば、マタイはイエスが柔和な方だという点を際立たせるために努めていることが分かる。ここで「柔和」とは、弱い者が無力で困った状況においてあわれみ深い神の御心を認めるという状態を意味するものではなく、和やかさ、親切さ、穏やかさという高い目標を追い求めて献身すること、また憤りと残虐さと敵意ではなく完全な善意によって支配される行動を意味する。イエスはまさにこのような行動を促された。[62]

マタイの福音書11章29節においてもイエスは柔和な方として示される。『わたしは心が柔和でへりくだっているから、あなたがたもわたしのくびきを負って、わたしから学びなさい。そうすれば、たましいに安らぎを得ます。わたしのくびきは負いやすく、わたしの荷は軽いからです。』」(マタイ11:29−30)イエスは逆説的にご自身のくびきを負わせることによって、私たちを自由にされる。この方のくびきを負ってこの方の柔和さと謙遜さを見ならう生活は私たちに真の安息をもたらす。この方の「軽い(小さい)」くびきは私たちに「大いなる」安らぎをもたらすのである。

マタイの福音書21章において、イエスは子ろばに乗って来られる柔和なメシアとして示される。「娘シオンに言え。『見よ、あなたの王があなたのところに来る。柔和な方で、ろばに乗って。

(60) Joachim Jeremias, *Neutestamentliche Theologie*. Teil 1. Die Verkündigung Jesu, S. 44ff.

(61) フランツ・アルトも次のように語る。「イエスによれば、こどもたちが理解した物事は真実である。〈真実だ〉というのは今日のこどもと青少年にふさわしい言葉である。彼らは多くの偽りのイメージと疑わしい物事の間で常に〈これは真実か〉と問いかけ、真実の物事を探している。真実に対するイエスの基準は神学的もしくは複雑ではなく、常に単純で論理的である。」Franz Alt, 金 允玉、孫 圭泰訳『現代人のためのイエス伝』、一一七頁。

(62) Georg Strecker, *Die Bergpredigt: Ein exegetischer Kommentar*, S. 37.

荷ろばの子である、子ろばに乗って。』」（マタイ21：5）ここでマタイはゼカリヤ書9章9節（『娘シオンよ、大いに喜べ。娘エルサレムよ、喜び叫べ。見よ、あなたの王があなたのところに来る。義なる者で、勝利を得、柔和な者で、ろばにのって。雌ろばの子である、ろばに乗って。』）から引用している。メシアとしてエルサレムに入られるイエスは厳かで権勢ある王たちとは違い、柔和で謙遜であったため、軽いくびきを負う柔順な子ろばに乗っておられた。

このように謙遜でへりくだった態度はまさにこどもの特性だというのは間違いない。それでイエスは「『だれでもこのこどものように自分を低くする人が、天の御国で一番偉いのです』」（マタイ18：4）と語られる。もちろんこどもは自身を自ら低くはしない。彼らはもうへりくだる必要もないほどに最も低い存在である。このように語られるイエスご自身もまさにこどものように柔和でへりくだった者の模範である。ここでイエスは傲慢で厳かな者として低い卑賤なこどもに天の御国を贈り物として授けるのではない。むしろ柔和でへりくだったイエスは、天の御国が柔和で謙遜なこどもたちにすでに属しており、すでに天の御国が彼らのものであると明らかにされる。この意味から言えば、こどもはすでに天の御国の主人となっており、すでにその中に住んでいる。こどもは悔い改める必要もない。悔い改めるべき者はただ高慢な大人のみである。同じ文脈においてイエスがご自身をこどもと同一視しておられることも決して偶然ではない。『だれでもこのようなこどもの一人を、わたしの名のゆえに受け入れる人は、わたしを受け入れるので

す。』」（マタイ18：5）

宴会の上座や会堂の上席を好み、広場で挨拶されることや人びとから先生と呼ばれることが好きな律法学者たちやパリサイ人たち（マタイ23：1－7）とは対照的に、へりくだったイエスはご自身をしもべのように低くされる。いや、イエスは初めからしもべとして来られた。『『人の子も、仕えられるためではなく仕えるために……』』（マルコ10：45）。イエスは他者に権力を振るわずに、へりくだって仕えるしもべの姿を取られた。しもべのように弟子たちの足を洗われた（ヨハネ13：4－10）。しもべのように最後までご自分を無にされた。自己無化と奉仕（仕えること）の頂点はまさに十字架におけるイエスの聖なる自己犠牲であった。それゆえ、しもべとして来られ、しもべとして生き、死なれたイエスについて、パウロは次のように感動深く賛美している。

「キリスト・イエスのうちにあるこの思いを、あなたがたの間でも抱きなさい。
キリストは、神の御姿であられるのに、
神としてのあり方を捨てられないとは考えず、
ご自分を空しくして、しもべの姿をとり、
人間と同じようになられました。
人としての姿をもって現れ、

自ら低くして、死にまで、
それも十字架の死にまで従われました。
それゆえ神は、この方を高く上げて、
すべての名にまさる名を与えられました。
それは、イエスの名によって、
天にあるもの、地にあるもの、
地の下にあるもののすべてが膝をかがめ、
すべての舌が
『イエス・キリストは主です』と告白して、
父なる神に栄光を帰するためです。」（ピリピ2：5―11）

パウロによるこの「ケノーシス（*kenosis*, the act of emptying：自己無化もしくは謙卑《けんぴ》）」的キリスト論はイエスの人格を正確に見抜いた信仰告白だと言わざるを得ない。まことにイエスはしもべとして来られた王、弟子として来られた教師のみならず、メシア的なこどもでありこどもとして来られた柔和な神であった。

(5) 遊び

ヨハン・ホイジンガ（(Johan Huizinga, 1872 - 1945）によれば、人間のあらゆる行為と同じように、宗教行為も遊びの性質をもっている。特に祝祭（祭りや祭儀）は遊びに密接につながっている。祝祭と遊びは基本的に近い。両者は日常生活の中断を要求する。両者には愉快さと楽しさが絶対的であり、厳しい規則とまことの自由とを調和させる。神聖な儀式を含む祝祭は遊びにおける最も崇高な形式でもある。[63]

神の国が近づいているという告知のみならず、神の国の現実を先取りして語り、また活動されたイエスが、硬直化したこの世界の中にどれほど大きな祝祭の喜びと楽しさを呼び起こしたかを、私たちは知っている。イエスはよく神の国をよく宴会や祝宴の譬えで説かれた。盛りだくさんの料理や楽しい宴会は古くから天国の象徴として表現されてきた。天の御国を身近に感じられるようにされた方であるイエスがどうして宴会を嫌がられるであろうか。実際にイエスは、神の国が近づいているという喜びの中で喜んで宴会を催したり、また招かれたりされた。

その上、イエスはガリラヤのカナでもたれた婚礼に招かれ、宴もたけなわの中でぶどう酒が足りなくなった時に水をぶどう酒に変え、祝宴に喜びを加えられた（ヨハネ２：１―10）。特にイエ

（63）Johan Huizinga, 金 閏洙訳『ホモ・ルーデンス（原題：*Homo Ludens*）』ソウル：図書出版カッチ、一九八一年、二九頁以下。『ホモ・ルーデンス』高橋英夫訳、中公文庫、一九七三年。

スが罪人たちと共によくもたれた食事の交わり（Table Fellowship）は、希望をもって先取りした神の国の現実のしるしであり、そこには祝祭的な楽しさと遊びの要素が示されている。婚礼の祝宴（神の国の祝宴）でどうして断食する必要があるであろうか（マルコ2：19）。このようなイエスの生き方を理由として、当時のいわゆる敬虔な宗教指導者たちはイエスを「大食いの大酒飲み、収税人や罪人の仲間」（マタイ11：19）だと激しい非難を向けたのである。

イエスは、ご自分が捕らわれ殺されるちょうどその前日にも、いつものように弟子たちと共に食事の交わりをもたれた。そしてそれまでとは違い、彼はご自分のからだと血をメシアによる救いの祝宴の糧として与えられた。弟子たちとの別れとご自身に深くかかっている受難の影を前にした、非常に悲しむべき厳粛な瞬間にも、むしろ彼は将来神の国で弟子たちと共に新しく飲むぶどう酒の宴会について語られる（マタイ26：29、マルコ14：25）。苦難の中でも希望を見つけ、その希望で苦難に打ち勝とうとされたのであろうか。

ともかく苦難が大きければ大きいほど、天国への熱望はより強くなるはずである。いや、きたるべき天国を待ち望みながらそれを先取し享受する者は、ただ黙って苦難を甘受するのみならず、自らも犠牲を覚悟する。ユルゲン・モルトマンが言ったように、「虚しい世界とその価値体系に立ち向かって行う具体的な服従は〈犠牲もしくは供え物〉となる。この世界の中で行う和解の務めは神の統治に対する喜びの表現となる。」[64] イエスの生涯はメシア的な祭りもしくは祝宴の性格を帯びていた。彼に接したすべての人生は祝宴となったのである。[65] こうした意味において、ハーヴィ・ガラガー・コックス・ジュニア（Harvey Gallagher Cox, Jr., 1929 - ）もかつてイエスの中に道化師（Harlequin）のイメージを見つけた。道化師キリスト（Christ the Harlequin）は打算的な態度や功利主義（Utilitar-ianism）が蔓延って硬直した世界に存在する遊びの精神である。[66]

人間は遊ぶ存在であるが、こどもほど活発に、完全に、そして気高いと言えるほど真摯に遊ぶ人間はいないであろう。こどもは遊びの中で自分の内面世界を自ら表現し、自分の内的本質の必要と欲求に従って世界を表現する。遊びはこどもにとって最も貴い純粋な精神活動である。[67] したがって私はイエスにおいてもこどものように「遊ぶ人間」を観察する。預言者ゼカリヤが「都の広場は、男の子と女の子でいっぱいになる。こどもたちはその広場で遊ぶ」（ゼカリヤ書８：５）という幻の中で平和と喜びの時代を予期したとすれば、そして預言者が「乳飲み子はコブラの穴

（64）Jürgen Moltmann, 金 均鎭訳『新しい生き方のために（原題：*Neuer Lebensstil*）』ソウル：現代思想史、一九八一年、八九頁。
（65）同書、八八頁。
（66）Harvey Cox, 金 天材訳『道化師たちの祭り（原題：*The Feast of Fools A Theological Essay on Festivity and Fantasy*）』ソウル：現代思想史、一九七三年、二三一頁。
（67）Friedrich Fröbel, *Die Menschenerziehung*, Hermann Holstein (Hrsg.), Bochum: Kamp, 1973, S. 67.

の上で戯れ、乳離れした子は、まむしの巣に手を伸ばして」遊ぶ（イザヤ書11：8）パラダイスの幻を見たとすれば、メシア時代をもたらしたイエスがどうしてこどものように楽しく遊ばなかったであろうか。

イエスが罪人たちと分かち合った食事の交わりについて考えて見よう。ここにおいて彼はだれであったのか。彼は贅沢なご馳走をたっぷり用意して富と名誉を誇示したりする権力者もしくは富んだ者であったのか。彼は物乞いや旅人たちを可哀想に思って彼らに食事を提供する情け深い婦人のような方であったのか。彼は疎外と差別のもとで見くだされる立場で互いに頼り合い、食べ物を分け合う貧しい弱者たちの友であったのか。それともそれ以上の者であったのか。ユルゲン・モルトマンは次のように語っている。

「地上におけるイエスの生涯は〈祝祭的な生涯〉と言えよう。それは支配者の生涯でもなく、他人の意志によっての奴隷の生涯でもなかった。彼によって告知された神の国は、……神の解放の年（レビ記25章、ヨベルの年）に対する回想とメシア的解放の年に対する預言者的希望（イザヤ書61：1－2）とにつながっている。こうした意味で、迫って来る神の国は解放の時として、また、まことの人間的交わりの機会として理解される。(68)」

モルトマンが言った通り、食事の交わりにおいてイエスは支配者でも奴隷でもなかった。一方、彼は豪華な料理を用意して虚勢を張る家父長的な父親でも、貧しい暮らし向きの中でつましい食事でも真心をこめて用意する情け深い母親でもなかった。さらに彼は他人の家で祝宴をうろつきながらご馳走を食する食客あるいは旅人でもなかった。彼は貧しい中でもささやかな食事を用意して人びと、特に貧しい友だちや隣人を招き、時には貧しい友だちの和気藹々《わきあいあい》とした宴会に自然に加わり、彼らと共に食べたり飲んだりしながら、皆が平等に享受する神の国の幻想（fantasy）に酔いしれ、[69]共に笑い、[70]そんな中でも愚かな富んだ者、権力者、偽善者たちをしばしば風刺し、[71]ま

（68）Jürgen Moltmann, 李 信建訳『聖霊の力における教会』、一七四頁以下。

（69）ハヴィ・コックスによれば、祝祭（festivity）と幻想（fantasy）は互いに深くつながっている。祝祭は人を決まりきった日常から抜け出させ過去に向かって開かせることによって、人の経験を広げ、そして人の偏狭さを減らす。幻想は人がただ経験的な利害打算によって放置した様々な人生の扉を開き、人生の刷新の可能性を広げる。祝祭と幻想はともに人が自分の現在をより豊かに、より嬉しく、より創造的に経験することができるようにさせる。祝祭と幻想がなければ、人は絶滅した恐竜のようになるかもしれない。Harvey Cox, 金 天材訳『道化師たちの祭り』、二六頁。

（70）福音書は、病者たちを癒し、悲しむ者たちを慰め、貧しい者たちを祝福したイエス、遊女や罪人たちを寛大に受け入れたイエス、そして抑圧された女性たちの側に立ち、軽んじられたこどもたちを抱き祝福したイエスを書き記している。しかし福音書において、このように優しいイエスが微笑む姿が全く描写されていないというのは本当に不思議ではないか。彼は笑顔を失った悲観主義者（pessimist）であっ

た時にはひとしきり歌ったり踊ったりした[72]こどものような友ではなかったのか。

真に解放された人間であれば、どうして遊びをしないであろうか。そして遊びをしないままどうしてメシア時代の喜びに参与し、それを楽しむことができるであろうか。遊びをしない人間がどうしてメシア的な共同生活を享受することができるであろうか。「人間は文字通り人間である時だけ遊んでいるのであって、遊んでいる時だけ真の人間である」(フリードリヒ・フォン・シラー、Friedrich von Schiller, 1759 - 1805)。遊びをしない人間がどうして真の人間であろうか。私たちがみなこどものようにならなければ、どうして自然に、真剣に遊ぶことができるであろうか。イエスはまさに遊びをするこどもとして私たちのそばに来られたのではなかったか。彼は功績と律法、虚飾と社交辞令、偽善と世間体が支配し、強直した世界の中において、何の功績も問わずにただ与えられた神の国を喜び、先取りして味わい、楽しんで踊ったり歌ったりしながら遊んでいた素直なこどもではなかっただろうか。

たのか。イエスは全ての物事と嬉々として戯れる者ではなかったが、パリサイ人たちのような偽善者を認めなかったイエスが、近づいている神の国を喜びながらもどうして笑わなかったであろうか。神の国の到来に対する悪の執拗な抵抗はあったが、イエスは黙示主義者たちとは違い、世界が素早く滅びることを願わずに、権力者、富んでいる者、そして偽善的な宗教家たちを風刺していた。そのイエスがどうして大声をあげて笑わなかったであろうか。迫害のときにも「喜びなさい。大いに喜びなさい」（マタイ5：12）と言い、罪人たちを受け入れて一緒に食事をしながら「喜び祝うのは当然ではないか」（ルカ15：32）と言ったイエスが全く笑わなかったとすれば、彼は「人間らしい人」であるどころか言動不一致な偽善者ではないであろうか。中世期フランスのカトリック神学者ペトルス・カントル（Petrus Cantor, ca.1130-1197）も「もしキリストがまことの人であったなら、彼は笑ったに違いない」と語った。同書、二四〇頁。こどもほど自然に、そして本気で笑う者は珍しい。体裁を気にする大人とは違い、こどもは飾りけなくよく笑う。こどものようにならなければならないと言われたイエスがどうしてこどものように笑わなかったであろうか。

（71）イギリスの劇作家ロレンス・ジョージ・ダレル（Lawrence George Durell, 1912-1990）も語ったように、まことにイエスは諷刺家ではなかったか。常識をひっくり返す物語やたとえ話をもって群衆を驚かせたとき、敵意に満ちて告発する理由を得ようとして近づいてきた者たちを知恵の言葉をもって見事に退けたとき、そして民衆の騒動を防ぐために動員された武装軍と、メシア待望に満ちている大勢の群衆との間をロバに乗って押し分けてエルサレムに入城したとき、イエスは諷刺家の姿として見られなかったであろうか。人びとともに食事をするときはなおさらのことだったであろう。

（72）イエスは賢い理性的な人間（Homo sapiens）や道具を造る工作的な人間（Homo faber）であったのみならず歌い踊り、物語を語り祝う祝祭的な人間（Homo festivus）でもなかったか。「笛を吹いてあげたのに踊らない、弔いの歌を歌ってあげたのに泣かない」（ルカ7：32）当時の人びととは違い、イエスは罪人たちとともに食べたり飲んだり踊ったりしなかったであろうか。こどもたちがリズムに合わせて歌ったり踊ったりするとき、イエスも彼らとともに歌ったり踊ったりするこどもにならなかったであろうか。

第4章　こどもなる神

1　神を「こども」として考える

社会において周辺化され虐待まで受けるこどもを大人たちの真ん中に立たせてイエスが祝福したという事実を前述した。そしてイエスがご自身に従う弟子たちにこどものようになるよう要求したという事実も、さらにこどもを祝福し、彼らを神の国に属している存在として提示したイエスご自身がこどもの姿（イメージ）と性格を有する模範という事実も多角的に論じてみた。

しかし、ここではさらにこどものように想像と幻想の翼を広げ、神の御座の前まで飛んでいきあの方の御顔を見てみたい。今まで積み重ねてきた考えや想像の包みを背負って神の御座へと進みゆき、遠くからでもあの方の御顔を見ることができれば、まことに幸いであろう。しかし『あなたはわたしの顔を見ることはできない。人はわたしを見て、なお生きていることができないからである』」（出エジプト記33：20）と言われたので、あの方の後ろ姿か横顔だけでも離れたところから一度のぞき見することができれば！　もしそれが可能なら、私は神が、今まで大人たちが描き出してきた通り、大人の顔、きわめて厳かな父の顔、それとも慈愛深い母の顔だけをもっておられるのかを確かめたい。

もちろん「神は霊」（ヨハネ4：24）であるため、人間と同じ外貌や形態をもたれる方ではない。純真なこどもは、しばしば神を恵み深い方もしくは厳しいお爺さんのようなイメージとして想像しがちであるが、私たち大人が神の顔までも想像するのは不遜で失礼なことであろうか。回転の影さえもない神（ヤコブ1：17）の顔を私たちがどうして見ることができるであろうか。しかし全能の神は特定の姿で現れることもできるであろう。神はご自分の顔を慕い求める者たち（Ⅱ歴代誌7：14）にご自身を具体的なかたち（イメージ）で現されることもできるであろう。人間として来られた神がどうしてご自身を人間のかたちとして表現することができないであろうか。このような素朴な願いや創造をすることこそ真にこどもらしい態度ではないであろうか。

しかし幻想は幻想として、夢は夢として残しておこう。こどもたちがもつ永遠の幻想や夢は不思議のまま心の中に留めておき、幻想の翼を畳み、これからじっくりと考えて見よう。私たちは神をこどもとして考え、そしてそのように経験することもできるのであろうか。神をこどもと考える可能性のみならず、そのように考えるべき必然性が果たしてあるのであろうか。今まで私たちは夢の中であっても神をこどもと思ったことがなかったが、実際には私たちがすでに神をこどものように経験しながら生きてはいないかをじっくり考えて見よう。ここで私は神をこどもとして考えることができる根拠を三つの観点から提示しようとする。

(1) 実存論的観点

父である「アバ」の神に対してイエスがそうであったように、もしイエスのことばに従って私たち皆がこどものようになり、こどものような態度をもたなければならないなら、私たちは神をどのような方として見、考えなければならないであろうか。

家父長制的社会において、神は圧倒的に「父」として受け取られた。父である神は苦境に立たされているこどもたちを全能の御腕で救い出し、敵に囲まれているこどもたちを救い出してくださる方である（詩篇98：2）。神は敵を退け、誇らしげにこどもたちに勝利をもたらし、彼らの前に宴会を設けてくださる方である（詩篇23：5）。神は時には命じられ、時には怒られ、時には祝福され、時には厳かで、そして時にはあわれみ深い方である。

しかしイエス・キリストの神はあわれみ深い「父」、また母のように限りなく慈愛に満ちた「父」と認識された。神はご自分の太陽を悪人にも善人にも昇らせ、正しい者にも正しくない者にも雨を降らせてくださる方である（マタイ5：45）。神は私たちのすべての事情を前もって知っておられ、配慮し、私たちの心配を解いてくださる方である（マタイ6：25－32）。神は私たちの過ちを限りなく赦し、私たちの傷に包帯をし、私たちを愛で抱えてくださる方である。

しかし今日「ただ女子であるという理由のため」差別と抑圧を受ける現実を自覚した女性たちは、神の中に他の顔（イメージ）、すなわち「母」を見つけ始めた。特に聖霊なる神は、生命を産み、愛する恵み深い母と理解された。聖霊なる神は抑圧された者たちの涙をぬぐい、彼らを慰め、寛大に抱いてくださる慈愛深い方である。

しかしイエス・キリストにあってこどもとなった大人たちと、大人たちによって虐待を受けるこどもたちは、神をただ父もしくは母のイメージとしてのみ考えるべきなのか。こどもには、大人たちによって教えられた神以外にも自ら発見し、呼びかけ、出会い、経験することができる神はいないのか。こどもと、またこどものような存在となった私たちにとっては、時には父や母のような神よりも、友としての神のような神のほうがはるかに良いのではないか。

神がイエス・キリストにあって私たちにこどものようになるように要求されたとすれば、こどもとこどものようになった大人も、神にこどものような神になってくださるように要求することができないであろうか。救われることばかり、保護されることばかりしか願わないこどもたちは、友となってくださる神を要求することができないであろうか。寂しいときに対話ができ、疲れたときに手を取り合うことができ、悩んでいるときに悩みを分かち合える友であり、楽しいときに共に歌ったり踊ったりしながら遊べる友のような神を、私たちがなぜ要求することができないのであろうか。

神の要求に従ってこどもとなった大人たちも、幼いこどもたちも、神に対して「こどものようになれるように要求することができる」と私は考える。極めて聖なる、はるかに遠く超越しておられる神の神秘に到底到達できないこどもたちは、神が彼らの目線へと降りて来てくださるように切望し、さらには堂々と祈り、要求することができると私は考える。

もし神がこどもの目線へと降りることができないとすれば、神は利己的であり、威厳を誇るだけの近寄りがたい神ではないであろうか。こどもたちの立場に参与してこどもたちの経験を共に分かち合うことができない神は、ほんとうに無情な神ではないであろうか。そうした神が母胎の中にあって殺される胎児たちの苦しみをどうして理解できるであろうか。そうした神があらゆる虐待や冷遇の中でうめき死んでいくこどもたちの心境や心情をどうして理解ができるであろうか。そうした神がこどもたちの喜びと苦痛をどうして理解し、またどうしてそれに参与することができるであろうか。時には苦しんでいるこどもたちをどうして労《いたわ》ることができるであろうか。世界中のすべてのこどもたちが実質的に神をただ父や母のみならず、まことにこどもらしい自分たちの友と考え、呼びかけ、交わることができ、実際的にそうしていると私は確信する。神はほ

んとうにこどもたちの良い友になられる。(1)

いったいどうして私たちは今まで、自分自身をこどもの目線に合わせて低くし、こどもらの顔に対して、こどもの目線にまでへりくだって来られた神のこどもらしい顔に向き合って来なかったのであろうか。いったいどうして私たちは、愛らしいこどもたちに対して、大人の考えるただおごそかな姿だけの神を強いてきたのではないだろうか。それにより私たちは神の多様で豊かなご性質をどれだけ貧弱なものとしてきてしまったのか。そして私たちはこどもたちの豊かな心性をどれだけ台なしにし、彼らの想像と幻想の翼をどれだけ情け容赦なく折ってしまってきたことであろうか。

---

(1) モルトマンによれば、神との友情は自由な人の祈りにおいて最もよく表現される。人は様々な律法に対する従順において自らを神のしべもと感じる。そして福音に対する信仰を通して自らを神のこどもと認識する。しかし祈りにおいて彼は神の友として神と対話する。従って、祈りは人間の自由において最も高い段階と言える。祈りにおいて表現される神と人の関係には、相互的な自由と尊重がある。神の友は自由の中で祈り、神との自由な友情に信頼する。Jürgen Moltmann, 李信建訳『聖霊の力における教会』、ソウル：大韓基督教書会、二〇一七年、一八五頁以下。しかし私は神との友情（friendship）は祈りの中でのみ最も自由に表現されるとは思わない。祈りのみならず、悲しみや喜び、礼拝や賛美、そして遊びや祝祭などにおいても私たちは神を友として経験することができると、私は思う。

(2) キリスト論的観点

神をこどもとして考えられるもう一つの根拠はキリスト論にある。もしイエスが私たちの偉大な師であるだけならば、私たちはイエスに見倣って神を「わが父・わがアバ」と呼ぶことができるし、またそのように呼ぶように求められている。いや、時にはキリスト教の伝統と違ってフェミニスト神学者たちが神を「母」と呼ぶのに慣れていないとしても、少なくとも神を母のような父、もしくは慈愛に富んでおられる父として考えることができるはずである。しかし父なる神と教師としてのイエスだけが私たちが告白できるキリスト教信仰の唯一の遺産であろうか。アルブレヒト・ベンヤミン・リッチュル（Albrecht Benjamin Ritschl, 1822 - 1889）やカール・グスタフ・アドルフ・フォン・ハルナック（Carl Gustav Adolf von Harnack, 1851 - 1930）などのような学者たちはそう考えた。彼らは、キリスト教の起源は神に対するイエスの信頼にあり、キリストに対する信頼やキリスト論にはないと主張したのである。

しかしこれは人間として来られた神、すなわち受肉の思想を無視する場合にのみに打ち出せる主張である。受肉の思想とキリスト論のないキリスト教とは何なのか。これは「神中心主義」としてすべての宗教を平準化しようとする今日の宗教多元主義の試みと非常に似ているのではないか。もしキリスト教が他の宗教と違うところがないなら、それらとどうして対話ができ、さらにはそれらから学ぶことができるであろうか。自分のアイデンティティが確かでないまま行う対話は、画一化もしくは混合主義《シンクレティズム》（Syncretism）へと陥りやすい。

かつてドナルド・マクファーソン・ベイリー（Donald Macpherson Baillie, 1887 - 1954）が語った通り、キリスト教が伝統的に告白してきた受肉の思想は、どのような合理的な方法によるとしても簡単に解くことができないキリスト教の神秘と逆説を意味する。受肉の思想はただ「イエスが神と同様であった」ということのみならず、「神がイエスと同様であった」ということも意味する。しかしこれがすべてではない。真のキリスト論はただ「神がキリストと同様であった」と語るだけではなく、「キリストのうちに神がおられた」とも語る。(2)

また「キリストのうちにおられる」神は永遠の神として、受肉というただ一度の歴史的出来事の以前と以後にも永遠にまで、すべてに先立ってご自身より生まれた御子イエス・キリストの父である。第二位格の「子なる神」が男性的にロゴス（言葉もしくは理性）もしくは女性的にソフィア（知恵）と呼ばれるとしても、重要なのは御子が永遠の昔から父なる神とともにおられたということである。アレクサンドリアのアタナシオス（Athanasius of Alexandria, 296? - 373）が語ったよう

（2）Donald Macpherson Baillie, 金 容沃、沈 在原、金 重基訳『キリスト論（原題：*God Was in Christ*）』ソウル：大韓基督教書会、一九六二年、七八頁以下。

に、もし「御子が存在しない時があった」（アリウス派の主張）とすれば、これは「生命の泉が涸《か》れ、知恵の泉がなかった」ということと同じである。なぜなら御子は命と知恵だからである。(3)

「ことばは人となって、私たちの間に住まわれた。私たちはこの方の栄光を見た。父のみもとから来られたひとり子としての栄光である。この方は恵みとまことに満ちておられた。……いまだかつて神を見た者はいない。父のふところにおられるひとり子の神が、神を解き明かされたのである」（ヨハネ1：14、18）とヨハネが告白したように、イエスの本質は神の子として神ご自身の本質を啓示している。こういうわけで、私たちは永遠の父のふところにおられる子なる神においても、人間として来られたイエスのこどもらしい顔（イメージ）を見ることができなければならない。(4)したがって、ヨハネの告白を次のように言い換えてみようとしても決して神聖冒瀆だとは言えないであろう――「ことばは人となって、私たちの間に住まわれた。私たちはこの方の顔を見た。父のみもとから来られたひとり子としてのこどもの顔であり、この方は真実さと柔和さに満ちておられた。」イエスはただこの世に来られた時だけではなく、その以前に天におられた時からすでにこどもの顔をもっておられたはずである。こうした意味で「神はこどもである」というの命題は受肉に基づいたキリスト論的な命題である。したがって、ここで私たちは神を当然こどもとして理解し、こどもとして呼べる可能性と必然性を得ることができるであろう。いや、私たちはすでにこの可能性を含んでいる現実の中に入っているのではないか。

どうして私たちは今まで、この可能な現実のうちではなくその周りばかりを見回して、すべてに先立って父なる神より生まれた御子を、超越的で神秘的な形而上学的教理ばかりで思索し、ただ男性と大人のイメージばかりで考えてきたであろうか。その反面、どうして私たちは今まで、私たち自身に近くおられる柔和な「こどもなる神」のイメージとして、より親密な情感をもって考えることができなかったのであろうか。これによって私たちは柔和な神をどれだけ疎外してきたことであろうか。このような神と出会って経験したいという心をもって教会に来るこどもたち

（3）同書、一七五頁。
（4）ヨハネの福音書の序言はイエスを信じる者たちを神のこどもたち（*tekna*, 幼い子供たち）になさせるためにことば（*Logos*）が天から下って来たと宣言する。ニコデモとの対話においてイエスは神の国に入るためには新しく生まれる必要があると語られる。共観福音書（Synoptic Gospels, マタ、マコ、ルカ）がこどもたちを新しい誕生のモデルと表現しているなら、ヨハネは実在人物、すなわちイエスに愛された弟子を通してこのモデルを表現しようとしたようである。この愛された弟子は最も若かったようである。彼が最後の晩餐の席でイエスの胸元に寄りかかっていたということは彼の若年を暗示する。イエスに対する彼の関係は、神に対するイエスの関係の上でモデル化された。イエスは父のふところにおられるので父を知らせることができた（1：18）。同様にイエスの胸元に寄りかかっていた彼はイエスにユダが裏切ることを聞き、それをペテロに知らせた。David Noel Freedman, (ed.), *The Anchor Bible Dictionary*, vol 1 (New York: Doubleday, 1992), p. 907.

に、私たちはどれだけ妨げとなり、彼らを冷遇して失望させてきたことであろうか。

(3) 三位一体論的観点

神を「こども」として考えられるもう一つの根拠を三位一体の神の内的な関係から探究してみよう。前述したように、もし私たちがカッパドキヤ（Cappadocia）の教父たちのように、[5] そして彼らの見解を受け継ぐモルトマンのように、[6] 三位一体の神は三つの位格において互いに内在し、互いに循環し浸透するという考え（perichoresis, circumincessio, interpenetration）を受け入れるとすれば、私たちは父なる神と聖霊なる神においてもこどもの顔（イメージ）を見ることができるはずである。父なる神は高い御座に着いて永遠に治められ、御子はイエスにおいて人となって来られ、聖霊は私たちのうちにとどまっておられると言うことだけでは三位一体の真理を完全に示すことはできない。新約聖書は御子なるイエスのうちにとどまっておられる父なる神、父と一つである子なるイエス、御子に授けられた聖霊に関して語る。さらに神は私たちのうちにとどまり、私たちも神のうちにとどまり、キリストが私たちのうちにとどまり、私たちもキリストのうちにとどまることができると教えている。[7]

三位一体の神の各位格は孤独に存在するのではなく互いに他の位格に内住しながら自身を表現し、他の位格の栄光を現す。三位一体の神における相互内在・相互循環・相互浸透は共同体的な神（バルト）、もしくは社会的三位一体（モルトマン）の神秘を表現する。したがって父なる神と聖霊なる神は御子なる神の属性を共有する。御子はご自分の属性を他の位格にも浸透させ、互いに愛の交わりを保つ。そうであれば、私たちは父なる神と聖霊なる神においても御子がもつこどもの顔を見ることができるはずである。イエスが「『だれでもこのようなこどもの一人を、わたしの名のゆえに受け入れる人は、私を受け入れるのです。またぞれでもわたしを受け入れる人は、わたしではなく、わたしを遣わされた方を受け入れるのです』」（マタイ18：5、マルコ9：37）と語られた言葉から見ると、こどもとご自身を同一視されたこどものようなイエスにおいて、彼を遣わされた父なる神のこどものような顔（イメージ）を見ることができなければならないので

（5）カイサリアのバシレイオス（Basil of Caesarea, 330-379）は「父と子と聖霊は同等に互いに清め合い、活気づけ合い、照らし合い、慰め合い、そして刷新し合い。……同様に父と子と聖霊によってこのような働きは聖徒たちのうちにおいても行われる」と語った。Donald Macpherson Baillie, 金 容沃、沈 在原、金 重基訳『キリスト論』、一七四頁。
（6）Jürgen Moltmann, 金 均鎮訳『三位一体と神の国』ソウル：大韓基督教書会、二〇一七年、二七五頁以下。土屋 清訳『三位一体と神の国（J・モルトマン・組織神学論叢一）』新教出版社、一九九〇年、一八三頁以下。
（7）Donald Macpherson Baillie, 金 容沃、沈 在原、金 重基訳『キリスト論』、一八〇頁。

はないか。父が幼い子によって柔和で素直な属性を共有するなら、大人の顔をもつ父もご自分の永遠の御子によって常にこどもの顔ももつことにならないであろうか。これはなんと神秘的な連合であり、美しい交わりであろう。

どうして私たちは今まで父なる神の顔（イメージ）において、恐るべき厳しい王や主としての姿（イメージ）だけを見てきたのか。どうして私たちは、聖霊なる神の顔（イメージ）において慈愛深い母の姿を見ようとして来なかったのか。どうして私たちは、イエスのように神の顔において母のような父の姿を見ようとして来なかったのか。さらに、こどもなるイエスのように、こどものように、そしてこどものようになった人のように、神のイメージにこどもの姿を見ようとして来なかったのか。このようなことによって、私たちは神とのまっとうな交わりをもつことにも、人びとをこの神秘的な交わりへと招くことにも失敗して来なかったか。その結果、私たちはこどもたちを疎外し、そのうえ虐待することに密かに、あるいは公然と、加担して来なかったか。

2　こどもの顔をもたれる神

今まで三つの観点、すなわち、実存論的・キリスト論的・三位一体論的観点のもとで神をこどもと考えることができる可能性、そう考えなければいけない必然性、そしてそう経験している現実性について論じてきた。では、こどものイメージで考えられる神とはどのような方なのか。ここにおいても、一般的なこどものイメージを神のイメージの中に引き入れたり、こどものイメージを神のイメージにつけ加えてしまう危険性を避けるため、私たちはイエス・キリストの内で示されたこどものイメージ、すなわち「こどもとしてのイエス」を標準としなければならない。ただ「こどもとしてのイエス」という観点のみが「こどもとしての神」を私たちに指し示すのである。したがって、イエスの内で、そしてイエスを通して示された神のこどもらしいイメージを証左しながら、今から神ご自身のこどもらしいイメージを描き出してみよう。

(1) 純粋な神

① パウロは神と「顔と顔を合わせて見ること」（Ⅰコリント13：12）を最も完全な救いの状態と理解した。パウロのように、敬虔で真実な宗教人たちは昔から「神を見ること」を最上の祝福と考えた。では、だれが神の顔を見ることができるのか。イエスは『『心のきよい者は幸いです。その人は神を見るからです』』（マタイ5：8）と語った。敬虔な詩人も詩篇の中で「だれが主の山に登り得るのか。だれが聖なる御前に立てるのか」と問いかけて直ぐ、「手がきよく心の澄んだ人。そのたましいをむなしいものに向けず、偽りの誓いをしない人」がまさにその人だと歌った。この詩人によれば「その人は主から祝福を受け、自分の救いの神から義をうける。」（詩篇24：3－4）

心のきよい者とはだれを意味するのか。すでに前述したように、まさにこどもこそが心のきよい者だと言わざるを得ない。イエスは神の国がまさにこどもたちのものと宣言され、神の国を身近に感じられるようにされると同時に、こどもたちの立場を私たちの中心とし、こどもたちと共に真実な神について宣べ伝えられた。

澄んだ湖に空の姿がくっきりと映るように、きよい心には神の姿（イメージ）がくっきりと映る。私たち大人は心のきよいこどもたちに神を証明する必要も、また案内する必要さえない。なぜならこどもたちのきよい心がすでに神の姿を示しているからである。いや、実際に神はこどもたちのきよい心のうちにすでにとどまっておられるからである。こどもの顔をもっておられる神は、こどもたちのきよい心の中にとどまり、その心を通してご自身をはっきりと示される。(8)

なぜ心のきよい者が神を見るのか。それはまさに神ご自身もきよい方であり、正直で真実で純粋な方であるからである。神は偽ることもなく、悔やむこともない（Iサムエル記15：29、ヘブル6：18）。なぜなら、神は聖なる方だからである。神の聖なる山と聖なる宮で聖なる神を見ることができる者はきよき者、すなわち心がきよい者である。

この面から見れば、「聖さ」と「清さ」は互いに切り離せない神の属性である。ここで私たちは必然的に、聖さの概念に対する現代神学者たちの見解を調べる必要を感じる。ルドルフ・オットー（Rudolf Otto, 1869 - 1937）は宗教学の古典となった有名な著書《聖なるもの（*Das Heilige*）》の中で、「聖」はあらゆる宗教現象における普遍的で最も根源的な宗教感情であるとし、その本質を「ヌーメン的なもの（*numinös*）」と呼び、これを「戦慄的な神秘（*Mysterium tremendum*）」と解き明かした。彼によれば、被造者としての人間の意識や感情において把握することができるこの「戦慄的な神秘」は恐れ・畏敬・活力・神秘・魅力の要素をもつ（Awefulness, Majestas, Overpoweringness, Urgency or Energy, The Wholly Other, Fascination）。[9]

ハインリヒ・エミール・ブルンナー（Heinrich Emil Brunner, 1889 - 1966）は「聖書の啓示における本質は聖なる〈物（Das Heilige）〉でなく聖なる〈者（Der Heilige）〉である」としながらも、「聖なる物」は神の存在の在り方を指し示すものとして、神を他のあらゆるものから区分する要素であると見なした。その点において、ブルンナーもオットーの見解と一致している。聖は根本的に倫理的なものではなく、他のあらゆるものと区分される神の存在の在り方、そして神の存在の超越性と絶対他者性を意味する。ただ聖書において啓示された神のみがその概念において「絶対他者」

（8）Sofia Cavalletti, 趙 成子訳『こどもの宗教的潜在能力（原題：*Potenziale religioso del bambino*）』ソウル：中央適性出版社、一九九七年、四一頁以下。

（9）Rudolf Otto, 吉 熙星訳『聖なるものの意味（原題：*Das Heilige; The Idea of the Holy*）』倭館：ブンド出版社、一九八七年、三七頁〜七四頁。

（10）Emil Brunner, *Dogmatik*. Bd. 1, Zürich: Theologischer Verlag, 1972, S. 160ff.

である。また聖なる神とは、妬みと怒りの神（出エジプト記34：14、申命記32：39－41、ローマ2：5）であり、栄光の神であることを意味する。[10]

聖に関するカール・バルトの見解は非常に独特なところがある。彼も「オットーが語る〈聖なるもの〉は聖書における聖なる神ではない」と見なした点においてはブルンナーと一脈相通ずる立場を取っている。聖書における聖なる神はイスラエルの民の神である。しかしブルンナーとは違い、バルトは、神がイスラエルの民より優越した方、彼らから分離されている方、彼らに立ち向かう方、彼らが恐れなければならない方であるということを語ろうとしない。もちろんこれらの描写も聖なる神を指し示すが、神がイスラエルの民を選び、彼らと契約を結び、彼らを助けるという事実を優先的に意味する。

バルトによれば、神の聖は神の行動を指し示し、神のあらゆる行動はこの方の「恩寵」を指し示す。バルトは「恩寵」の概念と「聖」の概念を共通と見なす。私たちは恩寵と聞くと、直ちに聖を考え、逆に聖と聞くと、直ちに恩寵を考えるのである。この両者は共に神の威厳を指し示す。神はご自分の意志を貫き通し、それに対する反抗と罪をさばくこともされる神である。しかしこの方の裁きも恩寵である。この方の恩寵が裁きであり、この方の裁きが恩寵でもあるという点において神は聖なる方である。[11]

しかし神の属性である「聖」についてただこのような意味としてのみ理解するとすれば、私たちは一つの重要な面を見逃してしまう。神の聖は、この方の「清さ」から離れては考えられない。ヘブル語の「聖（קֹדֶשׁ, qodesh, コデシュ）」という言葉は古代アッカド語（Akkadian language）において「純粋さ（purity）・清さ（cleanness）」を意味した「ש-ד-ק, q-d-š」という言葉に由来した。預言者イザヤが神殿で聖なる神に出会ったとき、自身と民との汚れた（清くない）状態を告白した後に清められたという記録もこれを裏づける（イザヤ書6：1－6）。もちろんここにおいて「唇の汚れ」（イザヤ書6：5）と「咎の除去と罪の赦し」（イザヤ書6：7）は祭儀的で倫理的な意味をもつ。しかし聖の祭儀的な意味（分離）と倫理的な意味（道徳的無罪）は聖そのものの本来の意味に比べて二次的である。(12)

聖は根本的な神の属性として絶対的な純粋さと真実さを意味すると考えなければならないで

（11）Karl Barth, *KD*, II/1, S. 402ff. エミール・ブルンナーは神の聖と愛を相互対立の概念と見なしたが、カール・バルトは聖を愛の下位概念と見なした。バルトによれば、神は「愛」と「自由」という基本的な本質をもつ。この愛と自由は各々六つの属性をもってその完全性を現す。すなわち、神の愛の完全性は恩寵と聖、慈悲と公正、そして忍耐と知恵という属性を通して、また神の自由の完全性は唯一さと偏在、普遍と全能、そして永遠と栄光という属性を通して現される。このようにバルトにとっては、恩寵と聖は互いに対立する概念ではなく、ともに愛の下位概念である。Ebenda., S. 394ff.

（12）Ernst Jenni/ Claus Westermann (hrsg.), *Theologisches Handwörterbuch zum Alten Testament*, München: Kaiser, 1984, S. 590ff.

あろう。神はまさにそのような方として、人間にも純粋で完全な献身と信頼、そして礼拝と行動を要求される。イザヤが聖なる神によってイスラエルの民に遣わされたとき、彼らは倫理的に腐敗し堕落していただけでなく、宗教的にも堕落していた。偽りと欺瞞が蔓延していた。彼らは悪を善、善を悪と言い、闇を光、光を闇とし、苦みを甘み、甘みを苦みとしていた（イザヤ書5：20）。彼らの心は非常に捻れて汚れていたのだから、まして彼らの唇はなおさらではなかったであろうか。そのような状態でどのように神を見ることができるであろうか。そして神を見たなら、どうやって自分と民の汚れた心を悔い改めないでいられるだろうか。聖なる神は何よりも心の清さを要求される。

イエスが教えられた祈りの中には、神の聖なる御名のための祈りがある――「御名が聖なるものとされますように」（マタイ6：9）。そしてイエスは最後の晩餐での最後の祈りにおいても、聖なる神に祈られた。「聖なる父よ、わたしにくださったあなたの御名によって、彼らをお守りください。わたしたちと同じように、彼らが一つになるためです」（ヨハネ17：11）。神の名が聖いということはまさに神ご自身が聖いという意味である。この聖なる神の子であるイエスが根本的に要求するのは、ただ聖なる儀式や宗教的な実践（慈善、断食、祈り）ではなく、偽りのない心や心の清さ、正直さと真実さである。[13]「あなたがたの言うことばは、『はい』は『はい』、『いいえ』は『いいえ』としなさい。それ以上のことは悪い者から出ているのです」（マタイ5：37）。

この意味から言えば、イエスはきよくて真実な神であり、「こどもである神」を私たちに近寄せられたわけである。天におられる神のように「小さい者」であるこどもを祝福し、ご自身と同一視した「こどもなるイエス」は、「小さい者」に対する偽りのない真実で純粋な心ときよい心を弟子たちに願われた。これによってイエスは真実な神について教えられたわけである。まことに神は「聖なる、聖なる、聖なる」(イザヤ書6:3)方であるため、「清くて真実で義なる」方であると言わざるを得ない。この意味において神は、心の清いこどもの顔をもたれる。

② 澄んだ湖はその底まで見ることができる。それと同様に、清んだ心は透き通っているはずである。心の清いこどもは少しも装ったり隠したりすることなく自分の心を素直に示す。清い神もこどものようにご自身を純粋で透明に示される。聖なる神について語るたびに、神学者たちはしばしば「世界から分離されておられる神」、「絶対的な超越者」、「絶対他者」などとしての神を一

(13) 旧約聖書に比べて新約聖書、特に四つの福音書における聖の概念は非常に弱いようである。しかし神の聖はイエスの言葉と活動の中で既に前提とされていたと理解しなければならない。イエスは病者を癒し、パリサイ人たちの偽善を批判するとき、「清さ」という言葉をよく用いた。イエスは「聖」を「清さ」という意味で、あるいは「清さ」と置き換えて用いたようである。そうであるなら、新約聖書における「清さ」は神の「聖」にふさわしい人間の属性を表す言葉として用いられていると言えよう。

方的に強調した。また彼らは「隠れた神（Deus absconditus）」についても語る。

そうであるなら、神はただ想像することができないいと高きところにのみおられ、天上からこの地を見下ろしながら密かに統治される、目に見えなく名もない統治者なのか。神は常に隠れておられ、時折ご自身を現される神なのか。こどものように真実な神は、ご自身を真実に示すことをより喜ばれないであろうか。神は時には隠れんぼをするのも楽しまれるであろうが、裸で遊ぶこどものようにご自身を素直に示すことをより喜ばれる神ではないであろうか。この方の隠れんぼさえも結局ご自分の真実な姿を示されるためのことではないであろうか。

預言者イザヤの召命体験について再度考えてみよう。ここで御使いたち（セラフィム）は確かに神の栄光の前で顔と両足を覆う。これは聖なる神の前で被造物がもつことになる感情もしくは態度の表現である。神の栄光の前では御使いたちも自分を覆う。彼らは神について「聖なる」と三度も叫び、そして「その栄光は全地に満ちる」と叫んだ（イザヤ書6：2－4）。イザヤも神の栄光の前で恐れおののくことになり、悔い改めと共に召命を体験することになる。幻の中でイザヤが見た神の栄光は、この世界の外で孤独に光彩を放っているものではなく、全地に満ちているものであった。聖なる神はご自分の栄光を全地に現される神である。

それゆえにイスラエルの詩人も「天は神の栄光を語り告げ、大空は御手のわざを告げ知らせる。昼は昼へ話を伝え、夜は夜へ知識を示す。話しもせず、語りもせず、その声も聞こえない。しかし、その光芒は全地に、そのことばは世界の果てまで届いた」（詩篇19：1－4）と賛美した。そしてパウロも「神の、目に見えない性質、すなわち神の永遠の力と神性は、世界が創造されたときから被造物を通して知られ、はっきりと認められる」（ローマ1：20）と告白した。換言すれば、現実的には神の力と神性の啓示は罪人たちによって非常に歪曲され偶像へと替えられてしまったが、原則的には神の栄光は宇宙の中に明らかに知られているということである。

そして神の超越性、隠蔽性（Verborgenheit）、そして神秘性をだれよりも強調したバルトも後は次のように告白することになった。

> 私たちが神について語るとき、この方の名を呼ぶことは創造された世界においてこの方の栄光をほめたたえるということを意味する。神の名は神ご自身と同じではない。しかし神の名は神を代弁する。創造された世界は神の栄光の舞台であるため、この世界は神の名をもつことができる。世界の中には神ご自身の臨在を表す、神の名を刻んだ碑文のようなものが有り得る。そうであるなら、この碑文は不明瞭ではなく、啓示の助けを受けて市街の広告版のように明瞭に解読されることができると言えよう。
>
> 私たちの目は開かれているので、この碑文を読むことができる。世界は神のものである。したがって神の名は世界の中に刻まれ得る。万物はこの方の栄光をほめたたえることができ

る。神のすべての被造物は創造主の名をもつことができる。[14]

幼子イエスの誕生の出来事において、私たちは人間の間にご自身を密かに隠して入って来られた神を見るのか、それとも人となって来られた真の神、幼子イエスの中でご自身を示され裸となった神を見るのか。残酷な十字架で死んだイエスにおいて、私たちはご自分の栄光を隠された神を見るのか、それともご自分の愛を真実に啓示された裸の神を見るのか。[15] 私たちはヨハネのように、みことばが人となって私たちの間に来られたイエスにおいて父のひとりごとしての栄光を見、恵みとまことに満ちておられた姿を見るのではないか（ヨハネ1：14）。イエスの十字架も私たちに対する神の限りない愛の現出ではないか。さらに、私たちはイエスの十字架において三位一体論の集約を見ることができ、[16]「世界における秘義としての三位一体の痕跡（*vestigium tirinitatis*）」を見つけることができるのではないか。[17]

（14）Karl Barth, Das Vaterunser nach den Katechismen der Reformation, Zürich: EVZ-Verlar, 1965, S. 40ff, in: Richard Grunow (Hrsg.), *Barth Brevier*, Zürich: EVZ-Verlag, 1966, S. 108ff.

（15）マルティン・ルターによれば、神は私たちに直接啓示されずただ十字架と苦しみにおいてのみ、すなわち隠れておられる方としてのみ罪人である私たちに啓示されることができる。そうした理解によってルターは「啓示された神（*Deus revelatus*）」と「隠れた神（*Deus absconditus*）」を逆説的に繋いだ。ルターが啓示された神と同時に隠れた神を強調する理由は何か。それは、腐敗した本性をもつ罪人である人間が、目に見えない神の存在を神がなさった目に見える業から推論することができないようにするためである。人間はもはや神聖な器（*capax divinitatis*）になることができない。私たちは栄光の中におられる神を見ることも、そして神の栄光の光に耐えることもできない。私たちは地上で顔を合わせて神を見ることができない。それゆえ神は私たちの理解力に合わせ、私たちがご自身を理解するように自ら隠れられる。この意味から言えば、十字架は神の隠蔽であり、人間のあらゆる神認識の終末である。また十字架は人間に下された裁きのしるしであり、道徳的に神と交わろうとする人間のあらゆる活動の終末である。神は死、すなわちキリストの死によって私たちと会われる。こういうわけで、ルターは私たちが夢見る誉れと神性と栄光から神を推論する「栄光の神学（*theologia gloriae*）」に立ち向かい、キリストの卑下と弱さと死の中で神を認識しようとする。ルターの「十字架の神学（*theologia crucis*）」によれば、十字架につけられたキリストのみがまことの神学者であり、人間の神認識である。私たちは拒まれ見捨てられたキリストの人間性の中でのみ神を認識する。そうしてルターは神認識と罪人の義認は人間の知性的・道徳的な活動の結果ではなく、神の純粋な恵みであると強調しようとした。十字架は神がキリストにご自分の怒りと裁きを負わせられた贖罪の業である。それは罪人に対する神の愛である。この意味で十字架はルターにとって神の愛の表れである。Paul Althaus, *Die Thologie Martin Luthers*, Gütersloh: Gerd Mohn, 1983, S. 31ff, 178ff, 240ff. ; Jürgen Moltmann, 金 均鎮訳『十字架につけられた神』ソウル：大韓基督教書会、二〇一七年、二九九頁以下。喜田川 信訳『十字架につけられた神』新教出版社、一九七六年、二八二頁以下。

（16）モルトマンによれば、三位一体論の実質原理（*Materialprinzip*）はキリストの十字架であり、十字架の認識の形式原理は三位一体論である。……十字架においては、見捨てられるということの中で、父と子このように神は、屈辱的な十字架の上で裸の姿をもって世界における奥義でもあるご自分の愛を明らかに示されなかったか。これより純潔で真実な愛の表れをどこで見つけることができるであろうか。馬小屋で純真な幼子としてお生まれになった神は、十字架の上でも血と水まで惜しまず注いで罪人たちを真実に愛された、天真爛漫なこどものような神ではなかったか。自分を知恵のある者と誇る世界の大人たちには愚かな者のように見える方法であるが、神はご自分の知恵を通して十字架の上でご自分の愛を明らかに啓示された神ではないか。この方は聖いお方であるがゆえに真実であり、真実であるがゆえに聖なる神ではないか。

清んだ心は澄んだ湖のように天をその中に完全に受け入れ、そして天を完全に反射しないか。イエスはこのような清い心をまさにこどもの中に見なかったであろうか。そしてこどもの完全な信頼と清い心を祝福したイエスはまさに、天の父の変わらない真実さと清い愛を私たちに惜しみなく伝えた極めて純潔な愛の手紙ではなかったか。こどものように父なる神のふところにおられるイエスは私たちに、こどものような父のきよい品性をすべて示されなかったであろうか。

(2) 柔和な神

①「まことに、あなたがたに言います。向きを変えてこどもたちのようにならなければ、決して天の御国に入れません」（マタイ18：3）と語ったイエスはまた「だれでもこのこどものように

自分を低くする人が、天の御国で一番偉いのです」（マタイ18：4）と語った。イエスはこのように教えた教師のみならず、自ら僕《しもべ》としての模範を示された。いや、彼はただへりくだって謙遜の模範を示した偉大な人物なだけではない。彼はご自分を低くし、馬小屋で力のない幼子として生まれた神である。

こういうわけで、神はまさに人間イエス、いや、幼子もしくはこどもイエスとして自らへりくだられた神である。自らを低くしたこどもたち、いや、すでに低い者であるため低い者として扱われるこどもたちを受け入れることは、イエスを受け入れることであり、自ら低くなられたイエス、すでにこどものように低い者として来られたイエスを受け入れることはその人格にあって低い者として来られた神、こどものような神を受け入れることである。

は最も深く分離されており、しかも同時に自己放棄の中で、最も緊密に結びついて一つとなっている。父と子の間のこの出来事から出て来るものは聖霊であり、それは神を失った人びとを義とし、見捨てられた人びとを愛で満たし、死んだ者さえ生き返らせる。Jürgen Moltmann, 金 均鎮訳『十字架につけられた神』、三四六頁以下。喜田川 信訳『十字架につけられた神』、三二九頁以下。

（17）Eberhard Jüngel, *Gott als Geheimnis der Welt*, Tübingen: Mohr, 1986, S. 479ff. エーバーハルト・ユンゲルによれば、イエスの死の中で父と子と御霊は実際的に分離されながらも一つとなる。神はご自分の単一性の中で三重的に区分される。神は父と子の対立の中で、御霊（Geist）によって互いに結びつく。神は死の中の対立においても一つなる神としておられる。Ebenda, S. 504.

イエスは自らを低くされた神である。この意味において神は低い者、幼子、こどもの姿を取られた方である。パウロは次のように語る。「キリストは、神の御姿であられるのに、神としてのあり方を捨てられないとは考えず、ご自分を空しくして、しもべの姿をとり、人間と同じようになられました。人としての姿をもって現れ、自らを低くして、死にまで、それも十字架の死にまで従われました。」（ピリピ2：6―8）したがって私たちは「神の自己卑下（ケノーシス／謙卑《けんぴ》）」に関してより深く考える必要がある。

神はただいと高きところにとどまっておられる厳かな王であり、栄光の中から孤独に光彩を放っている主でありながら、イエスにおいてただ一度だけへりくだった神なのか。神の自己卑下《ケノーシス》は人間が罪を犯した故に起こった神の偶発的な対応なのか。神の自己卑下は神の栄光の本性から外れるにも関わらず罪人を救うためにやむなく甘受するしかなかった犠牲であったのか。またそれは人間の救いという聖なることのために必然的に要求され、神が人間のために施した一回的な慈善なのか。換言すれば、神は決して低いところにとどまることができない神であるのに、人間を救うためにただ一度低いところにへりくだって来られた方なのか。それとも愛のゆえに、永遠に自らを低くする方なのか。神が「自らを低くされた」ということは何を意味するのか。

ここで初期ラビ・ユダヤ教時代におけるラビたちの神学、特にシェキナー（Schechinah）についてのカバラ学派（Kabbalah）の教説は何よりも注目すべきものである。それによれば、世界の歴史は神の謙卑（ケノーシス）の連続から成り立つ。創造、父祖たちの選び、イスラエルの民との契約、出エジプトとバビロン捕囚はこのような神の謙卑のかたちである。全能なる神は世界の終わりに至るまで自らを低くされる。いと高きところにおられる神はいと小さき者を重んずる。神は天上の王位に就いておられると同時に、やもめやみなしごたちと共に住まれる。神はしもべとして、荒野にあってイスラエルの民に先んじて雲の柱と火の柱の中におあれ、彼らを導かれる。神はしもべとして民の罪をともに担う。このように、いと高きところにおられる神は、小さく、蔑まれた形をとって人間に出会うのである。このような謙卑は、人間の弱さへの神の即応（*Akkomodation*）と理解することができる。しかしこの即応は、永遠の愛の即応であると同時にすでに神の栄光の普遍的な存在の先取りでもあるのである。要すると、シェキナーの概念は、イスラエルの中におられる主の現臨、永遠の神のへりくだりのかたち、そして来たるべき方の栄光の先取りを包括している。神はそのシェキナーにより、イスラエルのうちに現臨しており、イスラエルと共に迫害

（18）Jürgen Moltmann, 金 均鎮訳『三位一体と神の国』、五四頁以下。土屋 清訳『三位一体と神の国（J・モルトマン・組織神学論叢 一）』、五九頁以下。シェキナー（shechinah）」とは臨在や偏在という意味をもつ女性名詞で、「住まう・とどまる」という意味をもつヘブライ語動詞「shāchan」に由来する。しかし、「シェキナー」という女性名詞は聖書では用いらず、タルムード、ミシュナー、ミドラーシュなどのラビ文献やタルグム（ヘブライ語聖書のアラム語での解釈）で用いられるヘブライ語の語彙である。

を受苦し、イスラエルと共にさすらい、捕囚され、殉教者たちと共に死の苦しみを甘受する。(18)

十字架につけられた神の苦難とこの世界の苦難とを深く考えたうえで、この両者の相関関係を説き明かそうと励んだモルトマンは、神の自己卑下を真摯に探究した学者のひとりである。彼によれば、神の自己卑下は受肉から始まるのではなく創造から始まる。神は自らを限定することによってご自身とは異なる存在を現存させる。神が自らの全能を撤回するのは、ご自分の似姿である人間を自由にするためである。世界の創造と共に始まる神の謙卑（ケノーシス）は、神の子の受肉において完成に至る。

しかしその一方、外に向けての神の子の受肉は、内に向けての自己卑下を前提としている。それ故、受肉は三位一体の内的関係に関わっているのである。神の子の受肉は過渡的もしくは暫定的なものではなく永遠であり、永遠にありつづけるものである。(19) したがって、厳密にいえば神の自己卑下は創造と共に始まるものではない。それはすでに創造以前に始まったものであり、創造のための前提である。神の「創造的な愛」はへりくだって自らを「低くする愛」に基づいているのである。(20)

神が一時的にただ暫定的な必要に従って自らを卑下する方ではなく、自らの永遠の愛のゆえに永遠に自らを卑下する方であれば、換言すれば、神が歴史的にただ一度だけご自身を低くされた神ではなく創造以前から三位一体の在り方において永遠に自らを空にして卑下する方であれば、神の栄光もしくは高挙は神の自己卑下なしには理解することができない。

神の自己卑下について語ったパウロは直ちに神の高挙について語る。「それゆえ神は、この方を高く上げて、すべての名にまさる名を与えられました。それは、イエスの名によって、天にあるもの、地にあるもの、地の下にあるもののすべてが膝をかがめ、すべての舌が『イエス・キリストは主です』と告白して、父なる神に栄光を帰するためです」(ピリピ2：9－11)。もし私た

特に、これらの文献にはご自分の民と共に住まわれるために会見の幕屋やエルサレムに降りて来られた、神の存在や臨在(出エジプト記25：8、29：45－46、民数記5：新3、35：34、I列王記6：13、イザヤ書8：13、ゼカリヤ書2：新10、8：3など)、神の栄光(出エジプト記24：16、40：34－38、レビ記9：23－24、民数記14：新10、16：19、16：42、I列王記8：10－13)、神の御名(申命記12：11、14：23、16：6、ネヘミヤ1：9など)などを「シェキナー」と呼ぶ。新約聖書においてもこのような「シェキナー」の概念を暗示する箇所が少なくない(マタイ1：23、24：33、マルコ8：38、ルカ2：9、ローマ9：4、IIペテロ1：16－18など。〈ことばは人となって、私たちの間に住まわれた。私たちはこの方の栄光を見た。父のみもとから来られたひとり子としての栄光である。この方は恵みとまことに満ちておられた、ヨハネ1：14〉)。それらの箇所はおもに神の子の受肉とイエスの再臨に深くつながっている。モルトマンは「シェキナー」の概念を「神の謙卑(ケノーシス)」に結びつける。そして自らを低くされる神の謙卑は世界の創造から始まり、神の子の受肉において完成に至ると語る。

(19) 同書、一九二頁、一九八頁以下。

(20) Jürgen Moltmann, 金 均鎮訳『創造における神』ソウル：大韓基督教書会、二〇一七年、一四三頁。

ちが神の自己卑下と高挙とを時間的な先後の出来事として理解するとすれば、ドナルド・マクファーソン・ベイリーが指摘したように、結局のところ、創造のみことばがイエスにとどまっていた期間には、世界の歴史がそのみことばの支配から免れていたという主張となってしまう。私たちは時間の中に生きているため、私たちの経験は一時性と連続性とに制限を受けている。しかし神は永遠であるため、神の活動を一時的なものとして説明するのは神の永遠性を考慮していないことになる。[21]

それなら、私たちは神の栄光を神の自己卑下において見なければならない。言い換えれば、神は自らを低くしたことにおいて最も高く上げられる。神の力はその弱さにおいてまさに強い。神はその卑下において最も偉大である。神はその無力において最も栄光をもつ。神はその受肉において最も神聖である。[22]

こういうわけで、神も永遠に自らを低くするこどもであり、最も小さい方として最も偉大な方である。神はただ父親や母親の顔のみならず、こどもの顔をももっている。神は永遠に自らを低くするゆえに、永遠に高く上げられる父なる神であり、永遠に自らを低くするゆえに、永遠に小さな方、柔和な神、すなわちこどものような神であると言わざるを得ない。

② 神は自らを低くする愛によって、私たちと共に苦難を受容する神であり、あわれみ深い神で

ある。あわれみの本質はどこにあるのか。あわれみの特徴は何か。それは相手の苦難を見つけてその苦難を自分のものとし、彼らが苦難から解き放たれるように助けることである。神の恵みもまさにこのような特徴をもっているため、神はあわれみ深い。神のあわれみはほかの人の悲惨な立場に参与し、自らその悲惨さを取り除こうとする意志にある。このようなあわれみは神の本質を成しており、神の存在と行為を構成する。[23] 神のあわれみと恵みは永遠である（詩篇25：6）。神の恵みは大きく、天にまで及ぶ（詩篇57：10）。神の恵みは呼び求める者に豊かに与えられる（詩篇86：5）。

旧約聖書において、あわれみは常に、高貴な者が卑しい者に対して施すものとして表される。まず、あわれみはこどもたちに対する父親の愛である。「父がその子をあわれむように、主はご自分を恐れる者をあわれまれる」（詩篇103：13）。ここであわれみは、父親の愛に基づいた意志的な要素をもっている。あわれみは感性に根ざしている父性的な柔和さではなく、こどもの生命を保護する義務に対する父親の意志である。しかしあわれみに当たるヘブル語（*racham*、ラーハム／

（21）Donald Macpherson Baillie, 金 容沃、沈 在原、金 重基訳『キリスト論』、一一六頁以下。
（22）Jürgen Moltmann, 金 均鎭訳『三位一体と神の国』、一九四頁。土屋 清訳『三位一体と神の国（J・モルトマン・組織神学論叢一）』、二〇〇〜二〇一頁。
（23）Karl Barth, *KD*, II/1, S. 415.

rachamim、ラハミーム）の語根である「*R-Ḥ-M*（רחם）」から考えて見ると、これは「母胎ないし子宮」を指す「*rechem*、レヘム」という言葉とも関係があり、母胎の中にある非常に深いあわれみの感情をも意味する。そしてこれは内面的なもの、また激しい苦痛に接すると「はらわたがちぎれるほど」の状態をも指す。こういうわけで、あわれみは母親の感情という特徴をもっている。[24]

しかしあわれみは決して、苦しんでいる者に対する父性的な義務と母性的な感情にのみ基づいているわけではない。あわれみは、苦しんでいる者たちを自分自身と徹底的に同一視し、彼らと連帯する行動である。神はただ偉大な方として、苦しんでいる最下層の人間たちをあわれまれただけでなく、ご自分の子さえも惜しむことなく死に渡してくださった（ローマ8：32）。神は自らを低くし、卑しい人間との徹底的な連帯の中でともに苦難を受けられた。神の栄光がまさに神の自己卑下の中にあるのであれば、神のあわれみは決して高貴な者が卑しい者に施す義務的で感情的な憐憫のみではない。神のあわれみは、卑しい者が同じ卑しい者と自分を徹底的に同一視する連帯感に基づいている。イエス・キリストは私たちの友として自らのいのちを死に渡してくださった。「人が自分の友のためにいのちを捨てること、これよりも大きな愛はだれも持っていません」（ヨハネ15：13）。イエス・キリストにあって、神は私たちを友としてくださった。

もし神がイエス・キリストにあって私たちをご自分の友としてくださったなら、神のあわれみもこどもに対する父親と母親のあわれみではなく、友に対する友のあわれみと同じとも言えよう。もし神が、永遠に自らを低くする方、そしてこどものような方としてこどもたちと自らを同一視されたなら、神の同情は卑しい者に対する高貴な者の同情ではなく、卑しい者に対する卑しい者の同情であり、同一の者たちの連帯であり、この意味から言えば、卑しく小さいこどもたちに対するこどもらしい同情でもあるであろう。こうした点において神は、永遠に自らを卑下するあわれみ深い方として、永遠にこどものような神でありこどもなる神である。

(3) 遊ぶ神（*Deus ludens*）

こどものイメージにおいて神を考えるとき、見逃せないもう一つの重要なこどもらしい特徴は「遊び」にある。こどもなるイエスを描き出したときもそうしたように、神を描き出すときにも喜び楽しむ方であるという属性において「遊ぶ神」を発見し、その遊ぶ姿においてこどもの顔をもっている神を再発見することができる。

「遊ぶ神」についての考えはもはや新しいものではない。特にハーヴィ・コックス（Harvy Cox, 1929 - ）はずっと以前にこのような観点を幅広く紹介した。そして「プロセス神学(Process Theology)」も伝統的な神学とは違い、神の喜び楽しむ属性を強調する傾向をもっていた。そして近年ではモ

（24）Ernst Jenni / Claus Westermann (Hrsg), *Theologisches Handwörterbuch zum Alten Testament*, S. 762ff.

ルトマンの「社会的三位一体論（Social trinitarianism）」もこのような表象を強める有意義な神学的指摘になる。これらは「遊ぶ神」を説明するのに適している重要な資料となる。しかし私は「こどもの神学」の視点から「遊ぶ神」を再び説き明かす必要があると思う。

「プロセス神学」は「遊ぶ神」という言葉に直接言及はしないが、その意味や傾向を裏づける理論を展開している。伝統的な教会はおもに人間の道徳的な行為や態度を強いることに関心を傾けられる「道徳的な神」のみを強調してきた。したがって、神は被造物がもつ楽しみとはほとんど無関係な方として理解されてきた。楽しみは神によって寛大に黙認されるのが関の山だとされてきたのである。

しかし人びとはイエスを「大食いの大酒飲み」（マタイ11：19、ルカ7：34）と呼び、ヨハネはイエスが「いのちを得させるため、それも豊かに得させるため」（ヨハネ10：10）に来たと強調する。「プロセス神学」も、神が根本的に目指すことは被造物が喜び楽しむことであり、それを促すことであると理解する。神の創造は被造物が内在的な善をより豊かに経験するように仕向ける。なぜなら、神は愛だからである。神は私たちに道徳的なことを要求するが、何よりもまず皆がほんとうに喜び楽しむことを願われる。(25)

もし被造物が喜び楽しむことを神が願われるとすれば、ご自身も喜び楽しむ神でなければならない。換言すれば、神も被造物のように遊ぶことのできる存在でなければならない。神はただ被造物を喜び楽しませるだけの存在もしくは、時には被造物の喜び楽しみに参与はするが自らは喜び楽しむこともできない、さらに喜び楽しんではならない、ただ厳かなだけの方なのか。換言すれば、神は愉快な人のように遊んだり笑ったり楽しんだりしてはいけない、非常に無感情で無愛想な方なのか。神は被造物の苦しみに対して非常に敏感であわれみ深い方であるのに、なぜ被造物の楽しみに対しては無関心でなければならないのか。神が自ら遊ぶ方であれば、私たちはこの神の姿をいつ、そしてどこで、見つけることができるのか。

私たちは神の在り方の中で豊かな遊戯的性質を発見する。三位一体の様式に存在する神はただ独りで存在する唯一神とは違い、すでに三位一体という在り方自体において互いに開放し、受容し、交わる神である。この点において、私たちは神の存在自体の中に喜び楽しむ方の性質を見る。三つの位格が相互開放・相互内在しながら、それ以上ない愛と好意とをもって互いに循環する姿は神の「ダンス」（次頁写真参照）だというメタファーで表現することができる。(26)

世界創造もただ父なる神の苦しい労働もしくは母なる聖霊の産みの苦しみのみによってなさ

（25）John Boswell. Cobb Jr. / David Ray Griffin, 柳 基宗訳『プロセス神学（原題：*Process Theology*）』ソウル：図書出版ヨリム、一九九三年、七六頁以下。

（26）Daniel L. Migliore, 李 正培訳『組織神学入門（原題：*Faith Seeking Understanding - An Introduction to Christian Theology*）』ソウル：図書出版ナダン、一九九四年、一一九頁。

れたのではない。創造は神の子なるロゴス（*Logos*）の喜び楽しみの産物でもある。この意味において、ギリシア教父たちは世界創造の行為を一種の「遊び」と考えた。神が世界を創造したことは厳しい必然性の法則によって強いられたからではなく、全く自由な神の意志によって行われたことである。こういうわけで、創造は遊び的な性格をもつ。永遠のロゴスは子として受肉する以前、すでに天地創造のわざに喜びをもって参与し、世界を創造する父を喜ばせた。[27] 現代のローマ・カトリック神学者であるH・カール・E・ラーナー（Hugo Karl Enrich Rahner, 1900 - 1968）もこれに同調する。彼は旧約聖書の箴言で（特に、箴8：30－31）知恵（*chokhmah*、ホクマー）の活動を描写する「喜ぶ・楽しむ」に当たるヘブル語を「ダンス」という言葉に変更すると、より正確な表現ができると考えた。はるか昔、キリストの精神、すなわち「ダンス」が世界創造に参与したということである。[28]

同様にモルトマンは、神の創造の出来事において「歌う神」を見る。はじめに神が天と地を創造したとき、地は茫漠として何もなく、闇が大水の面の上にあり、神の霊（*ruach*）がその水の面を動いていた（創世記1：2）。モルトマンによれば、ヘブル語の「ルーアッハ（*ruach*）は「霊」よりも「風」あるいは「息吹き」と訳した方がいい。ヘブル語の「ラーハフ（*rachaph*）」は「浮かぶ」や「卵を抱える」などと訳される。しかし、申命記31章11節やエレミヤ23章9節では、それはむしろ「振動する」、「震える」、「動く」、「呼び起こす」という意味をもっている。これらの理解が正しいとすると、ただ羽ばたき、ひなをかえす鳩の姿だけではなく、音とリズムが出てくる音楽の基本的振動が考えられる。それゆえ、「言葉による創造」の場合、命令と服従の隠喩ではなく、むしろ創造の讃歌の隠喩が考えられる。創造者は、生命を与える息、また形を与える言葉によって、ご自身の良しとされ喜ばれる被造物を音とリズムで歌うのである。それだから、宇宙的な礼拝と天上的な音楽が存在する。(29)

アブラハムがソドムとゴモラが滅ぼし尽くされることを防ぐために必要な正しい者の数を減らそうとして神と論争する出来事（創世記18：22－32）において、そしてヨブを信頼している神がヨブの信仰の動機の純粋性を疑うサタンに彼を試すことを許すという物語（ヨブ記1：6－12）

(27) Harvy Cox, 金 天材訳『道化師たちの祭り（原題：*The Feast of Fools: A Theological Essay on Festivity and Fantasy*）』ソウル：現代思想史、一九七三年、二四〇頁以下。
(28) Hugo Karl Erich Rahner, *Man at Play* (New York: Herder and Herder, 1967), p. 21.
(29) Jürgen Moltmann, 金 均鎭・金 明容訳『イエス・キリストの道』大韓基督教書会、二〇一七年、四四八頁。蓮見和男訳『イエス・キリストの道（J・モルトマン・組織神学論叢三）』新教出版社、一九九二年、四四五頁。

において、私たちは被造物と「賭けをする神」の姿も発見する。もし神がソドムとゴモラに正しい者が十人もいないことをすでに知っていながら、五十人の条件を提示するアブラハムの要求に素直に従ったとしたなら、そしてヨブが試みに耐え抜くことを神があらかじめ知っていながらも、サタンとヨブとを試みたとしたなら、神は勝てると知っていた賭けをしたであろう。それなら、ここで神の全知性は擁護できるが、神が一種のトリックで賭けをしたことであろう。そして神がゲームのルールと被造物の自由を無視したことでもあろう。

もし神がご自分の被造物に対して真実な方であれば、神は公正な賭けのために自らの全知をあらかじめ撤回しなければならないだろう。神の全能は自らの全能さえ制限することができるものでなければならないだろう。神の自由においても、自らの自由を限定することができるほど自由なものでなければならにだろう。このような意味から言えば、自らの全能を撤回することができない全能は完全なものではないだろう。そして自らの全能を制限することができない全能も完全ではないだろう。同様に、自らの自由を放棄することができない自由も完全ではないだろう。

したがって、神は、ご自分が全知で全能であるという永遠の法則によって身動きがとれないほど自らに縛られている方ではない。むしろ神は、自らの全知と全能を限定することができるまことの力と自由によって喜んで偶然と冒険に自らを委ねる自由な方であると理解されなければならない。神は自らの自由と被造物の自由のために喜んで冒険にでる方でなければならない。

もし神が遊び、踊り、歌い、冒険する神であれば、私たちは硬直した（頑固な）大人の姿よりも自由なこどもの顔を神に見ることができないであろうか。もし神がこどもたちよりさらにしっかり遊び、笑い、踊り、賭けをする存在であれば、神は当然こどもの姿ももっていないであろうか。こうした意味において、神は小さいこどものように小さいことでも喜び、歌い、遊び、踊り、冒険を好む存在ではないであろうか。実際に神は法則や秩序、権威や体面よりも偶然や冒険、歌や踊り、祝祭や遊びに自らを喜んで任せる存在、すなわちこどものような存在ではないであろうか。神はこの世界を常に新しく、より楽しくするため、今もあれこれと考えめぐらす存在であり、幻想と好奇心に溢れるこどものような方ではないであろうか。

3　こどもらしい聖霊体験

今日、無味乾燥な神学伝統と形骸化もしくは制度化していく教会の状態を打開し、キリスト者の経験の世界を新しくしている聖霊運動が注目されていることを私たちは知っている。神学討論の場において見落とされてきた、あるいは無視されてきた聖霊論が新しく強調されはじめ、キリスト者の数が全般的に減少している中にあっても、聖霊運動を主導する教会は成長している。近年なぜ聖霊論と聖霊運動が新しく注目されているのであろうか。聖霊運動は停滞した教会成長の問題を突破しようとする成長戦略なのか、それとも資本主義の競争社会で失敗し脱落した人びとが求める精神的な脱出口なのか、あるいは資本主義と物質主義との弊害に立ち向かう人びとが起こす新しい精神運動の代案なのであろうか。

聖霊運動は科学主義、世俗主義、物質主義などに嫌気がさした人びとの空虚な心を、一時的になだめて直ぐ消えてしまう流行《はや》りのような現象にとどまるのであろうか。それとも、未来を導く新しい霊性運動の波になるのであろうか。もしも聖霊運動に対する過度な関心と熱心によって、教会史でしばしばもたらされた過度な個人主義と現実逃避主義、利益信仰と反知性主義、神秘主義と熱狂主義のような誤った信仰の弊害が生じるのではないであろうか。

いずれにしても、久しぶりに吹いて来ている聖霊の風が、無気力な教会と無味乾燥な神学とに健全で新鮮な活力を吹き込み、呻《うめ》く自然に生命力を与える希望のしるしとなるかどうかはもうしばらく見守る必要があるであろう。聖霊の経験に対する新しい期待感を抱いて私たちは再び問いかける。情報と資本との力、男性と大人たちの力が今も変わらず優勢をふるう社会において、そして殺人的な競争が強いられ、外面的な成功と出世だけが賞賛を受ける社会において、夢を失ってさまよい、時には命まで奪われるこどもたちにとって、新しく吹いて来る聖霊の風は何を意味しているのか。彼らにとって聖霊はだれで、なんなのか。巨人や超人のような人生を崇拝する社会において、神と隣人の前に素朴で素直な「こども」として生きるように私たちを励ます聖霊の活動はどこで見つけられるのか。旧世代やすでに価値観を確立して現代社会の中核を担っている世代（韓国語では「既成世代」）が一本調子に描いてきた成人男性の顔をもった神の代わりに、純朴な「こども」の顔をもった神を、聖霊の中でも再び発見することができるであろうか。

(1) まず、私は問いかけたい。神の前で私たち自身を「こども」として認識させ、他人とともにこどものように生きるように導く聖霊の経験が私たちにあるか。それなら、どのような聖書的根拠において私たちはそのような認識と経験が可能なのか。

① 私たちは二度生まれる。一度は人間として生まれ、もう一度はキリスト者として生まれる。創造記事によれば、最初の人間は神の霊（ルーアッハ）によって、生きるもの（ネフェシュ・ハヤ、nephesh haya, living being）として大地のちりから創造された（創世記2：7）。したがって、あらゆる人間は常に生命と息を与えてくださる創造主である神によって存在している。人間は神が与える力のゆえに生き、動いている（使徒17：25、28）。

しかし人間は生まれ変わらなければ、神の国に属することはできない。これは人間が聖霊によって生まれ変わるということである（ヨハネ3：1－8）。このように、生命というものは、生命の霊である聖霊の活動による結果だという事実を聖書は常に強調している。キリスト者はただ神の生命力によって生きるのみならず、御霊によって永遠のいのちをもって生まれ変わることになる。このようにヨハネは、聖霊論的な生命の神学に応じて、人間が新しく生まれることを有機体的な出生の隠喩と理解している。

聖霊は最初の懐妊と同様に新しい懐妊のためにも活動する。この意味において、シリア教父たちとニコラウス・ルートヴィヒ・フォン・ツィンツェンドルフ（Nikolaus Ludwig von Zinzendorf, 1700-1760）のみならず、今日のフェミニスト神学者たちも、聖霊を、生命を誕生させて養う母と理解する。人間は母である聖霊の胎内から人間として生まれ、その懐で成長し、またその胎内から新しい人間、すなわち神の永遠のこどもとして新しく生まれる奇跡を経験することになる。

霊的に新しく生まれる過程と理解される新生は、法的な訴訟過程と理解される義認よりダイナミックである。義認は客観的な出来事として人間に転嫁される変化であるが、新生は主観的な出来事として人間のうちに起こる変化である。義認は過去の状態を回復させる、もしくは過去にさかのぼって影響を及ぼすが、新生は新しい希望に向かって絶え間なく人生を刷新する。一般的に義認は瞬間的な宣言として完結され、その次に聖化の継続的な過程が続いて起こると理解されるが、新生は初めから連続的な過程として理解される。

たとえキリスト者になることによって、人間が永遠の神のこどもに生まれ変わるという質的な変化を経験するとしても、こどもが成長するのと同様にキリスト者も常に新しく生まれ変わる経験をする。キリスト者には毎朝が新しく、今日昇る朝日と昨日の朝日は違うと感じる。なぜなら神は万物を新しくされる方だからである（黙示録21：5）。人間の成長がただ細胞の絶え間ない再生を通してのみ可能であるように、完全なキリスト者になるのも絶え間ない自己刷新、すなわち悔い改めを通してのみ可能である。

人間の肉体は、一定の時点にいたってその細胞活動は徐々に弱まり、老化と死の過程へと必然的に向かうことになるが、その精神は限りなく成長することができる。一方このように誕生と再誕生、創造と再創造の過程は、生命の母である聖霊によって行われる。したがって、この霊の活動の中で私たちは自分たちを常に新しい存在、こどものような存在として体験することになる。

こうした意味において、かつて幻の中でイスラエルの集団的な新生を創造の霊の新しい創造や復活の活動として捉えたエゼキエルも「あなたがたに新しい心を与え、あなたがたのうちに新しい霊を与える。わたしはあなたがたのからだから石の心を取り除き、あなたがたに肉の心を与える」(エゼキエル書36:26)と預言したのである。もし神の霊が、石のように頑なな心を取り除いて肉のように柔らかい心を与えることにより、人間を感性的にいきいきと動くようにするとすれば、[30]こうしたいきいきと動く心はまさにこどもの心ではないであろうか。こどものように柔らかい肉の心と感性的な心とはどこにあるのであろうか。こどもほどいきいきと活動し、いきいきと活動的に変わっていく存在がどこにあるか。

(30) Jürgen Moltmann, 金 均鎭訳『いのちの聖霊:総体的聖霊論』ソウル:大韓基督教書会、二〇一七年、九八頁。

実に母なる聖霊は、私たちが柔らかい心をもつようにされ、神のこどもとして生まれ変わらせ、体が硬くなるにつれ硬くなる私たちの心を、こどもがもつ肉のようにいつも柔らかい心にする存在ではないか。この聖霊にあって、私たちは常に自分たちを、生まれ変わる、また新しくなる、こどもとして経験しないでであろうか。聖霊は私たちをよりこどもらしくすることによって、より神のこどもらしくし、より成熟したキリスト者にする。

② すでに私たちは、イエスが日常におけるこどもらしい幼児語である「アバ」という言葉をもって神に呼びかけ祈っただけではなく、神との間における「アバ－子」関係の経験を弟子たちにも伝えられたという事実を確認した。その結果、キリスト者たちはイエス・キリストによって神を「アバ」と呼ぶことのできる特権を享受することになった。

ところが、イエスにとってそうであったように、パウロにとっても、キリスト者が神を「アバ(父ちゃん)」と呼ぶことができるのは聖霊の活動のおかげであった。「あなたがたは、人を再び恐怖に陥れる、奴隷の霊を受けたのではなく、子とする御霊を受けたのです。この御霊によって、私たちは『アバ、父』と叫びます。御霊ご自身が、私たちの霊とともに、私たちが神のこどもであることを証ししてくださいます。」(ローマ8：15－16)、「あなたがたが子であるので、神は『アバ、父よ』と叫ぶ御子の御霊を、私たちの心に遣わされました。」(ガラテヤ4：6)

このように「アバ」は聖霊論的な言葉として、イエス・キリストにあって神を信じるすべての人が享受する神のこどもの身分を表現する。すなわち、聖霊にあって私たちは自分たちを神のこどもとして経験する。聖霊にあって私たちは純然たるこどもとなって「アバ、父」を完全に信頼し愛し、自由に神と交わる方法を学ぶことになる。

したがって、聖霊にあって、ご自分のこどもたちの諸事情に目を留められる「アバ」を完全に信頼するこどもは、それ以上心配する必要がない。聖霊によらなければ、小さく弱い被造物の一部である私たちが、偉大で聖なる創造主をどうして敢えて「アバ」と呼ぶことができ、そして遠く離れておられるいと高き神が私たちの密かな事情にまでどのようにすっかり見通すことができになるであろうか。聖霊の働きがなければ、天の父はどのように私たちをあらゆる思い煩いから自由にし、ご自身を純然に信頼するようにし、私たちのあらゆる思い煩いを担うことができるであろうか。聖霊によらなければ、神はどのように私たち自身よりもさらに私たちの近くにいて私たちを助けることができるであろうか。神のこどもである私たちが人びとに陥れられ、訴えられるときでさえも、イエスは心配しないようにと語りかけた。なぜなら、聖霊が私たちの代わりに話すからである。「人びとがあなたがたを捕らえて引き渡すとき、何を話そうかと、前もって心配するのはやめなさい。ただ、そのときあなたがたに与えられることを話しなさい。話すのはあなたがたではなく、聖霊です。」（マルコ13：11）

キリスト者が神を「アバ」と呼ぶことによって自らをこどものような存在として経験することは、何よりも祈りを通してである。イエスは父なる神に祈る者のモデルをよくこどもから見出した。なぜなら、こどもこそ最もよく自分の父、いや、「アバ」にせがんだり、支援をねだったりするからである。「あなたがたの中で、こどもが魚を求めているのに、魚の代わりに蛇を与えるような父親がいるでしょうか。卵を求めているのに、サソリを与えるような父親がいるでしょうか。ですから、あなたがたは悪い者であっても、自分のこどもたちには良いものを与えることを知っています。それならなおのこと、天の父はご自分に求める者たちに聖霊を与えてくださいます。」（ルカ11：11－13）

マタイが「天におられるあなたがたの父は、ご自分に求める者たちに、〈良いもの〉を与えてくださる」（マタイ7：9－11）と伝えるのに対して、ルカは「聖霊」を与えてくださると伝える。ここでルカはマタイと違い、神の約束を内面的・精神的・霊的なものと変えたのか。ルカは「心の貧しい者は幸いです」（マタイ5：3）と伝えるマタイとは違い、「貧しい人たちは幸いです」（ルカ6：20）とはるかに現実的に伝えたかったのであろうか。もしルカが神の約束を精神的もしくは霊的な実在と考えたなら、それは明らかにイエスとそのメッセージとに相反する。なぜなら神の約束は、多くのキリスト者たちの考えとは違い、一方的に内面的なものや精神的なものだけを意味してはいないからである。イエスは「私たちの日ごとの糧を、今日もお与えください」（マタイ6：11、ルカ11：3）と具体的に物質のためにも祈るようにはっきり教えられた。

しかし、もしルカが語った「聖霊」が「アバ」神との完全で親密な交わりを仲介する力もしくは賜物であるとすれば、このような交わりよりも貴重な神の賜物があるであろうか。愛の交わりは物質よりも貴くないのか。物質的な助けは一時的ではあるが、愛は永遠ではないであろうか。こういう意味で、愛は物質よりさらに現実的な慰めと勇気にならないであろうか。

「アバ」神は、ご自身の小さいこどもたちがご自身に祈り、ご自身と永遠の交わりをするように聖霊を遣わされると同時に、ご自身に祈り求めるこどもたちに最も良いもの、聖霊の交わり、そして愛の力を送ってくださる。神を「アバ」と呼ぶことによって、自分を神の小さいこどもと認識し、神と親密な交わりをするキリスト者は、聖霊の感化と賜物を受ける祈りの経験をする。

そして私たちがこどものように神に何をどう話しかけたらよいか分からない時、いやどう祈ったらよいかさえ分からなくてもどかしくなる時、聖霊は私たちの代わりに、私たちのあらゆる事情を祈りの言葉に変えて執り成す。「御霊も、弱い私たちを助けてくださいます。私たちは、何をどう祈ったらよいか分からないのですが、御霊ご自身が、ことばにならないうめきをもって、とりなしてくださるのです。人間の心を探る方は、御霊の思いが何であるかを知っておられます。なぜなら、御霊は神のみこころにしたがって、聖徒たちのためにとりなしてくださるからです」（ローマ8：26－27）。エドゥアルト・シュヴァイツァーが語ったように、「祈りとは私たちによって成就するものではない。祈りは、こどもが母親に叱られたとしても直ぐに話しかけることができるような賜物であり、それによってこどもは以前より良いことができるものとなる。[31]」聖霊の臨在にあって、キリスト者はみな神の前でこどもとなり、さらに良いこどもになっていく。彼は神の前で上手に祈る賢い大人のふりをしない。神の前で彼は、神がいなくても自ら万事をうまく進めていくことができる者のように、また祈る必要が全くない者のように、誇らない。彼は「アバ」神の前で永遠のこどもであり、聖霊にあって完全なアイデンティティと信仰をもつ成熟したキリスト者になる。

③　パウロは、聖霊がキリスト者の内に活動しているという証拠もしくは実として、他のさまざまなものと共有する喜び、平和、そして柔和を指し示す。「聖霊の実は、愛、喜び、平安、寛容、親切、善意、誠実、柔和、自制です。」（ガラテヤ5：22－23）「平和の絆で結ばれて、御霊による一致を熱心に保ちなさい。あなたがたが召された、その召しの望みが一つであったのと同じように、からだは一つ、御霊は一つです。」（エペソ4：3－4）パウロによれば、まことの喜びは聖霊がキリスト者に与える賜物である。聖霊は苦難の中でも喜んでキリストに従わせる力を与える。「あなたがたも、多くの苦難の中で、聖霊による喜びをもってみことばを受け入れ、私たちに、そして主に倣う者になりました。」（Ⅰテサロニケ1：6）

もし聖霊が常に私たちを喜びと楽しみの人にするなら、そして、もしこの世が与える打算的で人為的な喜びではなく、聖霊が与える永遠の喜びが私たちの心を満たすなら、私たちは神の前であどけないこどもにならざるを得ない。神の前であどけないこどもにならずにどうしてすべてのことにおいて喜ぶことができるであろうか。イエスも、聖霊が与える喜びの中でこどもたちのそばに近寄らなかったであろうか。「ちょうどそのとき、イエスは聖霊によって喜びにあふれて言われた。『天地の主であられる父よ、あなたをほめたたえます。あなたはこれらのことを、知恵ある者や賢い者には隠して、幼子たちに現してくださいました。そうです。父よ、これはみこころにかなったことでした。』」（ルカ10：21）

そしてパウロが聖霊の実と言った柔和と平和も、すでに幾度も語ってきたように、こどもたちに結びつけることができる属性である。こどもたちは自らを低くして友だちを作ることができる能力において、平和をもって喜び歌い遊ぶことができる。このように聖霊は私たちを、神の前で神のこどもであることを認識して生きることができるようにする。聖霊の経験はすべてのことにおいて、私たちを力強い者や頑固な者にするのではなく、かえって弱いこどもにし、神を信頼して神と交わらせ、神にあって喜ばせ、神の前で柔和にし、神のこどもとしてすべての人と平和を

（31）Eduard Schweizer, 金 均鎭訳『聖霊』ソウル：大韓基督教書会、一九八二年、一四五頁。

保ち生きることができるようにする。うわべは大言壮語し威勢を張るが、その内面はただ軟弱である大人たちとは違い、聖霊にあって弱いこどもとなったキリスト者は、実に成熟した健康なこどもだと言うことができる。なぜなら、まことの強さは弱さから出るからである。まことのキリスト者は「弱いときにこそ、強い」（Ⅱコリント12：10）のである。

⑵　私はもう一歩進めて問いかけたい。今や私たちは聖霊も敢えて「こども」であると考え経験することができるのか、と。もしそうであれば、私たちは聖霊を「こども」の隠喩や象徴によって表現する聖書的言葉をどこで発見することができるであろうか。

聖霊は人格的な存在であるので、私たちは聖霊に対して男性的、もしくは女性的な隠喩を用いることができる。パウロが「主は御霊です。そして、主の御霊がおられるところには自由があります」（Ⅱコリント3：17）と語ったように、神の霊は罪と死との抑圧的な暴力から解放する方である。こうした聖霊の経験はイスラエルの出エジプトの経験を反映する。それゆえイエスはご自分のメシア的解放活動を聖霊の活動として理解した。「主の霊がわたしの上にある。貧しい人に良い知らせを伝えるため、主はわたしに油を注ぎ、わたしを遣わされた。捕らわれた人には解放を、目の見えない人には目の開かれることを告げ、虐げられている人を自由の身とし、主の恵みの年を告げるために。」（ルカ4：18－19）

初代教会のキリスト者たちも、五旬節の日の聖霊降臨を終末のメシア的解放の出来事として理解した。たとい解放者としての神に対する経験を男性支配の枠の中で理解するのは正しくなかったとしても、家父長制的社会において解放者としての神は、慣習的に男性として象徴されるしかなかった。しかしヨハネは聖霊を、信者たちを生まれ変わらせて慰め、助ける母親として理解した。シリア教父たちやニコラウス・ルートヴィヒ・フォン・ツィンツェンドルフ（Nikolaus Ludwig von Zinzendorf, 1700-1760）は聖霊を「生命の母」と語った。また中世期の神学は聖霊を「生命の源泉（*fons vitae*）」または「生かす生命（*vita vivificans*）」と称した。この神の霊の経験のための男性的もしくは女性的な隠喩（Metaphor）の使用は、人間の生への様々な接近の道を開く。[32]

このように神の霊を男性的・女性的な隠喩で表現することができるなら、同様にこどもの隠喩で表現する方法はないであろうか。私たちが神を男性中心的な考え方で理解してきたように、神の霊をも大人中心的な考え方で長い間理解して来なかったか。なぜ聖霊も常に大人のイメージのみで象徴されなければならないのか。それはこどもが聖霊を経験することができなかったためな

（32）Jürgen Moltmann, 金 均鎮訳『いのちの聖霊：総体的聖霊論』、三六〇頁以下。モルトマンは聖霊を表現する隠喩を四つのグループに分け、各グループで三つを挙げている。：人格的な隠喩（Personal metaphors: 主・母・裁判官）、形成的な隠喩（Formative mataphors: エネルギー・空間・形態）、活動的な隠喩（Movement metaphors: 嵐・火・愛）、そして神秘的な隠喩（Mystical metaphors: 光・水・生産）。

のか、それとも聖霊の経験を言葉で表現することができなかったためなのか。

預言者ヨエルは、終わりの日に神が－こどもたちを含めて－すべての人にご自分の霊を注ぎ、若者たちが預言をし、幻をみると預言しなかったか（ヨエル書2：28）。もしこどもたちが神の霊を経験するならば、彼らは常に大人や男性の隠喩によってのみそれを理解すべきなのか。聖書は確かに家父長制的伝統を反映しているので、私たちは聖書の言語的な表現の裏面を深く考えなければならない。換言すれば、私たちは聖書の言語を神の解放の歴史において批判的に検証してみる必要がある。

聖書はこどもたちに対しても果たして解放的な力として作用するのか。聖書は男性や女性、そして大人の支配理念にのみ寄与するのか。聖書はすべての人のためのものなのか、それとも特定の階級、性、あるいは人種のためのものなのか。まことに聖書はこどもたちをも解放し、解放された被造物としての自由な愛の交わりを彼らにも許して認めるのか。

聖霊の経験を表す象徴の中から、特に「鳩」をこどものイメージにつなぐことができると私は思う。モルトマンは「聖霊を表す鳩の象徴も女性的な性質をもち、そのような方向を指し示す」[33]と語ったが、私は「鳩」の象徴はこどもらしい性質をより豊かに指し示すと考える。なぜなら、弱い幼子を抱いて養う慈悲深い母親の姿は「ひなを翼の下に集めるめんどり」（マタイ23：37）の方が似合うと考えるからである。

しかしマタイ、マルコ、そしてヨハネはみな同じく、イエスが洗礼を受けたときに聖霊が鳩のように降って来たと証言する（マタイ3：16、マルコ1：10、ヨハネ1：32）。聖霊が鳩で象徴されるのは極めて珍しいことである。なぜイエスには聖霊が「激しい風」と「炎のような舌」との形（使徒2：2－4）でなく「鳩」の形で降ってきたのか。鳩は神に献げるいけにえの一つではないか。「あなたはわたしの愛する子。わたしはあなたを喜ぶ」（マルコ1：11）と言う神の御声を通してメシアの召命を受ける荘厳な瞬間に、なぜイエスは人びとを支配する強い力の霊、すなわち鷲のように厳かで荒い霊ではなく、小さく弱い鳩のような霊を受けたか。

モルトマンが強調するように、聖霊が鳩のように天から降ってイエスの上にとどまったという表現は、神の自己卑下と自己限定とを指し示す。イエスに降って来た聖霊はイエスにとって、栄光の道へと導く霊ではなく、苦難の道へと導く霊である。聖霊はイエスを超人とはせず、十字架の死へと導く。病人の癒やしの活動においても、イエスは自らの超自然的な力ではなく聖霊の力によって癒やす。聖霊の力はイエスの弱さの中において証明される。イエスは永遠の聖霊によって自らを傷のないいけにえとして神に献げた（ヘブル9：14）。このように、イエスのメシアとしての身分の根拠が、洗礼を受けたときに起こった聖霊降臨にあるとするならば、彼のメシアとしての身分の本質は十字架の死にある。[34]

（33）Jürgen Moltmann, 李 信建訳『三位一体と神の歴史』ソウル：大韓キリスト教書会、二〇一七年、一四六頁。

人間が探し求める偉大な霊たちとは違い、神の霊はあらゆる人間の弱さと苦難の中に降って来て共に苦しむ霊である。神の永遠の霊は苦難と死の中へと入って行く。したがって、神の霊は人間性の高いところにおいてではなく、暗い死の深いところにおいて見出せるのである。霊と十字架は互いに分けられない。神の霊は十字架の象徴の中にある。これによって、霊的に偉大になり高くなろうとする人間の高慢は裁かれることになる。[35]

このように、イエスに臨んだ神のメシア的な霊は、鷲のように高いところを飛翔する特権と輝くような霊ではなく、鳩のように自らを低くして、他人のために犠牲になる柔和さと苦難の霊である。その霊はもうそれ以上低くすることができないほどに低い柔和なこどものようであり、また苦難を受け犠牲にされるこどもに臨む霊ではないであろうか。まさに鳩のような聖霊はこどものような霊ではないか。鳩の隠喩、もしくは象徴として表現される聖霊は、柔和で純潔な弱いこどものイメージにより似合うのではないか。聖霊にあって神はこどもの顔をもってこの世に降って来られなかったか。鳩のような聖霊にあって神は今日もこどものような方として体験されないであろうか。

（34）Jürgen Moltmann, 金 均鎮訳『いのちの聖霊：総体的聖霊論』、一〇四頁以下。
（35）Hans-Joachim Kraus, *Heiliger Geist: Gottes befreiende Gegenwartt*, Müinchen: Kösel, 1986, S. 46ff.

第5章　神のかたちと「こども」

1　こどもも神のかたちか

家父長制社会において支配的な役割をもった男性たちが書き記し編集した聖書さえも、ただ男性や特定の人のみを神のかたち（似像）だとは語らず、性的・人種的・階級的な差別を超えてすべての人間もしくは全人類を神のかたちだと語っている真理を再発見したという事実は、人間の解放のみならず女性の解放のためにも大きな貢献をした。これによって、神のかたちとは女性がただ男性を恋い慕い、彼に倣うことによって獲得するものではなく、また男性だけがもっていて勝手に自分の気に入る女性に分け与えるものでもないという真理が明らかになった。そして女性も男性と同等に神のかたちとしてその似姿に創造されたため、すでにその内に人間の尊厳とアイデンティティをもっている神の高貴な被造物であり、神の貴いこどもだという真理も明らかに示された。

そうであれば、こどもも神のかたちか。それとも、身体・知恵・能力が成長するにつれ、こどもにおける神のかたちも共に育つのか。こどもが大人の姿をもたなければ、神のかたちにはならないのか。聖書は決してこどもを人間発達の観点で評価しない。換言すれば、こどもが次第に成長して立派な父親あるいは成熟した母親になることによって、ついに神のかたちに変わるとは語らない。この事実は「アダムは百三十年生きて、彼の似姿として、彼のかたちに男の子を生んだ。彼はその子をセツと名づけた」（創世記5：3）という聖書箇所から間接的に推し測られることができる。これは神のかたちがこどもの成長とともに少しずつ形成されるのではなく、出生と同時に存在する完結的なものであることを間接的に暗示している。なぜなら、自分の似姿として男の子を生んだアダムはまさに神のかたちだからである。このように聖書は人間の本質と尊厳もしくは価値を決して発達や発展、成長や進歩もしくは進化などの観点から判断しないという事実が分かる。こどもたちは大人になるその以前からすでにこども自体として神のかたちである。

そうであるなら、神のかたちはあたかも家宝のようにこどもたちに伝わり、全く変わらない固定された実体として残っているのか。神のかたちは純金のように変わらない静的な物体か、金庫の中にいつまでも保存することができる財宝のようなものなのか。もちろんそうではない。堕落によって、人間は神のかたちを完全に失ったと神学者たちはよく語る。しかし聖書は堕落した人間も神のかたちと呼ぶ。堕落が神のかたちに否定的な結果をもたらしたことは明らかであるが、神のかたちが人間から完全に消えるのではない。もし消えたとすれば、罪人はもう人間ではないであろう。人間が罪人になることによって樹木や動物に変わることは確かにない。

しかし神のかたちはひどく壊れ、変質することが可能であり、また再び回復するもしくは新しくなることができる。新約聖書は、人間が新しく着ることになる神のかたちに関してよく語る。「私たちはみな、覆いを取り除かれた顔に、鏡のように主の栄光を映しつつ、栄光から栄光へと、主と同じかたちに姿を変えられていきます。これはまさに、御霊なる主の働きによるのです」（IIコリント3：18）。「互いに偽りを言ってはいけません。あなたがたは古い人をその行いとともに脱ぎ捨てて、新しい人を着たのです。新しい人は、それを造られた方のかたちにしたがって新しくされ続け、真の知識に至ります」（コロサイ3：9－10）。「その教えとは、あなたがたの以前の生活について言えば、人を欺く情欲によって腐敗していく古い人を、あなたがたが脱ぎ捨てること、またあなたがたが霊と心において新しくされ続け、真理に基づく義と聖をもって、神にかたどり造られた新しい人を着ることでした」（エペソ4：22－24）。

そして新約聖書は神のかたちを、キリスト論を前提として語っている。キリストは神のかたち（IIコリント4：4）であり、見えない神のかたち（コロサイ1：15）であり、神の栄光の輝きと神の本質の完全な現れ（ヘブル1：3）である。それで聖書は、神の子であるキリストは神のかたちを媒介する方であるため、人間はキリストに似ていかなければならないと語る。人間はキリストのかたちに似たものになるよう造られた（ローマ8：29）。したがって、キリスト論的観点から見れば、人間はただはじめに神にかたどり造られただけでなく、キリストにあって、神のかたちであるキリストに似たものとされるためにも造られたと言える。

このように見ると、モルトマンが語ったように、神のかたちは務めであると同時に希望であり、命令であると同時に約束である。神のかたちは人間に与えられた固定的な不変の実体ではなく、未来の約束であり終末論的な希望である。すなわち、人間は終末論的な過程の中における存在である。[1] 人間は生まれながら平等で天賦の人権、すなわち、神のかたちであるという恵みを享受しているが、キリストの満ち満ちた身丈にまで、キリストの完全なかたちと同じになるまで、絶えず成長しなければならない（ローマ4：13）。

2　従来の見解に対する再評価

それなら、神のかたちにもっと近いのは大人か、それともこどもか。この点に対しても聖書は人間発達の観点を擁護していない。この問いに対する答えは、神のかたちの本質が何かということにかかっている。何が神のかたちなのか。ここで私は、こどもの神学の観点から「神のかたち」に対する従来のさまざまな見解を再評価しながら、神のかたちとこどもとの関係を考えてみたい。

(1) まず、人間の特別な内面的資質が「神のかたち」だという見解がある。特に、ヘレニズム的ユダヤ教における古代伝統は、神のかたちを人間の精神に結び付けた。神のかたちは神的なロゴス(*Logos*)の写しである。アレクサンドリアのクレメンス(Titus Flavius Clemens of Alexandria, ca.150 - ca.215) とオリゲネス (Origenes Adamantius of Alexandria, ca.184 - ca. 253) によれば、内面的・精神的な人間は神のように不可視的で非身体的であり、破壊されることも死ぬこともない。

クイントゥス・セプティミウス・フロレンス・テルトゥリアヌス (Quintus Septimius Florens Tertullianus, ca. 160 - ca. 220) は精神 ― 霊魂の不滅性とともに意志の決定能力を、人間が神から由来したという事実に対する証拠と考えた。リヨンのエイレナイオス (Irenaeus of Lyon, ca.130 - ca.202) は「自然的な神のかたち (*tzelem, eikon, imago*)」と「超自然的な神の似姿もしくは相似 (*demuth, homoiosis, similitudo*)」を区分した最初の神学者である。彼によれば、「神のかたち」とは人間の合理的で自由な性質、すなわち合理性であり理性である。もちろん理性は人間の自由や意思決定能

(1) Jürgen Moltmann, 金 均鎮訳『創造における神』ソウル：大韓基督教書会、二〇一七年、三三六頁以下。

力、そしてその決定に対する責任を含んでいる。これは堕落の後にも残っている。「神の似姿もしくは相似」とは、人間のうちにある神の霊（神聖の衣服）である。これは堕落のゆえに失われたが、救いの過程において再び回復される。

アレクサンドラのフィロン（Philo of Alexandria, BC ca.20 – AD ca.50）は、神のかたちを人間の精神的能力、あるいは精神的優越性と見なした。神のかたちを自然的なものと超自然的なものとに分ける伝統はヘレニズム哲学の影響を強く受けたものである。フィロンの説明は古代教会によって受け入れられ、その影響は今日まで広く及んでいる。[2]

もし知性や合理性、あるいは責任性が神のかたちの本質として理解されるのであれば、歴史においてよく見られるように、精神的にまだあまり成長していない人間、感性的な女性、反知性的で非合理的なこどもは、神のかたちという面においては、非常に劣等な人間として扱われやすい。これが事実であれば、人間はみな神のかたちであるという事実に反して、ただ男性や知識人、もしくは霊的な存在、特に男性の聖職者だけがより完全な神のかたちであるとされ、女性やこども、そして未開の人や肉体労働者など、しばしば反知性的であると見なされてしまう人間は、このような人びとの仲介を通してのみ神の完全なかたちに参与することができるわけとなってしまう。ここでは階級的・性的支配が正当化される危険な結果を見るのは言うまでもなく、弱いこどもや女性、そしてさらに、強者たちによって文化や文明がまだ十分に発達していないとされる集団に対する蔑視や搾取が宗教的に合理化される悲劇的な結果も自然に生じる。

すでに語ったように、イエスは大人たちに向かってこどものような態度を要求した。こどもが大人の養育と教育を常に必要とする弱い存在であるという事実をイエスは否認しなかったし、イエス自身も家庭、神殿、そして会堂で教育を受け、賢明で健康な大人になっていったが、神の国に向かっての熱情と献身においてイエスがモデルとした者は大人、すなわち父親あるいは母親でなく、まさにこどもであった。もし神の国がまさにこどもたちに属しているなら、そしてもしこどもたちこそ神の国で一番偉い者であるなら、大人たちよりもこどもたちの方が神のかたちに似ていると言えるのではないか。

(2)「神のかたち」を人間の外見（corporeal appearance）との関係から見出した見解もしばしば提示されてきた。ヘルマン・グンケル（Joachim Begrich Hermann Gunkel, 1862 - 1932）は「アダムは百三十年生きて、彼の似姿として、彼のかたちに男の子を生んだ。彼はその子をセツと名づけた」

（2）Claus Westermann, *Genesis*, Teilband 1, Genesis 1-11, Biblischer Kommentar Altes Testament, Bd. I/1, Neukrchen-Vluyn: Neukirchener Verlag, 1974, S. 205 ff.；Anthony Andrew Hoekema, 柳 浩俊訳『改革派人間論（原題：*Created in God's Image*）』ソウル：基督教文書宣教会、一九九三年、六五頁以下。；Albrecht Peters, *Der Mensch*, Gütersloh: Gerd Mohn, 1979, S. 76.

（創世記5：3）という箇所に基づいて、神のかたちを神と同じ外見もしくは外貌として見なした。彼は精神的なものを排除はしなかったが、最初に人間が外見もしくは外貌において神に似ていたという点で神のかたちを見ようとした。グンケル以来、現代の聖書注解者たちは創世記5章3節を指し示して「ツェレム（*tzelem*）」という単語を「彫像、塑像《そぞう》、像」などとして解釈すべきだと主張する。

同様に、ゲルハルト・フォン・ラート（Gerhard von Rad, 1901 - 1971）は神のかたちという表象が元来は身体的な外見から由来したと語る。預言者たちにとって、「神（エロヒーム）にかたどって」創造された人間は、人間と同じ外見をもつ主（ヤハウェ）に似合う。エゼキエルも「似姿（*similitudo*）」と訳される「デムース（*demuth*）」というヘブル語を用いて「人間の姿に似たもの」（エゼキエル書1：26）と語っている。もちろん身体的な姿が精神的な栄光の姿から分離されてはならない。しかし「全人性」もしくは「人間自身」を抽象的にのみ語ってもならない。むしろ神のかたちに関して語るとき、精神から分離することができない体の形態にも注目しなければならない。バルター・テオドル・ツィンメリ（Walther Theodor Zimmerli, 1907 - 1983）によれば、人間はその外見が実際に似ているという意味において神の似姿である。ルートヴィヒ・ケーラー（Ludwig Köhler, 1880 - 1956）は神のかたちは人間の直立姿勢だとまで語っている。ヨハン・ヤーコプ・シュタム（Johann Jakob Stamm, 1910 - 1993）も、神のかたちの本質を外見が似ているという点から見出した。[3]

もし神のかたちを人間の外見、もしくは身体的姿から見つけるとすれば、神と人間とが同じかたちと本性とをもっているという理論、すなわち「神人同形（同性）説（Anthropomorphism）」を主張する結果が生じる。ここで私たちが考慮すべき点はこどもの身体性である。こどももあくまで確かな人間の体をもって生まれるという観点から見ると、こどもも初めから人間の尊厳性をもって生まれるという真理は明らかなことである。

しかし人間は身体的に完全に成長したモデルをこどもから決して見出だささない。人間の身体的機能と美的な完成との程度は、当然大人を基準とするはずである。さらに、生まれてすぐに立つことができないこどもは身体的な面において動物に類似している。それなら、生まれてすぐ直立する動物のほうがむしろ神のかたちに近いのか。それなら、徐々に直立二足歩行を習得するこどもは最初から神のかたちとして生まれるのではなく、育ちながら神のかたちを獲得していくわけになる。それなら、アダムが生んだ男の子が神のかたちであるということはそれ自体の中に緊張と矛盾をもっているわけである。

私たちはこうした観点の中に、人間理解に関する一方的な立場を見いだすことができる。人間を精神的な側面においてのみ理解することは唯心論的な一方性であるが、それと同じく人間を身

（3）Claus Westermann, *Genesis*, Teilband 1, Genesis 1-11, S. 205ff. ; Albrecht Peters, *Der Mensch*, S. 197.

体的な側面においてのみ理解することも唯物論的な一方性と言える。このような一方的な理解によっては、人間の全人性（Holisticness / Integrity）が簡単に否定されやすい危険があり、またそれとともに全人類の連帯性も簡単に破壊されてしまう危険がある。換言すれば、幼子や弱いこども、そして身体障がい者が蔑視と虐待を受けやすい結果が生じる。このような態度は神のかたちが内包している革命的で民主的な特徴を逆に抑圧する結果を生じさせることになる。

(3)　また、「神のかたち」を「我と汝」の人格的な出会いの関係として考察する見解が現代神学に台頭した。カール・バルトとエミール・ブルンナーは、現代人の理性の自律性に対抗して宗教改革者たちの神学的な認識のもとに戻り、神のかたちにおけるキリスト中心的な特徴を徹底的に主張した。彼らは確かにマルティン・ブーバー（Martin Buber, 1878 - 1965）の人格主義的対話の哲学に従い、「人間学的転換」を受容した。現代哲学は人間に対して静的・物的な観点から活動的・関係的な観点へと移行していった。バルトとブルンナーもこうした傾向と同様に神のかたちを人間の霊魂の特別な能力あるいは身体的な形態から見いだそうとした従来の命題に立ち向かい、人格的な出会いによって実現する神との関係の中で見ようとした。(4)

バルトは、神のかたちを人間の存在とその構造・性質（もしくは性向）・能力などに関する人間論的な描写から見いだそうとする試みを拒んだ。このような試みを徹底的に批判したバルトは「神は人をご自身のかたちとして創造された。神のかたちとして人を創造し、男と女に彼らを創造された」（創世記1：27）という箇所に基づき、神のかたちを人間存在の相互対応活動から見いだそうとした。男女が互いに「我と汝」になることができ、人間が「我と汝」の関係の中で対応することこそ、まさにこれこそ神のかたちである。なぜなら、このような対応関係は神と人間との間においても、さらに神のうちにおける三位一体の間においても存在するからである。神は私たちとの「我－汝」の関係の中へ入って来られる。したがって、人間が同じ人間同士でこのような関係を結ぶことができる能力をもって生まれたという事実は、まさに人間が神のかたちとして創造されたということを意味する。人間は互いに「汝」になり、相手に対して責任をもつ存在である「我」になる。この関係性を取り除くことはあたかも神から神性を取り除くこと、人間から人間性を取り除くことのようである。このような関係論的な神のかたちは静的なものでもないし、人間につけ加えられたり人間のうちに置かれたりしてあるものではない。それゆえに、神のかたちは堕落によって失われない。[5]

（4）Albrecht Peters, *Der Mensch*, S. 199.
（5）Karl Barth, *KD* III/2, S. 222ff.

ブルンナーは神のかたちを「実質的な（material）側面」と「形式的な（formal）側面」とに区分したが、神のかたちを関係性として理解した。神のかたちにおける実質的な側面とは、神の栄光を現し、神を恐れるという応答と、神に感謝し愛するという応答を意味する。このような応答は神への愛と隣人への愛から成り立っている。これは罪によって失われた。そして神のかたちにおける形式的な側面とは、人間の責任性、神の愛に対して応答することができる能力、人間同士に対する責任性を意味し、自由、良心、理性、言語能力などがそれを構成する。これは人間存在の変わらない構造の一部である。これは誤用されることはできるとしても、取り除かれることはできない。なぜならこの構造的な特性は、人間存在それ自体と同一であり、すべての人間が平等に具有している存在の特性と同じだからである。このような形式的・構造的・本質的な特性は、人が知的障がい（imbecility）や精神障がいなどにより人間的生活を続けられない状態になった時、中断する。(6)

しかし人間を単純にその関係機能に限ることは、人間理解を狭小にしてしまうという結果を生じさせる。関係的な見解をもつ者たちは、あらゆる被造物の中でただ人間のみが神を知り、意識して神と関わっているという真理を正しく把握した。しかし神のかたちを関係性のみとする見解は問題点を含んでいる。それは実存主義に由来した反実在的な仮定に基づいており、人間の本質を実体的に把握することよりも形式的に理解することを優先する。関係的・機能的な見解は神の

かたちそれ自体よりはその結果、機能、役割、あるいはその適用に焦点を合わせた見解と言える。(7)

もし神のかたちをただ関係的・機能的な観点によってのみ説明するとすれば、それはこどもたちにどのような意味を与えるのか。こどもたちは大人たちよりも実際的な関係を神と形成するのか。ほかの存在との関係やほかの存在に対する役割において、こどもたちは大人たちよりも優れている存在なのか。このような問いは認知的・感性的・行動的な側面で立体的に説き明かされる必要がある。一般的に言えば、ほかの存在との関係形成と機能的な役割において、こどもたちは大人たちに比べて、はるかに未熟だと評価される。それでこどもたちは常に、社会や宗教にかかわる教育を受けなければならない被教育者として見なされる。今日に至ってもこどもたちを一人の人間、もしくは同等の人格を具有している対話の相手として大人たちが認めることは非常に珍しい。

もしこどもたちが、正しい関係形成と正しい機能を果たすために大人たちから絶えず教育されることによってのみ完全な人間になることができるとすれば、こどもたちは神のかたちという面

(6) Emil Brunner, *Die Christliche Lehre von Schöpfung und Erlösung*, Dogmatik Bd. II, Zürich: Theologischer Verlag, 1972, S. 67ff.
(7) Millard J. Erickson, 現 載圭訳『福音主義組織神学(中)―人間論・基督論(原題:*Christian Theology*)』ソウル:クリスチャンダイジェスト、一九九五年、六四頁以下。

において大人たちより足りない存在、もしくは未熟な存在として見なされるしかないであろう。たといこどもたちが本質的な面で完全な人間として認められるとしても、関係と機能という面で実際的には不完全な人間として見なされるであろう。それならば、こどもたちが神の国でどうやって一番偉い者であることができるであろうか。

(4) 最後に、自然に対する人間の統治行為に「神のかたち」を見るという見解もある。このような見解はそれと違う解釈、すなわち人間は自分の精神・理性・意志によって被造物を支配することができるという解釈、また神に対する人間の代理性がほかの被造物に対する支配において成就するという解釈と密接に結び付いた。ハンス・ヴァルター・ヴォルフ（Hans Walter Wolff, 1911 - 1993）は人間を、自らを高める任意の行為者としてではなく、責任をもち任務を果たす者として認識する。人間の統治の権利と義務は自律的なものではなく模倣的なものである。[8] ヨハネス・ハインリヒ・グロス（Johannes Heinrich Groß, 1916 - 2008）によれば、神のかたちは本質的に神の主権に参与するという事実にある。またJ・P・オベルホルツァー（J. P. Oberholzer）も、人間における神のかたちは生産力と自然支配の能力に現れると語る。[9]

この見解は、王を地上で支配する神の代理者とし、町々にその主権と栄光を象徴する肖像を建てた古代エジプトの王権思想によって支えられるが、ここにおいても人間が単純に統治の機能に縮小される恐れがある。今まで西欧の歴史において明らかに示されてきたように、この見解は強者が弱者を、男性が女性を、大人がこどもを、そして人間が自然を、一方的に支配する巨大な階級的支配を支える手段になる可能性があり、他者を支配する者がより完全な人間、すなわち神のかたちになるという誤解を生じさせる可能性がある。

もちろん、ここで「支配」もしくは「統治」という言葉をどのように理解するかによって、人間理解が変わる。しかし、もし私たちが神のかたちを本質的に統治的な機能のみに狭小化するならば、人間の本質と機能、存在と活動を誤って分離する逆効果を招くであろうし、こどもたちはただ機能的な面のみならず本質的な面でも大人たちに比べて劣等な存在として誤解されやすくなるであろう。大人もしくは男性たちのみが力をもって支配するこの世界で、こどもたちはどれだけ簡単に大人による抑圧の対象になるであろうか。しかしイエスが告知し、ご自身の活動を通して身近にされた神の支配、すなわち神の国は、まさにこどもたちのものではなかったか。

（8）Hans Walter Wolf, 文 憙錫訳『旧約聖書の人間学（原題：*Anthropologie des Alten Testaments*）』倭館：ブンド出版社、一九七六年、二七五頁。
（9）Claus Westermann, *Genesis*, Teilband 1, Genesis 1-11, S. 213.

3　神のかたちと「こども」

ここまで私たちは神のかたちについての従来の見解を確認し、特にこどもの神学の観点で再評価してみた。まとめて言えば、人間を内面と外面とに分離させて神のかたちを人間構造の特定の部分に限ることは望ましくない。このような態度は人間の全的な特性（holistic characteristics）を弱める、あるいは否定する可能性を生じさせる。こうした傾向はヘレニズム哲学、特にプラトンの影響から出たものであり、キリスト教の人間理解に否定的な影響を少なからず残した。

身体的なものと霊的なものは区分すべきであるが、分離するべきではない。なぜなら、すべての人間が神のかたちに創造されたからである。私たちは神のかたちを、人間につけ加えられたものとして見ないように注意しなければならない。人間はある一部分に限られない。人間は創造されたそのまま、その存在全体として神のかたちである。[10] 神のかたちは部分的な属性ではなく、人間全体の構造を意味する。[11] 神のかたちを、創造主と人間との出会い、そしてその関係として理解したクラウス・ヴェスターマン（Claus Westermann, 1909 - 2000）も、神のかたちを人間の存在自体として、そしてあらゆる人間を神のかたちとして、見た。神のかたちは人間存在の中にあるものではなく、人間存在から外れるものでもない。[12]

人間の内面と外面を分離させることに負けず劣らず、本質的もしくは構造的な側面と機能的な側面を分離させて人間を理解するのも望ましくない。神のかたちは人間の全体性を含んでいるため、当然人間の構造性と機能とを共に含んでいなければならない。機能と構造は神のかたちにおける二つの側面であると理解することができる。本質的な側面で言えば、神のかたちとは、人間がもつ多様な関係と召命において、人間として当然行うべきことを行うことができるようにするあらゆる賜物と才能が総体的に賦与されている状態を指し示す。機能的な側面で言えば、神のかたちとは、人間に対する神の御心にふさわしく活動する人間の正しい機能性を意味する。他方を犠牲にしてどちらかを強調することは偏狭である。[13]

人間はその本質と機能とを分離することができない全体的・統一的な存在である。ある一部分を強調する代価としてほかの部分を弱めるあるいは軽んじることは人間を全人として見ることができないようにする。本質と機能は人間を説明する二つの側面であり、人間を見る二つの観点に過ぎない。こういうわけで、この両者は決して分離することができるものではない。人間は全

（10）Gerhard von Rad, 朴 在淳訳『創世記』ソウル：韓国神学研究所、一九八七年、六一頁以下。

（11）Leo Scheffczyk, Einführung in die Schöpfungslehree, Darmstadt: Wissenschaftliche Buchgesellschaft, 1987, S. 107.

（12）Claus Westermann, *Genesis*, Teilband 1, Genesis 1-11, S. 218.

（13）Anthony Andrew Hoekema, 柳 浩俊訳『改革派人間論』、一三〇頁。

体と全人として、他者との共同体性においてで神のかたちにかたどられ、そして神のかたちを目指すように、創造されたと言える。

では人間の全体性・全人性・共同体性、すなわち連帯性はどのように現れ実現するのか。人間は孤独な個人としては決して自分のアイデンティティを現すことができない。人間が神のかたちとして潜在的な存在であり終末論的指向性をもつ存在だとすれば、それは人間が自ら自己完結的な存在になることができず、完成への途上においてほかの存在を必要としているゆえにさまざまな関係を結んでいるという事実を内包する。

人間がその本質と機能として、また全体として完全な神のかたちだと言うとき、これは何を意味するのか。本質は機能の中で示され、機能を目標とする。存在は行動として示される。務めとして示されない賜物はなく、行動として示されない存在もない。ところが、務めと行動はほかの存在を前提とし、それと関係を結ぶことを要求する。換言すれば、人間は孤独な個人としては決して自らの役割、務め、賜物、使命、あるいは機能を十分に働かせることができない。

そして人間が全人として神のかたちをもっているということは何を意味するのか。人間が精神だということは人間が何かを目指してそれに向かい、それに対して自身を解放するという意味であり、人間が肉体だということは人間がこの世界と関係を結んでいるということを意味する。人間は精神と肉体として他者と関係を結ぶ存在である。そして他者との関係を前提としない限りは人間の共同体性は何の意味もない。

したがって、人間は独りでは決して人間であることができない。人間は関係の中にいる存在である。そのゆえに神のかたちのまことの意味と本質も、ただ「関係の中にいる人間」の在り方の中でのみ考えることができる。もし私たちが神のかたちをある特定の対象もしくは要素にのみ限定あるいは還元（reduction）することができないのなら、私たちは人間をただ関係の網の目においてのみ、そして関係の網の目としてのみ、明瞭に見ることができると言える。ある意味では、人間は何かであるというよりは、むしろ何かと結ぶ関係であるとも言える。この意味において、神のかたちも、人間が自分の本質と機能を通して結ぶ関係の中で正しく理解されることができる。まさにこの点を特に「こどもの神学」の観点から再び考えてみよう。

(1)　創世記における人間創造物語は、基本的に人間について語るというよりは人間の創造に関して語る。人間をご自身のかたちにかたどって造ろうと決心された創造主なる神の意図は何か。神の決定（造ろう）と詳しい規定（われわれのかたちとして、われわれの似姿に造ろう）、この二つの特徴的な要素は、創造主なる神がご自身と関係を結ぶ何かを造ろうと決心されたという事実を示す。すなわち、創造主なる神がご自身と向き合う対象、この方が語りかけることができる対象、そして神のことばを聞くことができる対象を造られたという事実に、神のかたちの根本的な本質がある。神はすべての人間をご自身と対応するように、すなわち創造主と被造物との間に何かが起こることができるように人間を造られた。[14]

こうした意味で神のかたちとは、人間学的概念である以前に神学的概念と言える。それは創造される人について語る前に、ご自身の似姿を自ら造り、人間と特別な関係を結ぶ神について語るのである。神のかたちは「人と関係を結ぶ神の関係」を先ず語り、その次についに「神と関係を結ぶ人間の関係」を語る。神は、人が地上でご自身のかたちと栄光を表すようになる方法で人間と関係を結ぶ。人間の本質は人に対するこのような神の関係にある。

したがって、人間がもっている神のかたちとは、人間の側が神に対応している点にある。地上における神のかたちの中に栄光を輝き出させる神は、そのかたちの中にご自身を鏡のように反映させる。

人間は地上における神の代理人（proxy）であり、神と相対しているもの（counterpart）であり、神の栄光である。[15] このような意味で人間が神のかたちだというのは、人間が神に対して責任を担う存在、神を愛し、信頼し、従順し、礼拝する存在、神に祈り、感謝し、応答する存在、すなわち神と交わりを分かち合う存在という事実を意味する。[16]

それなら、こどもたちは神のかたちをどれほど反映しているのか。すでに語ったように、こどもたちは大人たちよりも純粋に、そして深遠に神を知り、褒めたたえることができる。なぜなら神はご自身を知恵ある者や賢い者には隠して、こどものような者には現してくださるからである（マタイ11：25、ルカ10：21）。こどもたちは神の奇跡や不思議を悟り賛美することができ、さらに神が幼子たちと乳飲み子たちの口に賛美をそなえられる（マタイ21：16）。イエスがこどもたちをモデルとしてまことの信仰を教えたなら、偽善と偽りと見せかけの演技と計算高さなしにして、広い心で世界と神とを包容することができるこどもたちは、地上におけるどんな人間よりも真実に熱く神を愛し礼拝することができる、神を最も美しく反映するまことの神の似姿ではないであろうか。

(2)　人間の性的差異と交わりも、神のかたちが現われ実現する関係のひとつである。人間が男女という二つの性をもつ存在として創造されたことは重要な意味を含んでいる。人間とその規定は、この二つの性から離れては考えられない。人間は「社会的存在」である。孤独なもしくは独りの存在も完全な人間であるかもしれないが、それでも人間はどんな存在よりも社会的であり、他者との交わりによって決定された存在である。交わりは神ご自身に対応する。なぜなら神は交

（14） Claus Westermann, *Genesis*, Teilband 1, Genesis 1-11, S. 214ff.
（15） Jürgen Moltmann, 金 均鎮訳『創造における神』、二六二頁以下。
（16） Anthony Andrew Hoekema, 柳 浩俊訳『改革派人間論』、一三五頁以下。

わりの中でご自身に対応されるからである。熟慮する複数（Plural of Deliberation）である「われわれ（エロヒーム）」（創世記1：26）は神の中にも差異と統一性があると指し示す。これはご自身において豊かな交わりの関係を結ぶ神について語る。神の中にあるこの差異と統一性は、社会的に開かれた人間の生命とその交わりの生活様式を決定する。神は男と女、親とこどもの生命の交わりを規定する三位一体の神である。[17]

もし神のかたちになるように創造された人間の元来の規定が、人間の社会的関係においても実現するなら、こどもたちは誰よりも社会的関係を必要とし、その中で成長し自身を実現していく存在である。実際的には大人たちの方がこどもたちよりも包括的な関係の網の目の中に暮らしているが、こどもたちは本質的に他者に対して大人たちよりも開放的で柔軟な関係を結ぶ。彼らは世界に対して大人たちよりも開かれている存在である。つまり彼らは大人たちよりも社会的である。こどもたちは非常に限られた領域の中で生きているとても小さい社会人であるが、彼らの心にある社会は全宇宙ほど広い。

人間は大人になるほど自分の世界をなおさら確実に限り、よりいっそう狭くしていかないか。こどもたちは想像や夢、神話や物語を通して、大人たちより広い世界に接していないか。この世界を味方と敵との対立関係を通して二分法的に把握する傾向がある大人たちとは違い、こどもたちは宇宙と自然におけるあらゆるものを友にするのを好み、それで実際にもより広い関係を形成していないか。こどもたちは簡単に怒るがすぐ許し、仲直りができる。このような意味でこどもたちは大人たちよりも社会的である。

(3)　神はご自身のかたちとして造られた人間に、自然万物に対する支配を委託する。人間による万物の支配は神のかたちに「別につけ加えられた」副次的な結果でなく、神のかたちにおける本質的要素である。人間は、万物の支配者である創造者を地上において代理する存在である。[18] しかし人間に委託された自然万物の支配の性格は、無条件で一方的な支配や搾取にあるのではなく、万物の主である神の管理人として責任をもって自然万物を管理し保護するという点にある。これは仕える姿勢の支配と保存を意味し、決して恣意的な搾取や一方的な濫用を意味しない。[19]

人間による地の支配は神のための領地の支配であり、神のための地の管理である。[20] そして人間が環境を汚染し破壊することによって、神のかたちである人間までが犠牲になることを許容して

（17）Jürgen Moltmann, 金 均鎭訳『創造における神』、二六四頁以下。
（18）同書、二六六頁以下。
（19）Anthony Andrew Hoekema, 柳 浩俊訳『改革派人間論』、一三九頁以下。
（20）Jürgen Moltmann, 金 均鎭訳『創造における神』、二六六頁。

はならない。技術文明という新しいユートピア（テクノピア）が人間を奴隷のようにしてはならないし、人間を男と女、大人とこども、さまざまな階級、また支配者と被支配者へと分裂させたりして、他方に対する一方の支配や抑圧を助長してもならない。[21]

一方こどもたちは、この世界を大人たちよりもよく支配することができるわけではない。実にこどもたちは、世界を適切に管理することも保護することもできない。むしろこどもたちは自らを徹底的に世界の一部として感じる。また彼らは世界を支配しようともしない。彼らにとってこの世界は友だちであり、遊び場であり、おもちゃのようである。世界を支配することはこどもたちが成長しながら習得する技術と知恵の世界である。このような面から考えると、こどもたちは確かに大人たちに比べて神のかたちを十分に反映することができず、よく実現することもできないと考えられるであろう。

しかし他方では、もし私たちが世界をただ自分の利益のために利用し、支配しようとする対象あるいは人間を取り囲んでいる環境としてのみ理解するのではなく、神の栄光にともに参与しようとする被造物どうしとして理解すれば、また私たちが人間とほかの被造物を一つの大きな有機体的生命の共同体として認識するとすれば、かえって大人たちよりこどもたちの方がこの世界をよりふさわしく理解していないであろうか。そのような意味においてこどもたちは大人たちよりもこの世界を熱く愛していないであろうか。彼らは大人たちよりも見事にあらゆる被造物の交わりを証言する、メシア的伝令（もしくは先がけ）ではないであろうか。彼らはパラダイスで自然万物とともに飛び回って遊ぶ完成された人間のモデル、完全な救いの象徴ではないであろうか。したがって、こどもたちは大人たちよりも明らかに神のかたちを反映してはいないであろうか。このような点を次の章でもっと詳しく論じてみよう。

（21）同書、二六七頁。

第6章　パラダイスへのヴィジョン

人類は昔から絶えず正義と平和、自由と真理とに満ち溢れた世界を夢見てきたが、その実現がどれだけ難しくまた実現が困難なものなのか、また絶望感に襲われるほどであるかよく知っている。世界に対する生き生きとした希望はしばしば灰色の海へと変わった。正義の名のもとでどれだけ多くの不義が行われ、平和の名のもとでどれだけ多くの戦争が行われてきたか。そして自由と真理の名のもとでどれだけ多くの搾取と抑圧が正当化されてきたか。今日においても私たちはグローバル化（Globalization）という名のもとで数多くの人びと、特に第三世界の貧しいひとたちと弱者たちが、新しい形態の殖民地主義的支配に隷属している事実を見る。全世界の資本主義化、もしくはグローバルヴィレッジの市場化（Marketization of Global village）は新しい形の抑圧と疎外、腐敗と貧困をもたらしている。さらに自然に対する無分別な破壊行為によって、人類全体が滅亡するかもしれない「終わりの日」へと徐々に近づいているという憂いもある。

そのような状況であるにもかかわらず、廃墟の中に新しい生命の花が咲くように、不義と腐敗と抑圧と搾取がまかり通る世界にも、未来に対する希望が人類の心の中に消えることなく永遠に咲いている。人類が始めから今まで夢見てきたパラダイスとはどのようなところか。原初的なパラダイスの特徴は、完全、純潔、豊穣、自由、自然、平和、楽しみ、美しさ、不滅などである。そのほかにも、調和、親密な関係、神的存在と天上の世界との疎通などにも言及する。パラダイスに対する希望はただ直線的・歴史的な時間概念をもつ宗教のみならず、円環的な時間概念をもつ宗教においてもよく見られる。(1)

しかしユダヤ教ほどねばり強く、新しい天と新しい地、神の国、パラダイスを期待してきた宗

(1) パラダイス(*παράδεισος, parádeisos*)は古代ペルシア語「*pairidaeza*」に由来し、そもそも「囲い」や「囲いのある遊園」などを意味した。ギリシア語ではクセノポン(Xenophon, 紀元前427年頃〜紀元前355年頃)の著作に初めて登場し、ペルシアの王族と貴族が所有する庭園を表すため用いられた。紀元前3世紀頃になると、それは「公園」を表す言葉として一般化された。ところが「七十人訳聖書」はそれを創造物語の中で「神の園」を現す言葉として用いた。それによって、この言葉は世俗的な意味から宗教的な意味を持つことになった。更にそれは外典で「隠されたパラダイス」や「パラダイスの終末論的な再出現」などの意味合いと結びつくほどに拡大された。Joahim Jeremias, "παράδεισος (parádeisos)", in Gerhard Friedrich (ed.), *Theological Dictionary of the New Testament*, vol.5 (Grand Rapids: Wm. B. Eerdmans, 1968), pp. 765ff.

教は珍しいであろう。一般的にパラダイスは過去のものとして郷愁の対象であるが、ユダヤ教とキリスト教において、それは未来の終末論的希望として力強く表出される。特に旧約聖書におけるイザヤのメシア信仰において、原始の理想的なパラダイスへの回想は、未来の平和なパラダイスへの希望として再び印象深く生かされる。

「狼は子羊とともに宿り、豹は子やぎとともに伏し、子牛、若獅子、肥えた家畜がともにいて、小さなこどもがこれを追って行く。雌牛と熊は草をはみ、その子たちはともに伏し、獅子も牛のように藁を食う。乳飲み子はコブラの穴の上で戯れ、乳離れした子は、まむしの巣に手を伸ばす。わたしの聖なる山のどこにおいても、これらは害を加えず、滅ぼされない。主を知ることが、海をおおう水のように地に満ちるからである。」（イザヤ書11：6－9）

イザヤが預言活動をしていた時代は不義と不正がその極みに達していた。その中でだれよりも弱いこどもたちが今日のように搾取と虐待の対象となっていたという事実は十分想像することができる。それでイザヤは次のように告発する。

「わざわいだ。不義の掟を制定する者、不当な判決を書いている者たち。彼らは弱い者の訴えを退け、私の民のうちの貧しい者の権利をかすめる。こうして、やもめは彼らの餌食となり、みなしごたちは奪い取られる。」（イザヤ書10：1―2）

このような不義に満ち、神の裁きが迫った地においても、イザヤはメシアの来臨の幻を見、パラダイスのヴィジョンを預言する。未来のパラダイスではどんなことが起こるのか。被造物の中で最も弱い者たちが最も強い者たちのように強くなることによって、彼らの間で「牽制と均衡(checks and balances)」が成り立ち、正義と平和が回復し維持されるのか。それとも、終わりの日に至って最も弱い者たちが最も強い者たちを完全に制圧し、従来の支配関係を転覆させることによって永遠の平和が実現されるのか。いや、そうではない。むしろ人びとを従わせ、世界を支配してきた有力者たちが無力になることによって、あらゆる存在が柔和な者に変わり、敵が友に変わるであろう。力のない者が平和を得るために野獣のように強くなる必要はなく、かえって野獣のような者が柔和な者に変わるであろう。不義と抑圧をもって権力を振るってきた諸国、大人、富んでいる者、権力者などの武装は解除されるであろう。彼らの権力と威勢は永遠ではない。正義をうち立てる神の裁きは悪人を滅ぼすことや階級の転覆によってではなく、宇宙的な平和を樹立することによって完成される。

新しいパラダイス、すなわち、新しい天と新しい地にはもう「数日しか生きない乳飲み子」もいないであろう（イザヤ書65：20）。神がご自分の民を生まれさせ、その民は神の懐に抱かれ慰められ、神から与えられる豊かな栄光のゆえに、豊かな乳房から乳を吸う乳飲み子のように喜ぶであろう。彼らは神の腰に負われ、膝の上でかわいがられ、喜びをもって遊ぶであろう（イザヤ書66：11－12）。その日が来ると、町々の広場は男女のこどもたちでいっぱいになり、彼らはその広場で戯れ遊ぶであろう（ゼカリヤ書8：5）。

その日が来るためには先ず、この地に平和をうち立てる王であるメシアが来なければならない。しかし高慢さと権力、暴力と搾取が支配するこの世界へ来るべきメシアは、権力と実権を持つような高慢な男性ではなく、「ひこばえ」（切り株や木の根元から出る若芽）のような方であり、屠り場に引かれていく「子羊」のような方である。彼は世界の罪と苦しみを背負う子羊である。彼の打ち傷のゆえに、私たちは癒やされ、彼へのこらしめによって世界は平和を得る。彼は不法を働かず、その口に欺きがない（イザヤ書53：1－9）。強い者たちの罪と咎は、メシアの苦しみの中で代償的に裁かれ、彼らの暴力はメシアの平和への意志によって無力化され、弱い者たちの負わされた傷はメシアの傷によって癒やされる。

この世界を救うのは強者ではなく弱者であり、大人ではなく幼子である。メシアは勇士や武士、壮年や成人ではなく、か弱い幼児としてこの地上に来る。「ひとりのみどりごが私たちのために生まれる」（イザヤ書9：6）。キリスト者はイザヤが預言した「メシア的みどりご」が、まさに馬小屋で生まれたイエスであると告白する。世界の最も低いところに来たこのメシア的みどりごは、暴力や罪に染まったこの世界を救うであろう。彼は弱者に過ぎない姿をしているが、彼の無力さは私たちの武力を無用にする。彼の非武装は世界に平和をもたらす。平和のパラダイス、神の国はまさに無力で柔和なみどりご（こども）を通してこの世界に来る。[2]

イエスの母親の「マリアの賛歌（Magnificat, *Canticum Mariae*）」はまさにそのように世界をひっくり返して救うメシア的幼児の誕生を力強く証言する。

私のたましいは主をあがめ、私の霊は私の救い主である神をたたえます。
この卑しいはしためにも目を留めてくださったからです。
ご覧ください。今から後、どの時代の人々も
私を幸いな者と呼ぶでしょう。
力ある方が、私に大きなことをしてくださったからです。
その御名は聖なるもの、
主のあわれみは、代々にわたって　主を恐れる者に及びます。

（2）Jürgen Moltmann, *Ohne Macht mächtig: Predigten*, Mühen: Kaiser, 1981, S. 44ff.

主はその御腕で力強いわざを行い、
心の思いの高ぶる者を追い散らされました。
権力のある者を王位から引き降ろし、
低い者を高く引き上げられました。
飢えた者を良いもので満ち足らせ、
富む者を何も持たせずに追い返されました。
主はあわれみを忘れずに、
そのしもべイスラエルを助けてくださいました。
私たちの父祖たちに語られたとおり、
アブラハムとその子孫に対するあわれみを　いつまでも忘れずに。」（ルカ1：46－55）

ここには、無力な幼児が世界を革命的にひっくり返すという「力の逆説」以外にも、将来行われることがもう既に実現したかのように語る「時間の逆行」が示されている。これは何を意味するのか。預言者たちのように、マリアも望遠鏡を覗いたかのように遠くの出来事を目の前で見、すでに現実した出来事かのように感じているのか。それとも、大きな堤防が小さな穴から破壊されはじめるように、大きな木が小さい種から育つように、小さな幼児から発火してだんだんと燃え広がる革命の火種を、マリアは見たのか。

　とにかく、ここでマリアは小さな幼児が将来有力な大人となってこの世界の秩序をひっくり返す日を幻の中であらかじめ見て喜んでいるのではないことは確かである。マリアはイザヤの預言のように、神がすでに新しいことを行われたと信じた。「初めのことは、見よ、すでに起こった。新しいことを、わたしは告げる。それが起こる前にあなたがたに聞かせる」（イザヤ書42：9）。「見よ、わたしは新しいことを行う。今、これが芽生えている。あなたがたは、それを知らないのか。必ず、わたしは荒野に道を、荒れ地に川を設ける」（イザヤ書43：19）。神の新しい創造が正しい者の犠牲的・代理的な死を通して成し遂げられるというイザヤの預言が、幼児として来られた神の自己卑下の中ですでに成就したことを、マリアは見たのではないか。この世界の支配者たちのだれも今まで為しえず、そしてこれからも為しえないことを、幼児イエスが、いや、イエスを通して神が、すでに行われたのだ。神のメシア的幼児の無力の中で、いや、神の自己卑下と自己無化の中で、世界の武力はすでに解除され無力化された。世界の権力がいくら強くとも、それはすでにイエスにあって裁かれ、すでに過ぎ去ってしまった非実在的なこだま（Echo）と影に過ぎないという事実を、マリアは見たのである。

　使徒ヨハネもパトモス島で、幻の中で新しい天と新しい地との創造を見た。宇宙の新しい創造、すなわち神が万物を新しくすることの幻の中で、ヨハネは神がすべての人びとの目から涙をぬぐい取ることを見る。「神は彼らの目から涙をことごとくぬぐい取ってくださる。もはや死はなく、悲しみも、叫び声も、苦しみもない。以前のものが過ぎ去ったからである」（黙示録21：4）。その日が来ると、世界において最も多くのいのちを失った者たち、最も多く涙を流した者たち、最も多く苦しんだ者たち、すなわちこどもたちが、一番先に神の懐に抱かれて最も大きな慰めを受けないであろうか。そのとき、神は子を慰める母のように（イザヤ書66：13）こどもたちを慰められないであろうか。こどもたちは神の膝の上で慶び踊り、また神もこどものように彼らとともに喜び、遊ばれないであろうか。そして天のパラダイスでこどもたちは神の子羊であるイエスとともに喜び遊ぶことができないであろうか。なぜならそこでは神の子羊であるイエスが光であり（ヨハネ1：19）、明かりであり（黙示録21：23）、そして友だからである（ヨハネ15：14）。

もう一度イエスの「神の国」のヴィジョンに戻ってみよう。私たちはイエスが、自ら形成したメシア的共同体の中で家父長制的体制を倒したことを見た。新しい時代における共同体には家父長という父がもう存在しない。新しい家族においては家父長制的な支配がもう存在しない。父の一方的な支配と、女性とこどもたちの隷属との代わりに、イエスの女友だちと男友だちのメシア的連帯の共同体が登場する。私たちが「父」と呼ぶ対象はただ天の父のみである（マタイ23：9）。しかしこの天の父さえも世界の権力者たちが真似る権威的な父ではなく、非常にあわれみ深い父であり、母のように無限の慈愛にみちている「アバ父」である。これによりイエスがその当時の人びとの認識体系のみならず、社会体系をもひっくり返したことを、私たちは見た。

私はここからもう一歩進めて、今まであまり注目されなかった重要な点を指摘したい。地上でだれかを自分たちの「父」と呼んではいけない（マタイ23：9）と教えたイエスは、その代わりにだれかを「母」と呼ぶように命じたのか。いや、イエスは天の父の御心を行うその人こそ「母」だ（マタイ12：48－50）と語ったが、そう語ったことによって家父長制的秩序の代わりに家母長制的秩序を提案したのではないはずである。イエスはこどもたちとともに女性たちも当時の被抑圧者だと指し示し、意識的に彼らに味方をすることにより、脱父権化がイエスにとっての優先的な関心の対象となったのである。この意味で、ご自身の一次的な関心の焦点を曇らせないように、イエスは脱父権化と同時に脱母権化にまでは言い及ばなかったように見える。メシア的共同体の中においては母も姉妹として理解される。イエスは父親の権威的支配を母親の慈愛深い養育に代えることはしなかった。私たちはみなイエスにあって兄弟姉妹であり友である。私たちを養い守る母もただ一人、天におられる神だけである。ただこの方にのみ頼り、私たちの思い煩いをゆだねることが大切である。ただ神だけが私たちの思いや考えを超え、私たちの日ごとに必要なものを知っておられる。

もう一つの重要な点は、イエスが「あなたがたが向きを変えて女たちと母たちのようにならなければ、決して天の御国に入れません」とは語らなかったという事実である。これは何を指し示すのか。私たちが究極的に神の国に入ってその国で偉い者になるのは、女か母のようになることによってではなく、ただこどもになることによってのみ可能である。地上で過ごす間、私たちは父親の支配の代わりに母親の養育は必要である。したがって、地上に生きている間、私たちは母性愛を拒み退ける必要はない。もちろんまことの父性愛をも否認してはいけない。イエスが排撃したのは父親の存在やまことの父性愛自体ではなく、その存在様式、すなわち支配様式である。しかし母親の過保護、過干渉、一方的な愛もこどもたちを母親自身に隷属させ、その結果天賦的に与えられたまことの自由と権利を剥奪することになる。

神が究極的に願われることは人類のある一方が他方に対する支配者や養育者となることではなく、皆ともに姉妹と兄弟、すなわち友となることである。真の意味から考えると、支配と養育とは神の権利に属する。天（父）も地（母）もすべて神のものである。そして神ご自身もその子であるイエスにあって私たちの友になることを喜ばれる。こういうわけで、終末論的に私たちは皆こどもとしてのみ神の国に入り、神の御座の前で、あの方の懐でこどもとしてのみ存在する。神の国、人類のパラダイスはただこどもたちのためにのみ備えられている。

第7章　こどもらしい霊性

1　上から再び生まれなければならない

ある人が夜遅くにイエスを訪ねて来た。非常に例外的なことであった。夜ごとイエスは静かに祈るために寂しいところに出かけたり、疲れ果ててすぐに眠りに落ちたりしていたので、その見知らぬ客の訪問はあまりありがたくなかったかもしれない。食事さえきちんととることもできず、神の国の福音を宣べ伝えながら一日中歩き回り続けたイエスはどれほど疲れていたであろうか。しかしその日、イエスはあまり疲れてもおらず忙しくもなかったのか、その客を親切に迎え入れたようである。身分が高く見える客が来たと思ったために、イエスが彼を特別に優待したということはまさかなかったであろう。イエスはニコデモというユダヤ人の議員を丁寧に迎え、その人の質問に喜んで答えた。

この議員がなぜ夜遅くイエスを訪ねて来たかは私たちはよく知らないが、他人の目を意識すべき彼の心情は十分理解ができるはずである。彼はパリサイ人であり、ユダヤにおける最高裁判権をもった最高法院の議員として知られていたので、おそらく田舎者とされていたイエスを、丁寧な態度をもって「神のもとから来られた教師」と呼びながらも、昼日中いさぎよく訪ねて来ることは簡単ではなかったのであろう。それにもかかわらず、彼は素直な人であったようである。彼は伝統的なユダヤ教の律法のもとで忠実なパリサイ人であったが、イエスからより明らかなしるし（signs）を探そうとして訪ねて来たようである。彼はイエスのしるしを見聞きし、神がイエスとともにおられると知っていることを告白する。ところが、彼が言ったことは公然とした見掛けの挨拶にすぎず、実際にはイエスを問いただすために、あるいは論争するために来た可能性もあるであろう。

いずれにせよ、ニコデモが何かを問いかける前に、むしろ先にイエスが話しかけた。「まことに、まことに、あなたに言います。人は、新しくうまれなければ、神の国を見ることはできません。」（ヨハネ3：3）これは相手を圧倒する言葉のように聞こえる。しかしこのように話し始めたことにより、イエスが大仰なことを言って虚飾的な権威をふるったとは考えられない。かえってこのイエスの発言は真理の核心をつく、ニコデモに最も必要で適した挑戦だったであろう。

「人は、老いていながら、どうやって生まれることができますか。もう一度、母の胎に入って生まれることなどできるでしょうか」（ヨハネ3：4）とニコデモは素直に反問する。相手の言葉をありのままに受け取るとは、彼はなんと単純な人であろう。彼は相手の言葉を純粋に受け取る素朴なこどものような人であった。神の国がまさにこどものような者のものとイエスは語らなかったか。

イエスはニコデモの単純さを少しも非難せず、ご自分の言葉の意味を説かれた。「『まことに、まことに、あなたに言います。人は、水と御霊によって生まれなければ、神の国に入ることはできません。肉によって生まれた者は肉です。御霊によって生まれた者は霊です。あなたがたは新しく生まれなければならない、とわたしが言ったことを不思議に思ってはなりません』」（ヨハネ3：5－7）。キリスト者になろうとするならば、聖霊より再び生まれなければならないということである。そうである。聖霊は私たちを生まれ変わらせる生命の霊、生かす霊、甦りの霊である。ただ聖霊の胎より再び生まれる経験をした人だけが永遠のいのちをもつ神のこどもとなることができる。これは「上から、神より、神の霊より」生まれ変わる経験である。

「あなたがたは向きを変えてこどもたちのようにならなければ、決して神の国に入れない」と語ったイエスの言葉も、このような意味において解釈しなければならない。聖霊の胎によってこどもとして生まれた者こそ神の家族の一員となる。そして神の国に属するためには最後までこどもとして存在しなければならない。キリスト者に生まれ変わることを説き明かすためにこの過程を幼児の出生に譬えたイエスが、完全なキリスト者として成熟していくことを説き明かすためには人の成熟過程を譬えとして取り上げて説明していない事実は実に不思議である。聖霊の胎よりこどもとして生まれたキリスト者は、それ以上成長する必要がないということなのか。神の国は奇跡のように一度に来るものであって、成長と発展を通して来るものではないということなのか。私たちは一度に神のこどもとなるのであって、それ以後は持続的な発展と成長はもう必要としないということなのか。

神の国においては誕生、成長、結婚、死がないなら、神の国に入った者たちはもう新しい変化を必要としないであろう。彼らはすでに生命と平和と喜びに満ちているであろう。こういうわけで、キリスト者として生まれることも、キリスト者として成熟し、完全なアイデンティティを確立することも、まさにこどもとしてのみ可能だと言わざるを得ない。したがって、私たちはこどもに生まれ変わらなければならないし、常にこどもであらなければならない。私たちは神の国において、神の懐に飛び込んで喜び遊ぶ永遠のこどもである。

ところで、神の国はすでに貧しい者たちとこどもたちを通して、そしてまさに彼らたち自身に、訪れている。換言すれば、神の国をもたらした者であり、ご自身の人格において神の国を引き寄せられたイエスは、神の国とともに貧しい者たちとこどもたちを私たちに引き寄せられたのである。しかしこどもたちは貧しいけれども、貧しいからといって、すべてがこどもとは言えない。その本来の心は清いが、貧しいからといって、すべてがそうだとは言えない。こどもたちは柔和であるが、貧しいからといって、すべてがそうだとは言えない。こどもたちは嘆き悲しむが、貧しいからといって、すべてがそうだとは言えない。こどもたちは平和に生きるが、貧しいからといって、すべてがそうだとは言えない。このような意味で神の国に至る道はただ一つしかない。私たちが現在の存在から再び生まれ変わり、こどもになることである。

2　地からも再び生まれなければならない

クリストフ・フリードリッヒ・ブルームハルト（Christoph Friedrich Blumhardt, 1842-1919）は「人は二度悔い改めなければならない」と言う。一度は悔い改めて神のもとに立ち返ることであり、もう一度は悔い改めて隣人の苦しみと社会の不義とに関心を配ることだと強調した。本当にそうである。神に悔い改め、聖霊によって生まれ変わったと言っている人びとがどれだけ隣人を無視してきたことか。上ばかり仰ぎ見て周りに無関心なキリスト者がどれほど多いことか。敬虔で清いと自負していながら、社会や世界において蔓延した不義に無関心なキリスト者がどれほど多いことか。

彼らがよくする言い訳を考えてみよう。神にささげたから両親や隣人を顧み助けるものはないと言って親不孝や利己主義を覆い隠そうとするとは、どれほどもっともらしい弁明か（マタイ15：3－6）。神の働きに仕えるのに汲々として隣人を顧みる余裕がないとは、隣人に対する無関心を覆い隠そうとする、どれほど偽善的な利己主義であることか。伝道するのに忙しくて、隣人の貧困や社会の不条理にまで気にかける暇がないとは、無責任さと卑怯さをもっともらしく偽装しようとするとは、どれほど言葉巧みな論理であることか。したがって、ブルームハルトが二度目の悔い改めを強調したことは実に正しい。

しかし厳密に言えば、二度の悔い改めという言葉自体は批判の余地があると言えよう。神なしでは人間の存在は初めから考えられないのと同じ様に、人間なしでは神の存在も考えられない。私たちはまことのキリスト者とならなければ、まことの隣人となることはできない。またまことの隣人とならなければ、どうしてまことのキリスト者となることができるであろうか。ヨハネが語ったとおり、神を愛すると言いながら目に見える兄弟姉妹を愛していない人は偽り者である。目に見えない神を愛する人は隣人も愛する（Ⅰヨハネ4：20－21）。したがって、神に対する悔い改めと隣人に対する悔い改めは時間的な前後関係にはなく、同時に起こる出来事と言える。表裏一体の関係、コインの表裏のように、神に対する愛と隣人に対する愛には時間的・質的な優先順位はありえない。私たちは神が一つに結び合わせたものを人間の都合により引き離してはならないのである。

それに加えて、私たち人間が軽く扱ってはならない重要なことを指し示したい。神に対して、そしてそれと同時に隣人に対して悔い改めた人は、今や地に対しても悔い改めなければならない。上から生まれ変わった人は今や下から、つまり地からも生まれ変わらなければならない。地にあるものを見ず、上にあるものを見るべきか。いや、今や地をも見なければならない。天上のことにのみに忠実であるべきか。いや、今や地にも忠実でなければならない。

なぜ、下から、そして下へと生まれ変わらなければならないか。私たちと地はすべて一つの家族、一つの生命、一つの被造物だからである。私たちは地から生まれたからである。つまり私たちは天のこどもでありながら、地のこどもでもある。私たちを造られた方は天の父であるが、私たちは地のちりで造られ、地上で家をつくり、地を耕しながら暮らし、死ぬと身体は地に帰る。この意味で地は私たちの身体の母と呼ばれる。天の父によって生まれ変わった私たちは、同じこどもとして生まれた兄弟姉妹や人間を当然愛すべきであるように、母なる地より生まれた私たちは、同じ生命として生まれた兄弟姉妹や生命体をも愛すべきである。

私たちは、天から下って来た生けるパン、すなわちキリストの肉を食べ、そしてキリストの血を飲むことによって永遠のいのちを享受するのと同様に（ヨハネ6：50－57）、地から収穫された糧、すなわち生命体の肉と血をいただくことによって地上で存続するいのちを享受する。一方で私たちは生きるにしても死ぬにしても主のものであるが、その他方で私たちは生きるにしても死ぬにしても地のものである。それで私たちは天の父に敬虔に仕えるのと同時に地をも尊重し、大切にしなければならない。なぜなら、私たちはみな肉と血を分かち合う同士だからである。私たちはみな同じ創造主によって造られた被造物どうしであり、互いに頼りあい、助け合い、犠牲をはらいながら生きていくからである。私たちはみな、終わりの新しい創造と神の栄光の国に参与する聖なる神の民となるという約束を受けている。

もしそうでなかったならば、なぜ天の父は私たちを天に引き上げるのではなく、この地に下って来たのであろうか。そして再びこの地に下って来るのであろうか。実際にすべてのものをすべてのもので満たす神は今もこの地に満ちていないのであろうか。それなのになぜ私たちは地を軽んじて踏みにじり、ただ天だけを仰ぎ見ていなければならないのであろうか。この地はただ神の足台のみならず、神の家であり、キリストのからだであり、聖霊の宮である。今や私たちはこのような意味において、地として、地から、そして地へと生まれ変わらなければならないのである。

3　こどもの霊的優越性

私たちは、神の国に向かってのまことの悔い改めとは上から起こるものであると同時に、下からも起こるものであると論じた。それなら、こうした悔い改めは結局こどもらしい生き方の中で最もよく表現されていると言える。なぜならこどもたちは神と自然に向かって無限に開かれている存在だからである。こどもたちは常に改めて新しく始める生き方の模範であり、さらに望ましい人生に向かって信頼をもって自身を開示する存在である。

(1) 神に向かって開かれているこども

何よりこどもたちは、神に向かって自分自身を開け放すような生き方の模範である。彼らの在り方とは神とともに生きるということにその特徴がある。彼らは神を説明される前にすでに神を感じており、体験しており、それを表現している。こどもたちは自分自身を囲んでいるあらゆる空間と時間、そしてあらゆる存在に対する信頼に満ちており、究極的な存在である神に自分自身を絶対的に委ねている。彼らは母親の胎内ですでに、自身を包む温かく穏やかな委ねた時間を経験している。それで胎児は自身を包んでいる神秘的な存在に対する絶対的な信頼の中で自由に食べたり、休息したり、眠ったり、遊んだりすることができる。このような意味において、こどもたちは初めから信頼する存在、信仰者としての存在として生まれると言えよう。

こどもたちが成長するほど、大人たちはむしろこどもたちに疑問を持つようにまた抱くように教える。大人たちによってこどもたちは自分の在り方だけでなく、周りの人々の在り方、生き方や神の存在に対して疑問をもつように誘惑される。こどもたちは、世界を信じるな、他人を信じるな、自分もあまり信じるな、などと言われ、不信感が吹き込まれる。その結果、世界と人間の創造主である神をも信じなくなってしまうのである。

それにもかかわらず、神はこどもたちの中に臨まれ、満ち満ちておられる。また神の国はこどもたちの中に最も臨み、満ち満ちている。こどもたちの清く輝く眼の光、神を仰ぎ見る眼差し、無限に開かれている目、すべてのものをプレゼントと思い感謝する目、そして物事に対する信頼に満ちた目は、すでにそれ自体が彼らの中に臨んだ神の国の光であり、その栄光である。こどもたちが成長するほど、大人たちはその輝いている光を覆い隠そうとし、またその光を世界の不自然な光や偽りの光に取って代えようとする。

しかし神はこどもたちと乳飲み子たちの口を通してご自身の力を示され、栄光と賛美を受けられる（詩篇8：3）。信頼に満ちた彼らの澄んだひとみを通して、ご自身の栄光でこの地を照らされる。全世界をプレゼントとして受容し、感謝する彼らの心を通して、全世界をプレゼントとして与えられたご自身の恵みを現される。ローマの教父ヒッポリュトス（Hippolytus of Rome, ca. 170 - 235）の著述《全異端反駁論（Philosophumena）》（V-7-20）によれば、イエスは次のように語った。

「わたしを探すあなたがたはこどもたちの中でわたしを見いだすでしょう。わたし自身を彼らに現すからです。」

(2) 自然に向かって開かれているこども

こどもたちは自然に向かって心を開く模範でもある。彼らの在り方（存在）とは自然とともに生きるということにその特徴がある。彼らにとっては自然万物は友だちであり、兄弟姉妹である。空に浮かび漂う雲、静かな夜空を飾る星と月、空から降ってくる不思議な雨ときれいな雪、空を飛ぶ鳥、のろのろはうカタツムリやふしぎな虫たち、地から出て育つ草や花や木、庭を飛び回る犬と猫など、それらのすべてはこどもたちにとって神秘的な友だちである。このようにすべてのものに向かって開かれているのでこどもたちは最も傷つきやすいが、同時に彼らが接触し経験する現実はそれほど大きく広く豊かであるということになる。

しかしこどもたちが成長するほど、むしろ大人たちはこどもたちの世界を人為的に狭め、彼らの精神世界を古い枠組みの中に閉じ込めようとする。自然はお前の兄弟でも友だちでもない、自然はよく利用し支配していくものだ、自然を創造した神さえもよく利用し、働かせるべきだ、などと強いる。

しかし自然の中に生命の霊として現臨し、活発に働かれる神は、自然に向き合って遊び戯れるこどもたちの愉快な息づかいの中にご自身の喜びを最も大きく表される。神ご自身もこどもたちとともに遊ばれる。こどもたちの中に満ちておられる神の臨在はまさに自然の中にも満ちておられる。神はこれらを通してもご自身を啓示される。《トマスによる福音書》によれば、イエスは次のように語った。

「『わたしは万物を照らす光です。わたしは万物です。万物はわたしから出て来ました。そして万物はわたしにまで達するのです。木を割ってみてください。わたしはそこにいます。石を持ち上げてみてください。あなたがたはそこでわたしを見つけるでしょう。』」（77節）

4　こどもらしい生き方

人生においてのまことの問題とは、世界を正しく解釈することよりも世界において正しく生きていくことにある。それなら、今や私たちはどのように生きるべきか。当然自然に優しいこどもらしい生き方を実践しなければならない。これこそ破壊や汚染によってうめいている自然環境を回復し保存し、将来この地に生まれるこどもたちが健康に生きることができる空間と時間を開く筋道である。これは地上でイエス・キリストの生涯をよりよく見倣う道筋であり、イエスが教え実践された神の国を最もよく実現する道筋でもある。それなら、自然に優しくこどもらしい生き方は具体的にどのようなものなのか。

(1) 存在を志向する生き方

エーリヒ・ゼーリヒマン・フロム（Erich Seligmann Fromm, 1900 - 1980）が強調したように、私たちは所有志向ではなく存在志向の生き方をもって生きなければならない。天地万物の創造における神の業《わざ》には、人間側からのどんな行いも全く関与しない。世界創造は、あらゆる被造物と交わりをもとうとされた神ご自身の自由と恵みと愛によって行われたことである。この世界は神の恵みによって創造され、維持され、新しくなる。したがって、私たちにはこの世界を恵みと愛の上に、そして感謝と賛美の上に立てていく務めが与えられている。恵みを人間の行いや功労といった条件に代える、あるいは基づかせるのは、神の摂理を妨げ、それに逆らうことである。

こどもたちほど自分と他者とを純粋なプレゼント（Gabe）として感じる存在はない。こどもたちは自身を大人たちに与えられたプレゼントだとは思わず、むしろ大人たちが自身に与えられたプレゼントだと理解する。こどもであることをやめる人は、その瞬間から自分が背負う課題（Aufgabe）だけを見るようになる。この課題とは人間の自意識過剰、他人より優越した存在になりたがる欲求や権力欲、より大きい成功と業績を成し遂げようとする名誉欲などと一致する。

今日《こんにち》、こどもと家庭、社会と自然を害する主な要因としてはまさに恩知らずな大人たち、恵みより行いの条件を強いるパリサイ人のような大人たち、自分の優越さを誇りたがる幼稚な大人たちの過度な競争意識、所有欲、努力・利益・業績・成功至上主義、開発主義（Developmentalism）、拡張主義（Expansionism）、覇権主義（Regional hegemony）などが挙げられる。人類の歴史と社会現象によく見られるように、このような帝国主義的な生き方は、一時的に有力者や偉い者たちを喜ばせるが、結局は自身と他人を滅ぼす不幸に終わってしまう。大昔に地上をのさばり歩き、地上のものすべてが自分のものであるかのように、行き当たるものすべてを食い尽くそうとした巨大な動物、すなわち地上で最も肥大した恐竜はしばらくの間この地を支配したが、ただ化石のような痕跡だけを残し絶滅してしまった。天を突くようなバベルの塔を築いた盛んな文明はしばらくの間その威厳を誇ったが、すぐに歴史の表舞台からに消え去ってしまった。世界をすべて握ろうと栄華を極めた帝国であったバビロン、ローマやアドルフ・ヒトラーの築いた帝国は今どこにあるのであろうか。

限りなく拡大成長しようとする国家や社会、また個人は結局、自身と世界を混乱に陥らせ衰退する。追い求められる世界は実存しない非現実的な世界であり、ディストピア（Dystopia、反ユートピア）である。このような世界においてはあらゆる存在がその固有の価値をもって生きることができず、さらに相対的に弱い国々、女性、こども、自然などのためのスペースさえもない。このような世界が広がるほど、こどもがこどもとして生きる可能性はますます低くなり、大人がこどものようになる可能性さえ同様に低くなっていく。

　こどものようになろうとし、自然を兄弟姉妹や友として考える者にとって、最も致命的な悲劇いや、不幸な出来事とは、望ましい生き方の最も大きな土台である無償の恵みと無償の愛を忘却することであり、この世界を売買や取引関係の場としようとすることである。この世界における貴重なものはすべて、無償で与えられている。私たちの生命も私たちのこどもたちもそうである。イエスは、私たちの日常の心配さえも母のように慈愛深い天のアバ、父に委ねるよう教えられた。

　これに比べて私たちが成したことはどれほど取るに足りないか。私たちが自分の存在と生命とこどもたちをつくり生み出したか。世界のすべてのものは私たちが労苦して勝ち取ったのか。すべてのものは恵みによって無償で得たものではないのか。実に神が私たちに与えられた最も大きな賜物、すなわち、永遠のいのちと喜びと平和に満ちた神の国も、私たちが成し遂げる何かではない。それは祈り求めるべきものであり、また祈り自体も私たちが成し遂げるべき何かでもなく、ただ聖霊の賜物である。したがって、私たちは常に神の恵みを覚えながら生きていくことが大切である。こうした態度と生き方のみが、人類がまことに幸せになる道筋である。

(2)　つましい生活

所有や行いよりも存在と恵みに基づいて人生設計を組み立てて歩んで行く者は、素朴で節制的な生活、自制された簡素な生活を送る。財産が少なすぎてもそうであるが、財産が多すぎても私たちは人生そのものが恵みによって与えられた賜物であり、感謝しなくてはいけないことを忘却しやすい（箴言30：8－9「貧しさも富も私に与えず、ただ、私に定められた分の食物で、私を養ってください。私が満腹してあなたを否み、『主とはだれだ』と言わないように。また、私が貧しくなって盗みをし、私の神の御名を汚すことのないように。」）。自分の人生が多くの人びとの奉仕と犠牲の上に立てられたものではなく自分の能力の上に立てられたものと錯覚して高慢になりやすい。このような人生はいくら裕福であっても実体としては貧しい者にしかすぎない。巨万の富をあまりに追い求める者たちは、すべてのものを思い通りに手に入れることも難しいが、たといそうなったとしても、彼らは愚かで有害な多くの欲望に陥りやすくなる（Ⅰテモテ6：9－10）。彼らは常に自分自身を第一とし、こどもたちをきちんと育てることをせず、隣人と自然から取り立てて吸い取る。また無償の恵みそのものをわがものとし、感謝もしないで生きる。彼らにとって、富や名誉といった所有できるもののみが、自己自身はもちろん、他人の生命と存在に対する価値を判断する基準である。こうした基準を持つと、富や名誉がなくなれば、人間の生命の価値も存在意義もなくなってしまう。

　真実なキリスト者にとってはイエスが生き歩んだように、またイエスに従った多くの真実な弟子たちのように、質素な生活を送ることは当然のことである。日常生活においては自然に優しく、再生可能なものやエネルギー消費が少ないものを選んで使うことは当然である。自然と環境、そして隣人の生命を大切にしながら共に生きるためには、多少の不便を甘受しなければならないかもしれない。清貧は勧める価値があるが、清富はあまり勧められることではない。世界中の貧しい隣人のため、限りある資源を等しく分けて使うことは大切である。そのためには、今こそ私たちは自発的な貧しさ（voluntary poverty）という生き方を決断し、みんなが豊かになる道を選ぶことが求められている。

すべての世代が限りない競争に駆り立てられている資本主義社会で、私たちは経済格差、特に富裕と貧困の二極化が進んでいる悲劇的な状況を目撃しており、このような超格差社会においてはみんなが一緒に滅びるのではないかという憂いを抱くことになる。たとい不義の社会構造が貧しい者たちによって革命的にひっくり返されることがないとしても、おそらく自然の方が先に破壊されるであろう。いや、自然が人間の世界を覆いつくしてしまうであろうか。ただ一つだけの地球、ただ一度だけの人間の生を重んじて愛する方法は、節約し簡素に生きるよりほかない。キリスト者が世界における光であり、塩であり、酵母であれば、自発的な貧しさをもってつましい生活の中で満足し、喜び、感謝する模範を示さなければならないであろう。このように貧しい生活の中で聖く生きることこそ、まことのキリスト者と教会の今日の標識となるであろう。

このような生き方において私たちは、こどもたちのようになることが大切である。彼らは小さな出来事やそのことだけでも十分に満足し感謝する。大人たちの忙しい生活と心配に満ちた生活とは違い、こどもたちは将来を夢見ながらも、その日その日を楽しみ、感謝し、人生そのものに対して驚き歌いあう。彼らは自身の将来のために糧（財産）をたくわえず、その時その時新しく与えられるもので生きる。彼らは明日の糧のために心配をしない。

5　こどもらしい霊性（霊的な生活）に至る道

どうすれば私たちは完全な霊性に至ることができるのか。ゲイリー・トーマス（Gary Thomas, 1961 -）は人間を霊的な気質に従って九つの類型に分け、それぞれが神に近づく方法を次のように語っている。

①野外で神を愛する、すなわち、神に造られた自然の中で神の現臨と教えに親しむ方式（自然主義者たち、Naturalists）、
②五感をもって神を愛する、すなわち、五感を生かす礼拝を通して神の美しさに接し、神との親密な関係を深める方式（感覚主義者たち、Sensates）、
③礼典と象徴を通して神を愛する、すなわち、安息日や主日・礼拝・聖礼典などを遵守する伝統的方式（伝統主義者人、Traditionalists）、
④孤独とシンプルさの中で神を愛する、すなわち、孤独・自制・シンプルさ・質素さをもって

神を愛し、神との親密感を深める方式（禁欲主義者たち、Ascetics）、
⑤対決を通して神を愛する、すなわち、神の公正さと正義を重んじ、弱者を代弁し、社会悪と不義に立ち向かって闘いながら神を愛する方式（行動主義者たち、Activists）、
⑥他人を愛することによって神を愛する、すなわち、自己中心性から抜け出して他人に仕えることによって神に仕える方式（博愛主義者、Caregivers）、
⑦神秘体験と祝祭をもって神を愛する、すなわち、信仰の多様な経験と神への畏敬の念、その表現や期待をもって情熱的に神を礼拝し愛する方式（熱情主義者たち、Enthusiasts）、
⑧恋慕の心を通して神を愛する、すなわち、黙想と祈りの中で恋人や花婿である神を恋い慕いながら神との親密な関係を深める方式（観想主義者たち、Contemplatives）、
⑨理性的な精神を通して神を愛する、すなわち、神に対する新しい知識を追い求め学びながら、神を理解し愛する方式（知性主義者たち、Intellectuals）。[1]

（1）Gary Thomas, 尹 鍾錫訳『霊性にも色がある（原題：*Sacred Pathways: Discover Your Soul's Path to God*）』ソウル：CPU、二〇〇三年。
（2）Jame Bryan Smith, Lynda Graybeal, 方 成圭訳『霊性形成のための九回の出会い（原題：*A Spiritual Formation Workbook*）』ソウル：図書出版ツラノ、二〇〇二年。

ジェームズ・ブライアン・スミス（James Bryan Smith）とリンダ・グレイビール（Lynda Graybeal）によれば、キリストの生涯とキリスト教の伝統から見いだされた次の六つの霊的な生き方によって、完全な霊性が実現する。①祈りに満ちた生活、②有徳な生活、③御霊によって強められた生活、④あわれみと公正を実践する生活、⑤福音中心的な生活、⑥キリストを表現する礼典的な生活。(2)

霊性に関するこのような包括的な立場は、一方では水平的・肉体的・世俗的・現実的な生活を軽んじるヘレニズム的二元論を排撃しながら、他方では知性・感性・内面性に傾きやすい観点をも良い方向に導く。完全な霊性は、生活におけるあらゆる領域と関係に関心を傾けながら、そのすべての次元を包括する。それは内的な生活のみならず、社会・世界・宇宙に関わる生活を肯定し、また神との関係のみならず、隣人や自然との関係までをも含む。

しかし、私はここでこのような方式を並べるよりも、聖書箇所を中心としてこどもの神学と密接な関連性をもつ四つの方式だけを説き明かしたい。これはナチス統治下で告白教会によるフィンケンヴァルデ（Finkenwalde）牧師研修所においてディートリヒ・ボンヘッファーが勧めていた霊的な訓練方法と概ね一致する。

(1)　聖書を読むこと

「生まれたばかりの乳飲み子のように、純粋な、霊の乳を慕い求めなさい」（Ⅰペテロ２：２）。

ヨハネと同様に、ペテロもまた出生の隠喩を用いてキリスト者の生命を「新しく生まれた」（Iペテロ1：23）と描写する。しかしヨハネとは違い、ペテロは「水と御霊」によって生まれた（ヨハネ3：5）とは語らず、永遠の「神のみことば」によって新しく生まれたと語る。そしてペテロは「乳の隠喩」を用いて、キリスト者たちが乳飲み子として神の完全な救いに向かって弛《たゆ》みなく成長するように勧める。救いとは最後の瞬間の救済ではなく、キリスト者たちの中にすでに始まっている、彼らがすでに味わったその過程の完成である。

キリスト者たちの継続的な成長に必要なものとして、永遠のいのちの糧である聖書に代わるものはない。いくら汲み上げても涸れることがない、聖書という泉から湧き出る永遠のいのちの水で霊的な渇きを満たし、また霊的に成長するために、いのちの糧を日ごとに食べることがいかに大切であろうか。乳飲み子ほど乳を切に慕い求める存在はない。成長過程の乳飲み子は四六時中乳を欲しがる。母親は乳をせがむ乳飲み子に、常に自分の愛情をその子に注ぎかける。このように聖書は、日ごと豊かに新しく自分を開いてくれる。

忙しい日常生活において、多くの人は聖書が退屈で長々しいと感じて最初から見向きもしない。怠惰な人は日曜礼拝のときにだけ聖書を開く。偽善的な人は聖書に対する知識が浅薄なのにも関わらず、聖書をすべて知っていると錯覚している。高慢な人はもう聖書を読む必要がないと考える。このような者たちは神の永遠の約束から徐々に遠ざかり、その代わりにこの世が囁く偽りの教訓や一時的な約束に惹かれてしまう。したがってキリスト者は、神のみことばから離れないように、純粋な、霊の乳を慕い求める乳飲み子のような者になることが大切である。

赤ん坊がよく眠るというのは体調が良く、元気に育っている証拠でもある。ところが、空腹を感じることもないまま、ずっと眠っている場合が多いときはどこかが不調であり、診察を余儀なくされる。通常は、授乳時間に合わせて母親が赤ちゃんを起こすと、元気な赤ちゃんはすぐに目を覚まし、すぐに乳を飲むものである。

イエスは「『いつも目を覚まして祈っていなさい』」（ルカ21：36、マタイ26：41、参考にローマ13：11）と言われた。この言葉はただ「眠らずに祈っていなさい」という意味のみならず、「霊的に目を覚まして生きなさい」という意味をもつと考えられる。目を覚ましているために私たちは時を見分け、周りの世界とその状態を注意深く見極めることが必要である。

しかし何よりも神のみことばは私たちの眠っている霊魂を揺さぶって目を覚まさせる。「神のことばは生きていて、力があり、両刃の剣よりも鋭く、たましいと霊、関節と骨髄を分けるまでに刺し貫き、心の思いやはかりごとを見分けることができます」（ヘブル4：12）。神のみことばの前で私たちの偽りの自我と世界像は粉々に砕け、真理の光によってその実状が明らかに照らされる。したがって、私たちはまず神のみことばによって目を覚まさなければならない。そしてこのみことばに根を深く下ろさなければ、信仰への熱心は歪曲された霊性に陥りやすい。

(2) 祈り

『あなたがたの中で、こどもが魚を求めているのに、魚の代わりに蛇を与えるような父親がいるでしょうか。卵を求めているのに、サソリを与えるような父親がいるでしょうか。ですから、あなたがたは悪い者であっても、自分のこどもたちには良いものを与えることを知っています。それならなおのこと、天の父はご自分に求める者たちに聖霊を与えてくださいます。』」(ルカ11:11−13)

イエスは、誰よりもこどもたちを、祈る者のまことのモデルとされた。こどもたちは常に親に依存すべき存在である。また彼らは常に緊急を要する、困難な状況に陥りやすい。さらに彼らは謙遜であるがゆえに、こどもたちは折に触れてよく、最も熱烈に親に助けを求める。キリスト者である私たちは神のこどもたちであり、神は私たちにとって良い父であり、母のような父であり、また良い友である。したがって、神に祈り求めることは私たちの義務のみならず、特権でもある。エドゥアルト・シュヴァイツァーが語ったように、祈りさえも私たちによって成就するものではない。祈りはこどもが母親に叱られたとしても再び母親に話しかけることができるというような賜物である。それで私たちはこどもの態度で、いや、こどもとして、神に祈ることを学ばなければばならない。
このような意味において、マザー・テレサ（Mother Teresa[Anjezë Gonxhe Bojaxhiu], 1910 - 1997）は次のように語る。

「皆さんはどのように祈りますか。私たちはこどものように神に近づかなければなりません。こどもたちにとっては、心にある多くの思いを非常に単純な言葉で表現することが難しくありません。その言葉は単純ではあるが多くのことを表します。駄々っ子、もしくは嘘をつくこどもでなければ、こどもたちは自分のことをすべて語ることができます。これが私が皆さんに言っている『こどものようになること』の意味です。私たちは完璧に祈ろうとあまりに苦心すると、失敗するでしょう。私たちはすぐがっかりして祈りを諦めるかもしれません。神は時々私たちに失敗を許容されますが、私たちが自暴自棄に陥ることは願われません。あの方は私たちがこどものようになること、へりくだること、そして祈りの中で感謝することができるようになることを願われます。」(3)

祈りは神の御心を変えようとする意図のみならず、私たちの願いや考えを神の御心にふさわしく変えるという意図も含んでいる。「私たちが神の御心を変える」ということは執拗な祈りの本質である。イエスは確かに「ひっきりなしにやって来て執拗に求めるやもめ」の譬え話（ルカ18：1－8）を通して、切にしきりに祈ることの必要性を教えられた。しかし神の御心を変えるということは決して、人間が神を操る、あるいは神を私たちの思いのままに使うことであるかのように誤解してはいけない。このような考え方は異教的である。私たちが執拗な祈りをささげることができる根拠は、神が私たちのために自らご自分の自由を制限されることにある。神はご白分の自由において一方的に行動することもできるが、私たちの祈りを通してご自分の御心を変えることもできる可能性をいつももっておられる。これは神の限りない恵みの賜物である。しかし私たちが神の御心を変えるあるいは改めることができるとしても、甘えん坊のようにせがむ私たちの欲を神がやむなくすべて叶えてくださるという意味ではない。自分の快楽のためなどの悪い動機からなる祈りは叶えられない（ヤコブ4：3「求めても得られないのは、自分の快楽のために使おうと、悪い動機で求めるからです。」）。このような祈りに対して神は不承知をもって答えられる。

　祈りは神の御心を受け入れる道でもある。こどものように神に「アバ、父」と呼びかけて祈り、私たちにも神を「アバ、父」と呼びかける特権を与えたイエスも、最終的には「『しかし、わたしが望むようにではなく、あなたが望まれるままに、なさってください』」（マタイ26：39）とひれ

（3）Mother Teressa, *Everything Starts from Prayer: Mother Teressa's Meditations on Spiritual Life for People of All Faith,* ed. Anthony Stern (Ashland: White Cloud Press, 1998), pp. 38, 47.

伏して祈られた。執拗に求める無力なやもめに負けず劣らず、こどもたちも親にしつこくせがむ者のモデルである。しかしこどもたちは親の意を信頼して素直に受け入れることもできる存在である。彼らは執拗にせがむこともするが、素直に引き下がることもする。それで彼らは祈る者のモデルであると同時に従順する者のモデルでもある。祈りは従順への道でもある。このような従順を通して、私たちは求めていたものとは比べられない豊かな恵みを享受する。

(3) 賛美

「『幼子たち、乳飲み子たちの口を通して、あなたは誉れを打ち立てられました』」(マタイ21：16)。

イエスはエルサレム神殿で商売をしている人たちをみな追い出し、目の見えない人たちや足の不自由な人たちを癒された。祭司長たちや律法学者たちはイエスによるいろいろな驚くべきこと、こどもたちが「ダビデの子にホサナ」と叫んでいるのを見て腹を立て、「こどもたちが何と言っているか、聞いていますか」と非難した。それに対してイエスは、「幼子たち、乳飲み子たちの口を通して、あなたは御力を打ち立てられました。あなたに敵対する者に答えるため、復讐する敵を鎮めるために」と告白する詩篇(8：2)を引用して、「『幼子たち、乳飲み子たちの口を通して、あなたは誉れを打ち立てられました』」と言われた。

こどもほど楽しく歌を歌う者はいない。常に新しく成長するこどもは、大人のように古い歌ばかり歌わずに、常に新しい歌で賛美するのを喜ぶ（詩篇98：1）。賛美はただ純真な心あるいは口からだけ出るのではなく、全身全霊から出る神にささげる感謝の信仰告白である。そして同じ言葉で共に歌う賛美はキリスト者たちを一つにする。

大人たちはしばしば心から歌わず、自分の音楽性を示すために誇らしく歌ったり、音楽それ自体に惹かれてただ歌ったりする。しかしこどもは心からでないと歌わない。なぜなら、こどもは心身、考え、そして行為が分裂しておらず一致しているからである。こどもが自分を誇示するため、あるいは音楽それ自体のために歌う場合は珍しい。こどもは不自然な歌を無理には歌わない。自分の声色や音程がどうなっているか気にせずに、喜んで友だちとともに声高く歌う。感情や思いを隠したり歪めたりせずありのまま表現する。したがって、賛美する時、私たちはできるだけ、いや、必ず、純粋なこどもの姿に帰ることが望ましい。神の前で大人のように自分の感情や思いを覆い隠して体裁ばかり気にする必要がない。

ヨーロッパのキリスト者たちは、和音を入れずによくユニゾンで賛美歌を歌う。なぜならユニゾンで歌う賛美は、音楽自体に惹かれて楽しむという不純な動機や、音楽に歌詞と等しい重要性を置きたがる不純な欲に染まらないからである。このように歌う賛美の素朴さは大人よりもこどもの姿に近い。

そして神は、壮大で美しい音楽よりもこどものように純真な心からささげる純粋な賛美を喜んで受けられる。神は礼拝堂での決まった時間（礼拝の時間）と決まった空間（聖歌隊席や会衆席）でささげられる賛美よりもいつでもどこでもささげられる賛美を喜んで受けられる。神はエルサレム入城の途上で、神殿の中で、いや生活の真ん中において「ホサナ」と叫びながら声高らかに歌ったこどもたちの賛美を打ち立てられ、喜んで受けられた。

(4) 奉仕（仕えること）

「『だれでもこのこどものように自分を低くする人が、天の御国で一番偉いのです』」（マタイ18：4）。

「『誰でも先頭に立ちたいと思う者は、皆の後になり、皆に仕える者になりなさい』」（マルコ9：35）。

聖書を読むこと、祈り、そして賛美はもちろん独りでも十分可能なことであるが、できるだけ共同体の中で、そして共同体とともに行うのが望ましい。なぜなら神は共同体として存在される方（三位一体の神）であり、キリストはまさに共同体として存在される方（キリストのからだ）であり、聖霊はまさに共同体の御霊（教会を創設、維持、刷新される御霊）だからである。

奉仕とは決して孤独な個人だけでできることではない。聖書を読むこと、祈り、そして賛美は神に向かっての行為であるが、奉仕は隣人に向かっての行為だと捉えられ疎かにされやすい。さらに隣人のための奉仕は霊的なことではなく世俗的で副次的な行為と考える人も多い。

しかしまことの奉仕は神から出て、神において成就され、そして神にささげられる。それゆえ奉仕は隣人を通して神に向かう間接的な行為と言える。隣人のための奉仕は神のための奉仕から切り離せない関係にある。この両者はコインの両面のようであり、木の根と実との関係のようでもある。神は隣人に仕える行為においても臨在され、それを通しても大きな栄光を受けられる。神は隣人のための奉仕を無視する者たちを厳しく裁かれる。それゆえ、良きサマリア人の譬え話（ルカ10：30－35）において、強盗に襲われた人を助けたサマリア人は、その場を知らぬ顔で通り過ぎて行った祭司やレビ人よりもさらに聖なるささげ物を献げたと言える。なぜなら日常生活の中で私たちがささげるべき礼拝とは私たちのからだを神に喜ばれる、聖なる生きたささげ物として献げることだからである。（ローマ12：1）

イエスが大人ではなく、まさにこどもをへりくだりのモデルと奉仕の対象とされたのは特異なことである。常識的に考えれば、イエスもユダヤ人の伝統に従って「大人のように、あなたがたも大人に仕えなさい」と教えるべきではなかったであろうか。しかしユダヤ人として生まれたイエスがそのような言葉を語らなかっただけではなく、むしろ大人たちに向かって「あなたがたはこどものように自分を低くする者になりなさい」、「誰でも先頭に立ちたいと思う者は、皆の後になり、皆に仕える者になりなさい」と教えたのは非常に破格のことである。

しかし、じっくり考えれば十分理解ができる。なぜならまことに仕えるということは、偉い者が低い者を密かに見下しながら傲然と恩を売るような安価な行為ではなく、相手を尊重し、自らを低くするへりくだりの行為だからである。こどもこそ自らを低くする必要がないほどすでに最も低い存在である。したがって、イエスがこどもを謙遜の理想的なモデルとされたのは十分理解ができる。トマス・ア・ケンピス（Thomas à Kempis, 1380 - 1471）も謙遜の重要性を語っている。

「あなたがすべての人より劣っているものとして自身を考えるのでなければ、自身が一歩でも進歩していると考えてはならない。(4)」

それなら、私たちはだれに仕えるべきか。仕える価値がある人のみならず、だれよりも仕える価値がない人に真摯に仕えなければならない。なぜなら価値が愛を生じさせるのではなく、愛が価値を生じさせるからである。特に私たちの中で最も弱い人びとや困窮した人びとは、優先的に仕えるべき対象である。さらに神によって造られた被造物同士、いや、私たちの兄弟姉妹であるすべての生命体を顧みて仕えなければならない。今まで私たちに仕えてきた自然を、これから私たちが顧みて仕えなければならない時が熟した。なぜなら被造物も産みの苦しみの中でうめきながら神のこどもたちが現れるのを待ち望んでいるからである（ローマ8：19－22）。被造物自体も神の栄光に参与する存在として造られたのである。

6　こどもらしい霊性の実践

まず、今や私たちは小さい者と小さい物事を再評価しなければならない。私たちは、小さい物事から最も大きい物事が生じ、小さい物事の中にすでに大きい物事が含まれていると考えると同時に、小さい物事が大きいと、考えなければいけない。こどもから大人が生じ、こどもの中には大人が潜在していると考えるだけではなく、こどもが大人の先生、大人の父であるという次元をも悟る必要がある。こどもは偉大である。こどもは大いなる力と知恵をもっている。それでこどもを条件なしに愛し、老いたこども（老人）を敬わなければならない。

地上のすべてのこどもたちが人工妊娠中絶、虐待、抑圧などから守られ、高貴な生命として等しく人間らしく生きることができるようになるためには、大人たちが限りない所有欲と競争心からなる物質主義的な生き方に立ち向かい、節制と自制に基づいた生き方を始めなければならな

（4）Thomas à Kempis, William Benham (Trans.), *The Imitation of Christ*, Book II-II-2. trans. William Benham. http://gutenberg.org/cache/epub/1653/pg1653-images.html\#chap27

い。私たちは小さい物事や少ない物事に対しても感謝し、満足するこどものようにならなければならない。これこそ人類が成熟した大人として生きる道であり、日増しに破壊的になっていく人類共同体と、死にゆく地球共同体を生かす道である。

そのように生きるためには、私たちが大きな物を小さく分け、小さい者たちに分け与えることが必要である。大人たちは小さい者と同じく自らへりくだって自分の権力、財物、土地などを小さく減らし、小さい者たちに等しく分け与えることが必要である。小さい物を皆で分け合うことが皆を大きくする。小さく裂かれたパンが皆を満腹にする。こどものようにへりくだって小さくなる者だけが世界に生きる楽しみを加え、この小さい地球を生命の大きな共同体にする。現在と未来のすべてのこどもたちに、健康な生活にふさわしい空間と時間、パンと水、空気と大地を残して伝えなければならない。そのため、私たちはより小さくなり、より多く分け合わなければならない。これこそが皆が大きくなる道であり、皆が生きがいをもって生きる道であり、そして地上において日ごとに神の国を広める道でもある。

さらに、私たちが小さい者たちを愛し、自らへりくだって小さい者になってともに分け合うだけではなく、小さい者たちを喜ぶことも大切である。私たちが小さい者になって小さい物を分け合うことは苦しく悲しいことではなく、嬉しく楽しいことである。ただ小さい者たちを認めて愛することだけでは十分ではなく、彼らを喜び尊ぶことが必要である。私たちはこどもたちをありのまま認めて愛し、彼らとともに喜んで飛び跳ねて遊ばなければならない。人生とは常に大きくなるためにのみ存在するのではない。大きくなったものはいつか必ず小さくなる。なぜいつも大きくなることだけを求めるのか。なぜ大きい者のみ認められるべきか。むしろ神は小さい者をさらに認められ、さらに偉いと考えられるのではないか。すべての存在は、存在することになったこと自体によってすでに神の前で認められているのである。

創造されたものはすべて、「非常に良かった」（創世記1・31）と神は言われた。こういうわけで、こどもたちの背が伸びないとしても、成績が上がらないとしても、役に立たないとしても、毎日が健康で、思ったように育たないとしても、彼らを抑圧し虐待する権利は私たちにはまったくない。私たちは小さい者や小さい物を重んじ、喜ぶ方法を学ばなければならない。これこそが、あらゆる生命と存在を互いに守り、地球環境が悪化している状態が楽園（第二のエデンの園）になるように備える道であり、天の国が一日も早く到来するように備える道である。

最後に、小さい者は単純で素直であるから自分をより正直に表現する。しかし複雑で屈折した者ほど人間関係の中に迷路や落とし穴のようなものを多く作り、この世を詐欺と搾取で満たす。単純さや素直さはいつも不利なことではない。幼稚さはいつも未熟なことではない。無垢であることはいつも損害をもたらすものではない。「正直は最善の策（Honesty is the best policy）」という英語のことわざのようである。正直であることのため当面の間不利益を被ることがあるとしても、悲しみ嘆かないようにしよう。人生と歴史は長い。偽りは暴かれるはずであり、覆い隠されているもので現されないものはないであろうし、偽りを行う者は自分の悪知恵に倒れるであろう。神の御前にあらわでない被造物はない。神の目にはすべてがはだかであり、さらけ出されている。いつか神がすべての実状を明らかに示すであろう。（Ⅰコリント４：５、ヘブル４：13）それゆえ、大人はこどものように単純で素直でなければならない。正直でない人間、家庭、教会、政府、社会がいくら裕福だとしても、何の役に立つであろうか。私たちはこどものように互いに信頼し、より正直な取引を行い、より正直な政治を行わなければならない。たとい貧しく、不便で不利であるとしても、正直と信頼のみがこの世界を幸福で楽しい家庭にするであろう。小さい物事だとして騙してはいけないし、小さい者だとして騙してはいけない。こどものように正直で真実に生きることのみがこの地上にまことのパラダイスをもたらす道である。

「わたしはこどもたちが好きだ」　ミシェル・クォスト（Michel Quoist, 1921 - 1997)

さて、イエスに触れていただこうと、人びとがこどもたちを連れて来た。ところが弟子たちは彼らを叱った。イエスはそれを見て、憤って弟子たちに言われた。「こどもたちを、わたしのところに来させなさい。邪魔してはいけません。神の国はこのような者たちのものなのです。まことに、あなたがたに言います。こどものように神の国を受け入れる者でなければ、決してそこに入ることはできません。」（マルコ10：13－15）

神さまはおっしゃる、わたしはちびっこどもがすきだ、と
みんなもあんなになってほしい、と
ちびっ子のようになれないおとなは、だいきらいだ、と
わたしの国にはこどもしかはいってもらいたくない、と
そんなことは世のはじめから決定されていた、とおっしゃる。

こどもといっても、ひん曲がったのやら、ふんづけられたのやら
しわのよったのやら、白いひげのはえたのやら
いろいろいるが、こどもにはかわりない
その点では変更なしだ、もう決定している
こども以外に天国にはいる余地はもうない。

わたしがこどもがすきなのは

わたしの似姿がまだ曇っていないからだ
それを台なしにせず、新鮮に純粋に
しみもなく、きずもなく保っているからだ
だからかれらにやさしくよりかかれば
かれらの中にわたしの姿が見えるのだ。

わたしがかれらをこのむのは
かれらがまだ育ちざかりで、まだ成長しつつあるからだ
かれらは途中で休むことを知らない、しかしおとなどもには何も期待するものがない
やつらはもはや育たず、もう成長しない
やつらは完全に成長がとまってしまっている
やつらがくるところまできたと考えているのはわざわいだ。

わたしがこどもがすきなのは
かれらがまだ、もだえながら罪をおかしているからだ
誤解されると困るが、罪をおかしているからではなく

かれらがそれを知りつつ正直に告白し
もうおかすまいと、いっしょうけんめいに努力しているからだ。

しかしおとなどもはちがう
やつらはだれをも傷つけず、責むべきことはなにもない
それなのに、わたしはやつらが赦せない
やつらに赦せるものはなにもない
わざわいだ、ほんとにわざわいだ、やつらには真実がない。

ともあれ、わたしがこどもがすきなのは
かれらの目だ、あの目には若さがある
天国には五歳以上の瞳はない
こどもの目ほど美しいものをわたしは知らない
かれらの中にいて、かれらの心の窓からのぞいているのはわたしだ
それがわたしだと知って、おどろくことはない
その澄みきったまなざしに出会うと、その中でほほえむのはこのわたしだ。

だけどかれらの目がどろんとしていることほど悲しいことはない
窓があいていても人気のない家のように
目が二つひらいていても光がない
わたしは悲しくなって戸口に立ち、寒さにふるえてノックする
わたしはその中にはいってみたい
かわいそうに、孤独なこどもは
肥満して硬化して、乾ききって老化している。

ハレルヤ、ハレルヤ、ちびっ子の老人どもよ
みんなあけろ、わたしだ、きみたちの主人だ、よみがえった永遠者だ
きみたちの幼心をよみがえらせよう、いそげ今だ
きみたちにもう一度美しい顔とつぶらな瞳をあげよう
わたしはちびっこどもがすきなんだ、みんなそうなってほしいのだ。
(ミシェル・クォスト著、C・H・ブシャール&藤本治祥訳『神に聴くすべを知っているなら』日本基督教団出版局、一九七八年、一五頁~一九頁)

訳者あとがき――『こどもの神学』の日本語訳出版にあたって

もしだれかが私に「宣教師とはどのような者で、どんな仕事をするるか」と問いかけてくるなら、私はその人に「架け橋のイメージ」を覚えていただきたい。神様は、主イエス・キリストによって私たちをご自分と和解させ、キリスト者なる私たちに「和解の務めと和解のことば」を与えてくださった（Ⅱコリント5：18―19）、というみことばは、宣教師としての私に「架け橋」のようなアイデンティティを保つようにしてくれる。このような心構えをもって海外で宣教師として生活してから今年でもう二十数年経った。イギリスから来日したのは2009年の夏。最初の5年は大阪キリスト栄光教会（福田章男師）をベースとして働き、2014年の春からは新潟聖書学院で働いてきている。

私にとって日本という国は、宣教地であると同時に、世界中に宣教師を送り出しており、多くの殉教者を出した歴史的信仰の遺産と神学をもつ、学ばなければならない国でもある。日本と比べると、韓国はキリスト教信仰を受け入れることが遅くなった。ゆえに二十世紀に入り、欧米の最新の神学とその動向は、日本という国を通して接する場合がほとんどであった。しかし、韓国の教会が成長すると共に神学界も次第に成長し、世界の神学界との神学交流が活発に行えるほどになっている。日本のみならず、韓国においても今抱える課題としては、欧米など外国から輸入したキリスト教神学に安住せず、それを乗り越えて、普遍性を保つと共に自らの文脈を十分に保つ神学を持つことではないだろうか。この課題に取り組むためにも、日韓の神学界の間により活発な交流が行われ、互いに成長し世界教会の一端を担うことができるようにと祈る。

こういうわけで、三年前に韓国の神学者による『組織神学入門』の翻訳書が出版されたのに続き、私の恩師でもある同じ著者のこの『こどもの神学』の翻訳書出版ができることは実に有意義なことと思われる。日韓の間に置かれたただ一人の宣教師ではあるが、架け橋として歩みつつ、これからも頑張っていきたい。

本書の『こどもの神学』は、こどもが読むもしくは読める神学という意味ではない。現代社会で深刻化していく児童問題の状況に対する神学的反省と答えとして書かれたもので、虐待・暴力・放棄などによって苦しんでいるこどもたちの問題を一接点とし、斬新な視点をもって伝統的・現代的な「神理解」の刷新をはかっている。著者はこの時代を「こどもの受難時代」と診断し、「虐待されるこどもたちにとって神はだれか」と問いかけ始める。そして伝統的な神学や、フェミニスト神学・黒人神学・解放の神学・神の苦痛の神学などの現代神学による神の概念やイメージ（像）のほとんどが大人中心の視点や考え方によって成り立っていることに着目し、「神は単に父や母のみならず〈こども〉でもある」という仮定に至る。そしてその論証の過程において、聖書に基づき、古代教会の教父たちや、バルトやモルトマンをはじめ多くの現代神学者たちの声もよく反映しながら、現代の人びとに「神を「こども」として考えられないか」と問いかけ、「こどもらしい霊性とその生き方」をもつように促している。

最後に、本書の出版ができるまでの過程で協力してくださった方々に感謝を申し上げたい。神学生時代から今まで信仰の個人的次元を超えて共同体的次元の重要性に目を開かせ、教会と世界をより広く深く見通し理解して、バランスのとれた健全な信仰実践ができるよう指導し励ましておられる恩師の李《リ》信《シン》建《コン》先生、不十分な翻訳原稿を少しでも日本語らしく読まれるようにと校正をもって協力してくださった高野美帆先生、出版費用を後援してくださった日本と韓国における多数の教会や兄弟姉妹、編集から出版まで協力してくださったヨベルの安田正人様や関係者の方々に感謝を申し上げたい。そして日韓の間において宣教活動ができるように、いつもキリストの愛をもって暖かく支えてくださる韓国における多数の教会、特にソウル・ナッソンデ信友会のご婦人の方々、また主の栄光と教会のリバイバルを共に求めて次世代の献身者を育て上げることに励んでおられる新潟聖書学院院長の塚田 献先生と中村 敏先生をはじめ教師と神学生との共同体にこの場を借りてお礼を申し上げる。そしてご自分の「こども」として新しく生まれさせ、あわれみと恵みをもっていつもこの小さな者の歩みを守り導いてくださる天の御父なる神様に感謝と誉れをささげ、本書が日韓の間においてよく用いられるよう祈る。

2023年11月　新潟聖書学院より

朴《パク》 昌《チャン》 洙《ス》

付　録1

『こどもの神学』について

ソウル神学大学総長及び組織神学教授　黄《ファン》徳《トッ》亨《ヒョン》

本書は大きく分けて二つの部分で説明することができる。まず、前書きと第1章と第2章からなる一番目の部分は、こどもの神学が持っている可能性と著者自身の構想を扱っている序論的な部分と言うことができ、二番目の部分である第3章から7章までは一番目の部分において確認されたこどもの神学の可能性とさまざまな含蓄を神学のロキ（loci）の中で具体的に論じながらその倫理的な意味まで解明しようと試みるものである。

著者の意図を理解するため、私たちはまずこの神学的な試みの背景に注意を傾けざるを得ない。特に著者は神をこどもとして考えようとする。著者はこどもを通して何を語ろうとするのか。なぜ敢えて神をこどもとして考えなければならないのか。私たちによく知られていないこのような神学的なテーマにおいて、著者はどのような意図を持っているのか。

著者によれば、この神学的な思いつきの動機は、自分の恩師であるモルトマンの著書を翻訳する中で得られた極めて単純な問いから見いだされた。

「父親と母親という両性がともに神を指し示す表現の役割を果たしているなら、なぜこどもを通して神を呼んではいけないのか。」

この新たなテーマを試みることにおいて、すでに著者は解放の神学の次元を含んでいるモルトマンのキリスト論の影響のもとでよく考えていた。すなわち、イエス・キリストのメシア性が徹底的に子であることに基づくという事実から始め、これをより徹底的に神学化しようとする。

また著者の神学的な試みの背景には現代のこどもたちが置かれている状況に対する認識も含まれている。全体の文脈から見て確かなことは、この神学が苦難の神学として二十世紀前半に全ヨーロッパをはじめ全世界に広まった、苦しむ神に対する深い考えと一脈相通じているということである。人間の苦しみの中で神の苦しみを神学化したさまざまな神学運動のように、この神学はこどもたちの受難を神学的な理解のテキストとしながら、こどもたちが耐え忍んでいる受難の現実を告発し、苦しんでいるこどもたちに向き合っている神の無限の責任を陳述する。

この苦難の神学は、苦難の現実に対する認識を通して神の国の解放の歴史と、その解放の具体的な場所を示そうとする。それで著者はこどもたちを通して神の解放を私たちに具体化して示している。これは著者がこどもの神学を「文脈化・実践的神学」と規定することにおいても分かる。まず、著者はこどもたちの無力さと苦しみにおいて、神が経験する無力さを見る。この神は伝統的な有神論が主張する形而上学的神ではなく、現代神学が十字架の出来事において新しく見いだした神、受難することができる神である。またこの神は人間が普遍的にもっている抽象的な神観念の限界を超えて、人間の現実の真ん中で出合うことになる神である。

著者は第2章でこのような神理解について説き明かしている。まず、おもにバルト、ボンヘッファー、そしてモルトマンという三人のドイツの神学者たちとの対話を通して、受難する神がキリスト教のまことの神であることを語る。特に彼はバルトの「キリスト論的集中」もしくは「キリスト論的一元論」が神概念に革命的な変化をもたらしたことを示す。彼はこれが苦しみを受けられた神の存在を明らかにしてくれたと語る。彼はこの対話を通して、神の権能を弱さと無力さのかたちと一致させる。

次に、両性的な神を論じながら、著者はこどもの神学が解放の神学と歴史的に連続線上に立っていることを示そうとする。フェミニスト神学が解放運動の一過程としてよく認識されているように、こどもとして理解され得る神はこの解放の過程を完成させる神として考えられるのである。ここで彼はもう一度彼の恩師であるモルトマンの解放の精神を受け継いで、バルトに見られる宇宙的秩序に対する男性中心的な思考の残滓《ざんし》を克服しようとする。その根拠はイエスの「アバの祈り」の解明と内在的三位一体の神についてのモルトマンの解明とにある。子の誕生とその出生によって象徴された神は両性的であり、彼によれば、このような両性的な神理解を通してのみ家父長的な神理解を克服することができるようになる。これと関連して著者は、非人格的、もしくは中性的概念(例えば、パウル・ティリッヒの場合は「神を超える神〈The God above God〉という概念)〔「生きる勇気(原題:*The Courage to Be*)」、大木英夫訳『ティリッヒ著作集第九巻』白水社、一九七八年、二〇一頁以下〕〕を使わずとも同様に神の超越性を表すことができるので、こどもの概念を用いると語る。

すでに語ったように、本書の二番目の部分で著者は、こどもの神学の可能性を教理的に再確認しながら多様に論じている。こどもの神学の特性を詳しく取り上げ、各々の特性に伝統的な神学の各論がどのように適用・理解されることができるかを考察しながら、より積極的な解釈を試みている。ある意味で、こどもの神学の可能性が認められるかどうかはこのような解釈にかかっているからであろう。

彼は教理的な順序を少し変えて先に第3章でキリスト論を扱い、第4章から神論と人間論を扱ってこどもの神学に対する理解を具体化する。彼がキリスト論を先に扱ったのには多様な意味があるであろうが、おそらくそれは新約聖書においてイエスの幼少時代の詳しい記録が欠けており、ルカの一つの伝承だけがイエスの幼年時代を伝えているということがこどもを軽視する当時の風潮からの影響によったことではないかという問いをもって注解的問題を解明するための試みであろう。著者はこの問題を成人イエスがどのようにこどもたちを扱ったかを示す聖書箇所を通して説き明かしている。特にマルコの福音書9章36節以下「イエスが一人のこどもの手を取って、彼らの真ん中に立たせ、腕に抱いて……」の注解的解釈を通して、イエスはご自身をこどもと同一視したと主張する。著者によれば、イエスは徹底した「こどもの神学者」だった。その理由はイエスがこどもを人類の模範として普遍的な人間の姿と見なしたということにある。したがって、その中にはイエスの姿もあると主張している。

しかし現代の人間がもつこども像を普遍的人類の像として理解しようとする試みは非常に微妙な問題であり、自然神学の課題と緊密につながっている。著者はバルトが指摘した「自然神学の限界と誤謬」に陥らずにこどもらしいイエスの姿を聖書から把握しようとする。その重要な特性は、①神に対する完全な信頼、②苦しんでいる人に対する深い同情、③真実な心、④柔和な人格、⑤遊びをする生活としてまとめている。

神論に当たる第4章では彼は神をこどもとして考えるように促している。彼はこどもたちの実存的観点においてこどもの目線へと降られた神にその根拠を見いだしている。またキリスト論的観点と三位一体論的観点において「こどもとしての神」の可能性、必然性、そして現実性を深く考えたと著者は主張しながら、その連続線上で神の姿は純粋であり、こどもとしての神の純粋さは他人の苦しみをともに背負う神のあわれみと慈愛の中で見ることができると告白する。

神学的な試みの過程で引用されている学者たちから分かるように、正統的なドイツ神学を受け継いでいる著者は「遊ぶ神」を論じることによって、より積極的・開放的な神学的思考を進めている。その中で著者はご自分のまことの自由と力において自らその力を制限する冒険を甘受する神の姿を見いだしている。

また著者は、聖霊体験をこどもの観点によって解き明かそうとする。彼によれば、新生の神秘はまさに聖霊を指し示す一つのしるしである。聖霊によって生まれ変わった人間は精神的に成長し続けるので、常に自身を新しい存在、すなわちこどものような存在として経験することになる。そして私たち自身をこどもにするその力がまさに聖霊の現実であり、私たちが自らこどもだと言えることはまさに聖霊によってである。

続けて著者はキリストの存在が父なる神との関係において子であったということに多くの比重を置く。聖霊にあって父と子の交わりが可能になったということがその重要な理由である。しかし著者は何よりも聖霊が「鳩」のようにイエスに臨まれたということを通して多くの示唆を得ようとする。なぜ聖霊は弱い鳩という象徴をもってイエスに臨まれたのか。要するにこれは、聖霊が柔和なこどもたちや受難するこどもたちの上に臨まれる御霊であることを示しているのである。

第5章以下で著者は、神のかたちをこどもの姿から見いだすことによってこどもの神学の人間論を説こうとする。彼は神のかたちとしての人間理解はキリストの満ち満ちた身丈にまで育たなければならないという終末論的な観点において、正しく把握することができるとしながら、この人間理解を再びこどもと結び付けている。彼は神のかたちに関するさまざまな見解をまとめ、それらの理解に基づいて、人間とは神と交わらなければならない存在であり、同時に人間相互の関係において社会的存在であり、世界においてあらゆる被造物と有機体的な関係を持って被造物を保存しなければならない存在であると規定する。そしてこのような在り方が誰よりもこどもに具体的に発見されると語る。最後に著者は、このような解放の神についての幻想を想像しながら、再びこどもの存在を強調する。

ここまで私たちはこどもの神学に対して考察した。著者は終始一貫してこどもの神学が目指していることを明らかに示そうとする。それは、苦難と苦痛を見過ごされない神の解放の出来事を表現することである。著者が告白している通り、彼の神学的試みは「十字架につけられた神」の軌跡の上にあるモルトマンのキリスト論と徹底的につながっており、一つの具体的な状況における解放の観点にあって、こどもの神学をより徹底的に取り扱おうとしたものだと言える。特にこどもの神学が解放という修飾語を受けることができる理由は、おそらく著者が持っている女性解放のような概念のためであろう。

こどもの神学の貢献として二つの点を挙げたいと思う。

まず、こどもが直面している状況を神学化したことにその大きな意味がある。方法論的思弁と構想が明確に提示されていないが、社会の現状を神学化しようとする意図は明らかである。では、この現状をどうやって神学化するのか。具体的に引用はしなかったが、著者は人間が経験する神を出発点にせず、神が経験した人間をその出発点にしているようである。多くの部分において、イエスの生涯の経験がこどもたちを神学化する根拠として引用されており、それは彼の理論が特に子なる神を神学的思考の出発点としていることを暗示している。それはモルトマンが提示した現実に対する状況分析の弁証法的・批判的方法を用いているものと考えられる。こどもの神学の特徴は、こどもという状況において神に出会おうとし、この弁証法的・批判的な試みを行ったことである。

ただ少し惜しい点は、こどもたちの苦しみと人格成長との関係を示す多様な実証的・心理分析的な研究結果がほかの一般的な資料とともに十分に神学化されていないということにある。この作業が十分に行われなかったため、最も純粋な人間性の元型を示すこどもという期間が、人生における特殊な一時期上の経験に限られるように見える。こども時代の経験が人間の人格成長に決定的な影響を及ぼすという精神分析の結果がともに神学化されたなら、こどもの問題がより包括的・全人的《ホーリスティク》な人間性の問題として解き明かされることができたであろうという心残りがある。

また二つ目に、こどもの神学が持つ意義はすでに指摘したとおり、こどもの立場で神論、キリスト論、そして人間論などの教理における中心的な内容を解き明かして新しく書こうとした点にある。おもに苦難と世界の否定性（negativity）の問題をこどもとの関係において扱い、同時に解放の出来事を扱っていく中で、こどもとしての神、こどもとしてのイエス、そして終末論的完成に向かっているこどもらしい人間を提示している。その中で著者は、宗教神学的な強欲を避けるため神学の目標や機能でもある記述的使命にとどまっている。

このような試みにおいて強みと同時に弱みともなることは、こどもの神学がもっているこどものイメージが二重的だという事実である。あるときには内在的三位一体論における子なる神の「子であること」と結び付いている（それでイエスの「アバの祈り」においてその解放の可能性を見いだす）傍《かたわ》ら、受難している、愚かなまでに単純で弱い、最も受動的な存在として象徴されているということである。もちろんこれは最も純粋でありながら、同時に最も愚かなまでに単純にもなれるという私たちの経験的な二つの側面とは違う。では、この二重的なイメージをどうやって統合的に理解することができるであろうか。それは著者が暗示的に行っている、聖書を読むことを通して可能になると言えよう。

今まで韓国の神学の独創的な模索が否が応でも土着化という構造下で伝統思想や伝統宗教との出会いにとどまってきたとすれば、こどもの神学はこどもたちの現状を神の解放の具体的な場として新しく取り扱ったという点で韓国の神学に新しい一方向を指し示す試みと言えよう。この点において、著者が語ったように私たちはこどもの神学がただ一時的に流行して終わってしまうような一つの神学ではなく、正統的で韓国的な神学形成のための第一歩になるよう切に願うところである。このような使命との関わりから見ると、本書で最も惜しいと言えることに一つ注文を付けておきたい。こどもの神学がほかの「苦難の神学」とは違う、具体的な新しい真理を構築し認識させるため、著者なりの方法論をより明らかに立ててくだされればと思う。

付　録2

日本の児童虐待の現状と、私たちができること

日本同盟基督教団上田聖書教会牧師　山本真理子

(1) 児童問題に関心を持ち始めて

2022年3月、私たち夫婦は、里親認定を受け、私たちの家庭に里子を受け入れることができるようになりました。私たちが、里親への志が与えられたのは、いくつかの理由があったからです。

まず、2人目のこどもを流産するという経験でした。悲しみでいっぱいだったある日、図書館で「里親になりませんか?」というポスターを見つけました。帰ってから主人に何気なく「里親になるって道はあるのかな?」と話しましたが、お互いに30代であり、まだ実子を望むこともできるという理由から、二人とも里親への決断には至りませんでした。しかし、お互いに里親への

思いは抱き続け、「御心なら道をお開きください」と祈ってきたのです。

その後、私たちはニュースなどで児童虐待により、多くのこどもが命を落としたり、心に大きな傷を負っている現実を今まで以上に気にするようになりました。我が子を天に送り、「こどもが生まれてくることは奇跡なのだ」ということを実感したからだと思います。ニュースを見ながら「いらないいなら、我が家に連れてきてほしい!」などと憤慨していたものでした。しかし、そう憤慨する一方で、私自身、虐待をしてしまう母親の気持ちがわかる気もしていました。

我が家には、現在8歳の男の子がいます。彼がおなかに宿ったことを知った時は、本当に幸せでしたし、生まれてくることを楽しみにしながら待っていました。しかし、いざ生まれてみると、喜びだけではなかったのです。生まれたばかりの息子は私に触れていないと起きてしまうので、ずっと抱っこや、おんぶをして過ごしました。当時、主人は会社員でしたから、日中は息子と二人きりの生活です。思うように家事もできず、仕事もできず、ストレスを抱えながら過ごしていたのです。ある日私は、泣き続ける息子をベビーベットの上に置いたまま、車の中に逃げ込みました。「こんなに一生懸命やっているのに、どうして泣き止まないの?」と、息子に対して手をあげそうになったからです。

車の中で「神様助けて!」と祈り、深呼吸をして心を落ち着かせるまでわずか1分。結局、心配で息子のもとに戻ったのですが、しかし、この1分があったので、私は息子に手をあげずに済んだのだと思います。この時私は「虐待をする親と、そうでない親は紙一重なのだ。」ということ、そして「子育ては一人ではできない。」ということを実感したのです。

主人が神学校を卒業し、長野県の上田に遣わされて3年目のある日、主人から「里親についてまだ思いはある？」と質問されました。そして1枚の紙を渡されたのです。それは乳児院が発行している里親募集のチラシでした。主人から里親についての話があったことに、正直驚きましたし、あの頃の話を覚えていてくれたのだと嬉しくなりました。

主人は積極的に里親制度について調べ、児童相談所や乳児院の職員と連絡を取ってくれました。こうして私たちは、2021年1月から里親に向けての研修を受けることとなったのです。それによって私たちは今までよく知らなかった世界を知ることとなり、こどもの問題に関心を持つことになりました。

(2) 児童問題の現状

一九九〇年代に入って日本ではこどもへの虐待が社会問題化していきました。メディアや市民団体による活発な防止活動、そして一九九四年に「児童の権利に関する条約（こどもの権利条約）」を批准したことなどが、こどもへの虐待を社会問題化させる原動力となりました。一九九〇年度以来毎年発表されている「児童相談所におけるこどもへの虐待に関する相談処理件数」によれば、一九九〇年度に一一〇一件であったのが一九九六年度には四一〇二件、一九九九年度は一一六三一件となり、十年連続で最多を更新しました。そうした中で児童研究者たちからの「こどもへの虐待に対応するための法律が必要だ」という声が高まり、二〇〇〇年五月に「児童虐待の防止に関する法律（児童虐待防止法）」が成立し、二〇〇四年と二〇〇七年に二回にわたって部分改正されたのです。この法律は児童の人権や権利利益の擁護にその立法目的があると、第一条で次のように明らかにしています。

「第一条　この法律は、児童虐待が児童の人権を著しく侵害し、その心身の成長及び人格の形成に重大な影響を与えるとともに、我が国における将来の世代の育成にも懸念を及ぼすことにかんがみ、児童に対する虐待の禁止、児童虐待の予防及び早期発見その他の児童虐待の防止に関する国及び地方公共団体の責務、児童虐待を受けた児童の保護及び自立の支援のための措置等を定めることにより、児童虐待の防止等に関する施策を促進し、もって児童の権利利益の擁護に資することを目的とする。」

条文から分かるように、「児童虐待防止法」は、児童（こども）の基本的人権を保障し、児童を権利をもつ主体と位置づけ、成長の過程で必要とする特別な保護や配慮を受ける権利を認めています。これは「生命・生存・発達に対する権利、こどもの最善の権益、こどもの意見の尊重、差別の禁止」という「こどもの権利条約」における四つの原則とも一致します。

そして「児童虐待防止法」第二条では児童虐待が何か、すなわち児童虐待の定義を規定します。

「第二条　この法律において、『児童虐待』とは、保護者（親権を行う者、未成年後見人その他の者で、児童を現に監護するものをいう。以下同じ。）がその監護する児童（十八歳に満たない者をいう。以下同じ。）について行う次に掲げる行為をいう。

一　児童の身体に外傷が生じ、または生じるおそれのある暴行を加えること。

二　児童にわいせつな行為をすること又は児童をしてわいせつな行為をさせること。

三　児童の心身の正常な発達を妨げるような著しい減食又は長時間の放置、保護者以外の同居人による前二号又は次号に掲げる行為と同様の行為の放置その他の保護者としての監護を著しく怠ること。

四　児童に対する著しい暴言又は著しく拒絶的な対応、児童が同居する家庭における配偶者に対する暴力（配偶者（婚姻の届出をしていないが、事実上婚姻関係と同様の事情にある者を含む。）の身体に対する不法な攻撃であって生命または身体に危害を及ぼすもの及びこれに準ずる心身に有害な影響を及ぼす言動をいう。）その他の児童に著しい心理的外傷を与える言動を行うこと。」

この条文では児童虐待に当たる行為が「身体的虐待」、「性的虐待」、「心理的虐待」、そして「ネグレクト」という四種類に分けられています。しかしこれらの虐待はそれぞれ単独で行われることもありますが、互いに複雑に絡まり合って起こる場合も少なくありません。

２０２２年９月に厚生労働省が公表した「令和三年度児童相談所での児童虐待相談対応件数（速報版）」によれば、２０２１年度全国２２５か所の児童相談所が児童虐待相談として対応した件数は２０７、６５９件で、過去最多となっています。次の図表は１９９０年度から２０２１年度までの児童虐待相談対応件数の推移をよく示し、毎年相談件数が急増してきたことが分かります。（令和三年度児童相談所での児童虐待相談対応件数〈速報版〉は次のリンクによってアクセスできます。http://www.mhlw.go.jp/content/11900000/000987725.pdf）

（注）２０１０年度の件数は、東日本大震災の影響により、福島県を除いて集計した数値。

年度	件数	対前年度比	年度	件数	対前年度比	年度	件数	対前年度比
１９９０	1,101	＋6・4％	２００１	23,274	＋31・3％	２０１２	66,701	＋11・3％
１９９１	1,171	＋17・2％	２００２	23,738	＋2・0％	２０１３	73,802	＋10・6％
１９９２	1,372	＋17・2％	２００３	26,569	＋11・9％	２０１４	88,931	＋20・5％
１９９３	1,611	＋17・4％	２００４	33,408	＋25・7％	２０１５	103,286	＋16・14％
１９９４	1,961	＋21・7％	２００５	34,472	＋3・9％	２０１６	122,575	＋18・7％
１９９５	2,722	＋38・8％	２００６	37,323	＋8・3％	２０１７	133,778	＋9・1％
１９９６	4,102	＋50・7％	２００７	40,639	＋8・9％	２０１８	159,838	＋19・5％
１９９７	5,352	＋30・5％	２００８	42,664	＋5・0％	２０１９	193,780	＋21・2％
１９９８	6,932	＋29・5％	２００９	44,211	＋3・6％	２０２０	205,044	＋5・8％
１９９９	11,631	＋67・8％	２０１０	56,384	-	２０２１	207,659	＋1・3％

２０００	17,725	＋52・4%
２０１１	59,919	-

そして次の図表は児童虐待相談の内容別件数の推移をよく示します。

年度	身体的虐待	ネグレクト	性的虐待	心理的虐待	総数
２０１０	21,559(38.2%)	18,352(32.5%)	1,405(2.5%)	15,068(26.7%)	56,384(100.0%)
２０１１	21,942(36.6%)	18,847(31.5%)	1,460(2.4%)	17,670(29.5%)	59,919(100.0%)
２０１２	23,579(35.4%)	19,250(28.9%)	1,449(2.2%)	22,423(33.6%)	66,701(100.0%)
２０１３	24,245(32.9%)	19,627(26.6%)	1,582(2.1%)	28,348(38.4%)	73,802(100.0%)
２０１４	26,181(29.4%)	22,455(25.2%)	1,520(1.7%)	38,775(43.6%)	88,931(100.0%)
２０１５	28,621(27.7%)	24,444(23.7%)	1,521(1.5%)	48,700(47.2%)	103,286(100.0%)
２０１６	31,925(26.0%)	25,842(21.1%)	1,622(1.3%)	63,186(51.5%)	122,575(100.0%)
２０１７	33,223(24.8%)	26,821(20.0%)	1,537(1.1%)	72,197(54.0%)	133,778(100.0%)
２０１８	40,238(25.2%)	29,479(18.4%)	1,730(1.1%)	88,391 (55.3%)	159,838(100.0%)
２０１９	49,240(25.4%)	33,345(17.2%)	2,077(1.1%)	109,118 (56.3%)	193,780(100.0%)
２０２０	50,035(24.4%)	31,430(15.3%)	2,245(1.1%)	121,334 (59.2%)	205,044(100.0%)
２０２１	49,238(23.7%) (▲797)	31,452(15.1%) (+22)	2,247(1.1%) (+2)	124,722 (60.1%) (+3,388)	**207,659(100.0%)** **(+2,615)**

図表から分かるように、２０２１年度は、心理的虐待の割合が最も多く、次いで身体的虐待の割合が多いです。主な増加要因としては、虐待相談窓口の普及などにより、家族親戚、近隣知人、児童本人などからの通告が増加し、それにコロナ禍の影響で休校やリモート授業が増え、外出する機会も制限される中、家庭内での時間が増えたことが挙げられるでしょう。

また児童虐待による死亡者も毎年次々と発生しています。２０２２年４月に厚生労働省社会保障審議会児童部会の検証専門委員会が公表した第18次報告「こどもへの虐待による死亡事例の検証結果等について」によれば、２００３年度の第一次報告から２０２０年度の第18次報告までの児童虐待死の推移が示される。（厚生労働省による第一次から第18次検証報告書の資料は次のリンクをご参考ください。https://www.mhlw.go.jp/stf/seisakunitsuite/bunya/0000198645.html)

虐待死	心中による	心中以外	総数
２００３年度		25人	
２００４年度	8人	50人	58人
２００５年度	30人	56人	86人
２００６年度	65人	61人	１２６人
２００７年度	64人	78人	１４２人
２００８年度	61人	67人	１２８人

虐待死	心中による	心中以外	総数
２００９年度	39人	49人	88人
２０１０年度	47人	51人	98人
２０１１年度	41人	58人	99人
２０１２年度	39人	51人	90人
２０１３年度	33人	36人	69人
２０１４年度	27人	44人	71人

2015年度	32人	52人	84人
2016年度	28人	49人	77人
2017年度	13人	52人	65人
2018年度	19人	54人	73人
2019年度	21人	57人	78人
2020年度	28人	49人	77人

図表を見て分かるように、それぞれの虐待は複雑に絡まり合って児童を虐待死に至らせる結果となりますが、無理心中による死も少なくありません。主なる加害者として実母が59.2％、実父が8.2％、実母と実父が4.1％を占めています。そして第18次報告における虐待事例の年齢別内訳を見ると、0歳児の占める割合が65.3％と前回より増加して最も高く、その中でも生後3か月までの間に死亡している事例は0歳児のうち75.0％を占めています。

こどもへの虐待には、家族間の葛藤やストレス、住居環境や貧困、依存症などを含む精神疾患、子育てが難しくなりやすい環境、予期しない妊娠や計画していない妊娠、親子の孤立など、さまざまな心理的・精神的・社会的な要因が複雑に絡み合っています。

こどもへの虐待を防止しこどもの人権と権利を擁護するために、政府機関や市民団体は互いに協力して法律・行政・制度の整備や保健・医療・福祉・教育などの役割分担などの様々な形で公的な責任と役割に励んでいることが分かります。にもかかわらず、さまざまな原因によってこどもへの虐待事件は後を絶たなく発生しているという現実であり現状です。

このようなこども問題の現状について学びを続けていく中で、「生まれてきた時から重荷を負って生きているこども」がたくさんいること、そしてこどもたちが深く傷ついていることを知りました。

私たちは、この現実に驚きました。報道で知る児童虐待は氷山の一角にすぎず、これほど多くのこどもたちが虐待により苦しみ、心に大きな傷を負っていたのです。

それでは、私たちキリスト者は、この現実とどう向き合うことができるでしょうか。

(3) キリスト者としてできること

近年、教会でも、貧困家庭に暖かい団らんと食事を届ける「こども食堂」の働きが増えました。また、貧困家庭に向けて、服を格安で提供するバザーなどを行っている教会や、お母さんたちの支援として「ママカフェ」を実施している教会もあります。

また、養子縁組、里親制度に登録しておられるキリスト者も多くおられることを今回知ることができました。これらの働きは素晴らしいことですし、もっと多くの方々が、こどもたちに関心を持って行動を起こしてくだされればよいと願います。

しかし同時に、「こども食堂」や「バザー」、「養子縁組や里親制度への登録」などは、大きな決断と協力者を要するものでもあります。こどもをうまく育てられない親や、また十分に愛情を受けられないこどもへの支援は、本当はもっと身近なものでもあってよいと思うのです。

私が20代の頃、老人ホームの中にある教会で伝道師として働いていました。日曜日にこの教会で礼拝をささげたあと、午後1時からは自宅を開放し、地域のこどもたちを集めてチャーチスクールを開いていました。10名ほどのこどもたちが集っていたのですが、こどもたちはまず、「先生！　おなかすいた！」と言って家に入ってきます。大急ぎで昼食を作り、お腹いっぱいにさせてからようやくチャーチスクールが始まるのですが、兄弟げんかが始まったり、小さい子をいじめたり、トイレに閉じこもったりと、問題行動が始まります。彼らを叱ることもしばしばで、思うようにチャーチスクールができない日もありましたが、それでも4年間、この働きを続けてきました。こどもたちの誕生日を祝い、クリスマスは大きなケーキを作りお祝いするというような行事もありましたが、ほとんどは、聖書の御言葉を語り続け、一緒に遊び、時には本気で叱り、良いところを褒めたり、笑ったりしてこの時を過ごしました。

何年か経ってから知ったことですが、彼らはいつも500円玉を握って来ていたのです。親に「日曜日にご飯作るのが嫌だから、外で何か買って食べなさい」と言われていたそうです。彼らの親は、夜遅くまで働いていたので、日曜日は疲れて休みたかったのでしょう。しかし、こどもたちは家族で囲む食卓を求めていました。食事をしながら交わしたこどもたちとの会話を思い出します。「俺たち、こんな風にごはん食べたことないんだよ。だから毎週来ていたの。先生の料理おいしいよ。ありがとう。」「私たちね、大人に叱られたことないんだよ。こんなに悪いことしているのにね。ここに来ると叱ってくれるでしょ。私たち、それが嬉しいから先生に会いに来るんだよ。」さらに話を聞くと、彼らの親は夜8時まで帰ってこないというのです。一人で家の中にいることが怖いから、団地の公園で友だちと過ごしていたそうです。親の帰りが遅い日は、チャーチスクールに長い時間いて、車で送っていくことも増えていきました。おそらく、こどもたちにとってこの場所は第二の家だったのだと思います。

最後の日、こどもたちは私に手紙を書いてくれました。「いろいろ迷惑かけてごめんね。これからはちゃんとやるからね。心配しないでね。大好きだよ」と綴られた手紙を読んで、何とも言えない気持ちがこみ上げてきました。

もちろん、よいことばかりではありませんでした。4年間の間には、お財布からお金を盗られたり、平気で約束を破られたり、裏切られることもしばしばでした。時には、万引きをしていたところに遭遇してしまい、店員さんのもとに行って一緒に謝罪することもありました。10歳以上も年の離れた男性と関係を持ってしまい、そのままチャーチスクールに帰ってこないこどももいました。私自身も怖い思いもしたので、一旦チャーチスクールを閉じようかと考えたこともありました。しかし、最後のこどもたちの姿を見た時に、働きを続けてよかったと、そう思いました。

こどもたちは、楽しい行事や大きな行動を求めているのではありません。食卓を一緒に囲んだり、悪いことをしたら叱られたり、頑張ったときには褒めてもらったり、心配されたり、話を聞いてもらったり、そのような何気ない愛のある行動を求めているのです。

出会ったこどもたちと真摯に向き合い、こどもたちのために祈り、何気ない生活を一緒に楽しみ、悲しみ、喜ぶことを、主は喜ばれるのではないでしょうか。

「まことに、あなたがたに言います。あなたがたが、これらの私の兄弟たち、それも最も小さい者たちのひとりにしたことは、わたしにしたのです。」（マタイ24：40）

著者紹介

李 信 建（Lee・Shinkeun/ リ・シンコン） shinklew@daum.net

1953年韓国の釜山生まれ。ソウル神学大学(1977年卒業)・延世大学連合神学大学院(1979年卒業)で学び、テュービンゲン大学より神学博士号取得(1987年)してソウル神学大学の組織神学教授(1994年~2018年)を務め、現在聖潔神学研究所所長を務めている。

著書:『カール・バルトの教会論』(1989年・2000年)、『神の国とイデオロギー』(1990年)、『神の国の倫理』(1991年)、**『組織神学入門』**(1992年・2014年)、『窓辺に座っている青年(説教集)』(1993年)、『一般信徒の目線に合わせた神学』(1998年)、『神の国の地平の上にある神学と教会』(1998年)、『こども神学』(1998年・2017年)、『全き霊性』(2002年)、『公正のため再び来られる』(2007年)、『人間の本質と運命』(2010年)、『終末論の歴史と主題』(2011年)、『教会への誤解と理解』(2012年)、『イエスの正体と意味』(2013年)、『救いとは何か』(2016年)。

訳書:『教義学』(H・G・ペールマン)、『教会』(ヴォルフガング・フーバー)、『カール・バルトの政治神学』(U・ダンネマン)、『古代教会と東方教会』(レイムント・コッチェ)、『今日キリストは私たちにとって何者か』(J・モルトマン)、『聖霊の力における教会』(J・モルトマン)、『モルトマン自伝』(J・モルトマン)、『三位一体と神の歴史』(J・モルトマン)、『生命の泉:聖霊と生命神学』(J・モルトマン)、『私はどう変わったのか』(J・モルトマン)、『希望の神学』(J・モルトマン)、『カール・バルトの神学黙想』(リハルト・グルノブ)、『ディートリヒ・ボンヘッファーの黙想』(D・ボンヘッファー)、『聖徒の交わり』(D・ボンヘッファー)、『私について来なさい』(D・ボンヘッファー)、『倫理学』(D・ボンヘッファー)、『ユダヤ教』(ハンス・キュング)、『われは永遠のいのちを信じる』(J・モルトマン) など。

訳者紹介

朴 昌 洙（Park・Changsoo/ パク・チャンス） Johncspark@gmail.com

1969年韓国の光州生まれ。馬山上南聖潔教会協同牧師及び新潟聖書学院専任教師。ソウル神学大学及び同神学大学院とイギリス・バーミンガム・クイーンズ・カレッジで学び、イギリスで宣教師として活動し、2009年から来日して教育宣教師として活動している。柏崎地域国際化協会の韓国語講座を担当している。

著書:『小さき者よ、来なさい』、『宣教実験』、『Born Free』(共著)

訳書:李 信建著『キリスト教神学とは何か 組織神学入門』、中村 敏著『日本キリスト教宣教史(韓国語版)』、中村 敏著『日韓の架け橋となった日本のキリスト者10選』など。

こどもの神学　神を「こども」として考える

2023年12月15日 初版発行

著　者 —— 李 信 建 Lee Shinkeun
翻訳者 —— 朴 昌 洙
発行者 —— 安田正人
発行所 —— 株式会社ヨベル　YOBEL, Inc.
〒113-0033 東京都文京区本郷4—1—1　菊花ビル5F
TEL03-3818-4851　FAX03-3818-4858
e-mail：info@yobel. co. jp

印刷所 —— 中央精版印刷株式会社
装　丁 —— ロゴスデザイン：長尾優

定価は表紙に表示してあります。
本書の無断複写（コピー）は著作権法上での例外を除き、禁じられています。
落丁本・乱丁本は小社宛にお送りください。
送料小社負担にてお取り替えいたします。

配給元—日本キリスト教書販売株式会社（日キ販）
〒162-0814　東京都新宿区新小川町9-1
振替 00130-3-60976　Tel 03-3260-5670

© 朴 昌 洙, 2023 Printed in Japan
ISBN978-4-909871-98-5 C0016

聖書は、断りのない限り聖書 新改訳2017（新日本聖書刊行会発行）を使用しています。

［書評再録　本のひろば2020年9月号］

信仰者の実存から世界に向かう広がり

李信建著　朴昌洙訳

『キリスト教神学とは何か　組織神学入門』

（四六判・三九二頁・二二〇〇円・税込）

評者：齋藤五十三氏

本書は、ソウル神学大学の組織神学教授として教鞭を取ってきた李《リー》信《シン》建《コン》氏による組織神学入門書の邦訳である。1992年に韓国で出版後、二度の増補改訂を経るほど長く読まれてきた本書が、朴《パク》昌《チャン》洙《ス》氏の労により邦訳されたことを歓迎したい。

本書は入門書として書かれたものであるが、著者の四十年にわたる学究の成果が随所に生かされており、内容の充実度は入門書とは思えぬほどである。本文が三三二頁と組織神学書としてはコンパクトだが、扱うべき論点はほぼ網羅している。その中でも特に印象に残った二点を指摘しておきたい。

第一は、本書が信仰者の実存の問題を正面から扱っていることである。それが顕著に現れているのが「信仰とは何か」という第2章である。序論の第1章の後、本書の本論は第2章から始まり、「信仰は今も変わらず可能であるのか」という問いかけで筆が起こされていく。これはポストモダンの相対化が進む時代の思想の中にあって、当然問われなければならない課題であろう。そのようにして第2章から4章まで、本書は信仰論を様々な角度から展開していくが、目を見張るのは論考における対話の豊かさである。テュービンゲン大学でモルトマンの指導を受けた李氏は、近現代の神学に精通しており、信仰論においても多くの神学者たちとの対話を重ねている。そのような対話を通して本書が示す信仰の定義は、神に「信頼する知識であり、知恵のある確信」(四八頁)という、「信」と「知」の不可分性を示す伝統的な理解であった。豊かな神学的対話を経ての理解ゆえに、その意味するところは深く、読者にも納得と安心感を与えるものとなっている。

第二は、本書が絶えず「世界」をその神学の視野に入れている点である。信仰者の実存を問うて始めた本書は、頁が進むほどにその視野を広げていく。それが最も顕著なのが「創造・解放・和解」を扱う第12章であった。通常、「創造」を扱う時には「堕落」「救済」が続くのが一般的だが、ここで本書は、この「伝統的な救済の図式」を克服する意図を明確にしていく(一七三頁)。

出エジプトが圧制と強制労働からの解放であったことを例に挙げながら、この現実世界に働きかける神の御業の本質を、政治的、社会的様相も視野に入れた解放として捉えつつ、本書は、御業の最終目標を神と人間と自然の間に実現する「万物の和解」に見定めていく。この目標は、伝統的組織神学に解放の神学の統合を試みる本書の神学的方向性を示すものとなっている。

このように視野の広い本書だが、組織神学書に完璧はあり得ないので、一つ注文をつけさせて頂く。本書は啓示論を扱っていないため、神学構築における方法論が見えにくくなっている。李氏の啓示論を読んでみたかったとの思いが残っている。

とは言え、若き日にモルトマンの指導を受けた李氏の神学には、根底に希望を感じさせる調べが奏でられている。コロナ禍の時代を生きる読者は、本書を通して明るい読後感を得ることだろう。最後に一言。訳者朴 昌 洙氏（新潟聖書学院専任教師）の文章は明晰で、宣教師である同氏の日本語に対する理解度の高さを示すと共に、宣教地日本に対する愛も垣間見え、静かな感動を覚える訳書に仕上がっている。

（さいとう・いそみ＝東京基督教大学・神学部総合神学科准教授）

ヨベルの既刊書（税込）

李信建著　朴昌洙訳　**キリスト教神学とは何か**　組織神学入門

キリスト教神学は現代世界を覆っている数々の難題に、いかに答えていけるか。

筆者が40年以上にわたり、読んできた書物の重要な内容をそのまま含ませたものであり、神学の宝、信仰の栄養補助薬品・健康食品である。本邦初訳！。

四六判・三九二頁・二二〇〇円　ISBN978-4-909871-16-9

富田正樹著　**疑いながら信じてる50**　新型キリスト教入門　その1

私は疑いながら信じています。キリスト教を信じる人たち（クリスチャン）**の中には疑いなど全く抱かずに、まるっきり無邪気に信じ込んでしまっている人がいます。それはそれで結構……どう展開する⁉**

ガチガチに凝り固まった「唯一の」「正しい」教義に疑問を感じている人には、きっと興味深いものになるはずです。どうぞ、「疑いながら信じる」ひとりのクリスチャンの頭の中へとお入りください。　**重版出来！**

四六判・一九二頁・一五四〇円　ISBN978-4-909371-90-9

ルイ・ギグリオ著　田尻潤子訳　**「敵《ヤバイ奴》」に居場所を与えるな**　あなたの人生を変える──詩編23編からの発見

「死の影の谷」だけじゃない！

「あなたは敵の見ている前で、わたしのために食事を調え……」（詩編23・5 フランシスコ会聖書研究所訳）「そんなのムリ」「逃げ道はない」「あっちのほうがよかった」……こうした思いがあなたの「敵」ヤバイ奴（誘惑する者）なのだ！　主とあなたの食卓（食事の席）に「敵」を着かせてはならない。

四六判上製・二四六頁・一八七〇円　ISBN978-4-909871-41-1

info@yobel.co.jp　Fax 03-3818-4858　http://www.yobel.co.jp/

ヨベルの既刊書（税込）

ヨーロッパ思想史 金子晴勇著 **「良心」の天路歴程** 隠れたアンテナ効果とは？

〝天上への道は良心のそれである〟M・ルター。〈良心〉は、単に道徳意識の源泉であるにとどまらず、人間の生存と存在の根源 ― 霊性 ― に深く根を下しているのではないか？ 古今東西の宗教、哲学、文学における著者ならではの縦横無尽なフィールドワークの集積によって新たな「良心論」が誕生！

四六判上製・二九六頁・一九八〇円 ISBN978-4-909871-97-8

日本基督教団 戸山教会牧師 西谷幸介著 **「日本教」の極点** 母子の情愛と日本人

「ヨイトマケの唄」を聴くと涙が止まらないのは、なぜ？ 日本には、神道でも、仏教でも、キリスト教でもなく、「日本教」というただひとつの宗教が存在しているに過ぎないのか。人々の意識や宗教観に織り込まれた「母子の情愛」と、そこから見える日本社会の深層を、現代の一キリスト者である著書がたどる――。

改題改訂増補版！ 新書判・二四〇頁・一四三〇円 ISBN978-4-909871-96-1

ドイツ文学 下村喜八著 **苦悩への畏敬** ラインホルト・シュナイダーと共に

シュナイダーが生きているかぎり、ドイツは良心をもっている。ナチス政権下にあってドイツの良心そのものを生きた詩人であり、思想家であったシュナイダー。深い敬慕を込めて辿る。著者のキリスト教理解を根底から一変させたその生き様に倣い、キリストを仰ぎ、この時代と闘う。

四六判・二五六頁・一八七〇円 ISBN978-4-909871-95-4

info@yobel.co.jp Fax 03-3818-4858 http://www.yobel.co.jp/